JN074109

生活文化史選書

日本人ときつね

怪異・きつね百物語

笹間良彦 著

はじめに

狐は動物学的には食肉目のイヌ科の哺乳類で、アジア、ヨーロッパ、北アフリカ、北アメリカの北半球に分布している。数種あるが、大体森林・草原に棲息する。もちろん、日本列島にもおり、江戸時代には都会でも森や草原のある所には棲んでいて、人と接触し、人との間にさまざまな吉凶・怪異の関係を持ってその存在を認識されていた。

これらの点は本書を一読していただければ一目しておわかりいただけると思う。人間と接触する数多い動物の中で、なぜ狐狸のみが妖しい行為をなす存在と見られていたのか。また、その妖しい能力がなぜあると見られていたのかなども、諸例の中から探っていただくのも一興であろう。

おびただしい狐の怪異談は歴史書と目されるものから伝承談、目撃あるいは体験譚として伝えられている。それらは信憑性のある事実として、つい最近まで信じられ語られて、その狐の超能力についても対応策まで真剣に研究されてきた。

現代ではまれに山野で目撃されるか、狐の飼育場または動物園などにおいてのみ見られる狐も、百年ほど前までは江戸の街中にも棲息していた。彼らが人に接触してつねに意識され、恐れられたり畏敬されたりしたのは、狐には特別の霊能力があって恩恵を与えたり仇をなしたりする存在と考えられていたからである。

こうした狐に対する特殊な観念は、中国の狐に対する思想が移入され、日本独得の狐観となって発展したものである。

狐との関係が正史に見られ始めたのは『日本書紀』斉明紀五年（六五九）の条にあるのが初見らしいが、伝承では欽明天皇の御代（五四〇〜七一）に狐が女に化けて夫婦の交わりを結び子供まで産んだ話（『日本霊異記』）が語られている。

以降、狐はしばしば人に化けて接触し、ときには悪辣な手段を弄して人を騙したりする。時代が降るほどその技巧は発達し、また物の怪の憑き物として人を翻弄し、稲荷神と結び付いて神格化されていく。

これが伝統的な民族性の中で語られる時に、狐はいきいきとした活躍の場を得られる。しかし、近代以降のように狐の毛皮が婦人の装飾的襟巻として用いられたり、山奥にまで電灯が輝く時代になると、狐の神秘的超能力も玻璃の鏡に照らし出されてすっかり見透かされて、その威力は陽炎のように消えてしまったらしい。

人に憑きたくも精神医学の発達によって人体に潜り込む余地はなく、これらの実蹟も固陋な昔話として一笑に付せられてしまうらしい。

したがって狐と人との接触から生じたさまざまな現象も、いまさらうんぬんする必要もなく、本書は狐と人がいかに密接な関係を持っていたかを、古書から窺ってもらいたいためにまとめたものである

鎌倉二階堂龍山泊にて

笹間　良彦

目　次

本文イラスト・笹間良彦

第一章　化ける狐

狐妖の世界
中国伝来の思想

狐が人を化かすという思想は中国に始まったらしい。撰者不明の中国の古書『玄中記』に「狐は能く妖怪となるが、これは百歳を経るとその能力がつく」とあり、また「狐は千年を経ると化ける術が大成して淫婦に化し、百年経った狐は美女に化けられる」とも言っている。また、『孫緬切韻』にも「狐は能く妖しく奇怪な事をする。年が百歳に及ぶと女性に化ける」と同じようなことを述べている。

したがって狐が化けるのは中国が本場らしく、さらに『王楽記』には「狐や狸や狼は皆八百歳まで生きる。三百歳になるとしばらくは人の形に変じてくる」とある。

人に化けられるという点については諸説あるが、だいたい百年の劫を経るものらしいから、日本の化け狐も百歳以上のものらしい。

唐の白居易の文撰集である『白氏文集』は平安時代から知識階級にかなり読まれたが、それによると、「狐　女媛となる（しかしこの段階では）害なお浅し、一朝一夕人眼を迷はすのみ」とあり、他人に与える被害は少ない。異性の心を動かさせるだけである。「女狐媚をなすは害深し。日長く月長くして人心を溺す」のである。

明時代の随筆集『五雑俎』という書にも、

「狐は千年も生きると天の気を通じて自在に生きるようになるから怪しい現象を起こすことはしなくなる。千年に満たない狐は妖しい行為をするが、それは人の精気を吸い取って、仙丹として補給していくのであって、それには女性に化けて男性に接して吸収する。なぜ婦人に化けるかというと、狐は陰類であるからである。陰は陽を得て成り立つから、たとえ牡の狐でも女性に化けて男性の陽を得ようとする。これは北方の狐の生態であり、南方の猿猴類が怪しいことをするのと同じである。また金華猫が三年も経つと妖しいことをするのと同じで、こうした妖しいことは独り狐だけではない」

と考えているように、すべて動物は長生きすると劫を経て、ある種の通力を会得し、とくに狐は人を対象としてかなり被害を与えるものと考えられていた。

日本の化け狐はむしろ悪戯行為に見えるが、中国の狐が美女や淫婦に化けるのは補精の意味を持っているから、接した男性はほとんど枯渇して死ぬ運命をたどる。日本の場合にもそうした経路をたどる者もいるが、男性と睦まじく暮らして子供までもうけ、本態を見露わされてさびしく狐の世界に戻るという筋が多い。

玉藻前のような淫婦狐は、きわめて異例なのである。そのかわり人の身体を籍(か)りて憑(つ)いたり、人を惑わしておもしろがる狐の話が多い。

日本の狐妖の古い記述
夜に入りても色あり

大江匡房(一〇四一〜一一一一)の著で狐妖のことを和様漢文で書いた『狐媚記』にはさまざまな狐の怪異が述べられている。この中で、

「図書の助隆康、加茂の斉院に参り、東門外にあり、夜に入り少年雲客両三推してその車を駕す。偶女あり、(中略)その車中紅衣皎然たり。夜に入りても色あり。独りこれを怪しむ。牛童その苦に堪えず、道間に平伏す。雲客に一張の紅扇を給ひて倏忽(しゅっこつ)にして去る。前の前軾の上に狐脚の跡あり。」

平安時代の女化狐

とある項は、明らかに狐が女扮して現われて悪戯をした態を記している。

「夜に入りても色あり」という表現に異様さがある。だいたい夜闇では濃い色は黒く沈み、薄い色は灰色系統になる。それが夜でも色が鮮やかに見えるというところに妖かし的雰囲気が浮び上り、狐妖の艶めかしさを感じる。「紅衣皎然たり」とは紅い衣装がはっきりと見えることで、忽然と紅衣の女性が現われ、牛飼の童（子供ではなく、牛飼係の身分低い男。髭を生やした年齢でも童といい、烏帽子もかぶらない）はなんとなく苦しみ恐れるのに一本の赤い扇（蝙蝠（かわほり））をくれて去った。牛車の前軾（車の横木）に狐の脚跡が付いていた。

牛飼の童はそれから病気になって死んでしまったというから、明らかに障害をもたらしたのは妖狐である。上流の者がよく魅せられて被害を蒙らなかったものである。

この他に小舎人（ことねり）が誑（たぶらか）されたり、僧侶が化かされたりしている話もある。狐媚の妖異は中国伝来であるが、日本においていくら末世でも甚だしいものがあるとも記している。

平安末期においてすらすでに存在した狐のこうした変異が、地方の辺鄙な土地で起こったものでなく都での現象であるから、大江匡房もとくに狐妖について一文を草したのだろう。

女狐と牛飼の童

第二章　日本での狐の名

きつ
「来つ寝よ」

『万葉集』巻十六に、

さすなべに湯わかさせ子どもいちひ津の檜橋より来るきつにあむせむ

「さすなべ（さしなべのことで鐺子。柄と口がある、汁もそそげる鍋）で湯を沸かせと子供（召使いの女の子）に命じ、いちひ津（ここでは川をさす）の檜橋から来るきつ（狐のこと）に浴させよう」という難解な歌であるが、次のような意味の添書がある。

「右の一首は解釈に言い伝えがあって、あるときに諸人が集まって宴飲をしたが、夜漏（漏刻、水時計）が三更（午前四時頃）になって狐の鳴き声がした。そこで皆が興麿を誘って、この饌具（ここでは歌に詠まれた鐺子）と狐の声と川と橋とを詠み込んで即興の歌を作れという声に応じて作った歌である」

「来つ」と「キツ」（狐）をかけた詞から推しても古代には狐をキツと呼んでいたことがわかる。ネの接尾語を生じてから『日本霊異記』記されるように「来つ寝よ」という話が作られ、狐は「きつね」の語として定着するようになったとこじつけられている。

平安時代の十世紀前半の在原業平が記したといわれる『伊勢物語』にこんな話がある。

昔ある男が、なんとなく陸奥の国に行きたくなって、行ったところ、その土地の女が京都から来た人ということで恋心を湧かしたのであろうか、「とてもとても玉の緒（生命）をかけて恋しく思います」という歌を贈ってきた。その男はその情に心を動かされて、訪問して一緒に寝た。夜深く出たので女が、折角来つ（来たと狐の語にかけた言葉）て愛情を交わしたが夜が明けたので貴方は去るでしょうが、また来てくださいと涙を流してせな（貴方）をやりつる（お帰しする）のですよ。朝の名残りが惜しい、という意味の歌を詠じた。男も京に戻ってもよい思い出になるという反歌をしたので、女は喜んだというくだりである。

これは「来つ」と「狐」の掛け言葉であるから、古くは狐を「きつ」といったのに「ネ」の接尾語が付いて一般的用語として用いられるようになったのだと思われる。

きつね
いろいろある狐をあらわす古語

平安時代の承平年間（九三一〜三七）に源順が編纂した日本最古の辞書『和名類聚抄』（復刻本によっては『倭名類聚鈔』）に狐は、

狐（キツネ）　考聲切韻云狐音胡和名木豆祢　獣名射干也　関中呼為野干語訛也　孫愐切韻云狐能為妖怪至百歳化為女也

（狐　漢字の韻によると音は胡（こ）、日本名は木豆祢（きつね）　獣名として通用している語は野干。関中（関からこちら、つまり中央。近畿）では野干というのは訛語である。孫愐の韻にいうと狐はよく妖しいことをなし、百歳になると人間の女と化すという。）

とあるから、日本では古くから狐（きつね）と呼んでいたことがわかる。

新井白石は名詞についての語源的研究『東雅』のなかで、「狐については和名抄の中で前文の記事を引用しており、貉をウジナともムジナともいい、狸をタヌキ、タノケ、猯をミというのも語源としては不詳である」と述べ、「キツネのキは臭で、五辛菜（五葷ともいい、辛辣で臭気あるもの。大蒜（おおびる）、角葱（アサツキ）、蘭葱（ネビル）、興（クレ）、薤（オモ）など）をすべてキというのと同じで、ツは助詞、ネはイヌの転であり、イヌは犬である」という意味の、わかったようなわからないような説明をしている。

また諸国の方言の辞書的『物類称呼』は越山吾山の著であるが、そこでは、関西では昼間は「きつね」と呼び、夜は「夜の殿」と呼ぶ（夜昼で呼び名が変わるのは狐ぐらいだから、ここにも化ける要素がこめられている）としている。また関西では「きつね」といわず、ほとんどの所で「けつね」といっており、歌では「きつ」という語で詠じ、『詩経』の訓は「くつね」である。また、東国では昼は「きつね」夜は「とうか」と呼び、常陸の国では白狐のみを「とうか」という。これは世間一般で狐を稲荷の神使だというので稲荷の二字を音読みにしたものらしい、ともいっている。

また天保六年（一八三五）頃に服部宣の著した『名言通』には、以下のようにくわしくでている。

『日本霊異記』では「きつね」と訓ましており、古くからの呼称である。およそ狐は人家の近くを好んで来て寝る。山中にある人家などではこの光景は当り前のようである。また黄色の毛色の猫に似ているので黄ツ猫というという説は賛成できない。また怪刀祢(きつね)とする説もある。祢とは僚部(とものべ)の略語で、宮中のもろもろの官職の称であるから、稲荷神に属して位があるので、後世は刀祢(とね)というのであろうが、これはごく最近のことである。だいたい「きつね」と称しているのは古くからであるから怪刀祢の転化というのはおかしい。

キツは略語で、ケツネは転語である。狐が稲荷神に属していることは、稲荷神が倉御魂神(うがのみたま)であって御饌神(みけつ)（神に食物を供える）であるのを戯れに三狐神(みけつ)と書いたことから、狐は倉御魂神に属して、位まで受けるようになったという。四国と対馬と長崎県五島には狐は棲んでいない。中国では江南（長江沿岸より南部）に野狐はいないというのに似ている。なかでも四国は狐神の代わりに犬神というのがあるから、狐は犬が苦手なのでいないのであろう。狐にはいろいろの種類がある。

また平安末期頃と推定される著者不明の『類聚名義抄』には、「狐、音胡、キツネ、野干、クツネ」。（谷川士清の語学書『倭訓栞』を井上頼圀と小杉榲頓が増補訂正した『増補語林倭訓栞』には、「きつね、狐をいふ。きつにともいふ」などとあるが、結局なぜ「きつね」と呼んだのか正確のところはわからない。

天狐(てんこ)

霊妙の効験をもつ五社の神の一つ

滝沢馬琴が当時の有識者たちと兎園会を作り、皆の話を集めた『新燕石十種四』に収められている『兎園小説拾遺』志賀随応神書に次のようなくだりがある。

保食(うけもち)の媛神の死骸（保食の神は口から食物を吐き出したので無礼不潔であるとして斬り殺された）が野干（狐）と化してまよわしの神となった。これが人を惑わす元となった。

天照大神がみことのりしていうのには、地神保食の神は私の魂の分身である。人を惑わし悪いことをする神ではない。悪い神がいて怨みの返報として、その気を凝らせて惑わすことをするのだから月読尊よ、よろしくこの保食神の霊を祭りなさい。そこで月読尊が供え物をしてこれを祭ったので、月読尊は大富饒の主となった。これが狐の富をつかさどる元になったのである。

この狐は天狐神、仙狐神、空狐神、地狐神、阿紫霊の神五ツで、これを五社の神という。五社大明神といって霊妙の効験がある。

大自己貴神(おおなむちのかみ)（大国主命(おおくにぬしのみこと)）は、この五社大明神のいる先を訪ねて白斉国（百済国(くだら)・朝鮮半島の一部）に渡って五社大明神と共に戻って住んだが四国は狭いため天狐神は住むことを好まないので、千年を経てもその尊号は定まっていないというのである。

馬琴はなかなか該博の人だが、この説がなにによっているのか、五社大明神が果たして五ツのランクの狐をいっているのかその論拠は不明である。皆川淇園の『有斐斎剳記(ゆうひさいさつき)』では天狐、空狐、気狐、野狐の四ランクである。

朝川善庵が嘉永三年にまとめた『善庵随筆』でもこの説を用いているが、天狗を「あまつきつね」と訓ませたことから「天狗」と「天狐」は同じであるとし、「天狐にいたっては神化測るべからず」としている。

空狐

千年を経る狐の実力

『兎園小説拾遺』には、「千年を経る狐は仙狐神になり、三千年を過ぎて身体という形を脱けて自然の中に融け込めば飯成空狐神といわれるようになる。ここまでいくと千里の外のことまで通暁する神の部類に入る」とある。

朝川善庵は空狐は気狐の倍の能力があるといっている。

中国の『玄中記』では狐は千歳にして淫婦となるとある。千年くらいではまだ人を騙して淫婦の如き行動しかできないが、三千年も経つと自在の能力を持つようになるらしい。

白狐

百歳、千歳の狐の狐色

稲荷に仕える狐もしくは誤解されて稲荷神と思われた狐は、ほとんど白狐である。

狐の毛色はほとんど茶色がかった黄色で、俗にいう狐色だが、神道・仏教でいう狐は白狐である。白は清浄であり、また年数を経て白毛となる意もあるから、百歳、千歳の狐は白狐であり、狐色の野狐と区別されて神聖視される。『兎園小説拾遺』にも「白狐神は上は九百歳以上、下でも五百歳以上でないと白狐の神となれない」とある。『玄中記』に「百歳為美女」とあるように百年経ったぐらいでは美しい女性ぐらいにしか化けられない。「千歳為淫婦」のように千年経ってやっと淫婦の手練手管よろしく自由自在に人を操れるのである。

小山田与清の『松屋筆記』には、「白狐が現われるのは瑞兆ではないし、九尾狐を妖怪視するのは間違いである。九尾の狐がめでたい験であることは『延喜式』第二十一、祥瑞の項にも記されており、中国の書にも見えることは『松屋筆記』六十四巻に記しておいた。『古徴書』にも白狐が現われる国は栄えていないとあり、白狐は霊ある目出度い獣ではない」と述べている。

『松屋筆記』には別項にも「九尾狐を妖怪のように見るのは誤りとし、文政十二年（一八二九）に堀内元鎧の著した『信濃奇談』でも白狐は妖しい行為をしたことが記されている。

動物学上では、日本の狐はいわゆる狐色で黄色から赤褐色や黒褐色の毛並で、銀狐（白狐）はシベリアまたはカナダに多い。

ところが稲荷神の使いとして飾られる狐は白毛で表現されるので、いつの間にか野狐にも白狐がいるように思われたり、また白狐が神聖視される観念を生じた。

黒狐・玄狐

日本にもいた黒狐？

黒狐はシベリアからカナダにかけて棲息する。まれには日本にもいたらしく、寛政七年（一七九五）に橘南谿の著した『東遊記』に「奥羽地方で黒い狐を見たが、近畿地方では見かけない。北海道にはいるという。真黒の狐の毛皮は珍しがられるが、自分が見たのは純黒ではなかった」と記している。

北海道のアイヌ人は、江戸時代までは黒い毛皮を交易品としてシベリア地方に輸出したが、黒狐の皮というより黒貂の毛皮であった。したがって東北地方で南谿が見かけた黒狐というのも黒貂かもしれない。

『甲子夜話』には駿府（静岡）の江川町の三階屋の者が御城米の蔵の付近で黒狐を見たことを菊庵という医師から聞いている。その黒狐は一般の狐より大形であったと記されている。

地狐神・阿紫霊

「上五百余歳下百余歳」の狐など

地狐といっても野狐とは違う。『兎園小説拾遺』によると「地狐神は上は五百歳余（五百歳以上は白狐神となる）下は百歳以上の狐をいうが、狐の十五年は人間の一年に当る」計算だという。つまり人間の六年あまりから、三十三年ほどで地狐神となる。人間の小児から壮年までくらいの狐をいう。

これらがなにを論拠にして標準としたかは不明である。

また阿紫霊という狐についての記述もある。阿紫霊狐の地位は一歳から百歳（人間の六年ちょっとに当る）までを阿紫という。阿紫は五十歳（人間の三年とちょっとに当る）になってから霊山や霊場に移って修行して仙術を学び、百歳に至って地狐神に昇格する。

崇神天皇（紀元前九七〜三〇）の世に諡（おくりな）を申請して名称を与えられ、正一位を賜った例で、季（すえ）の世になるといろいろと諡されているというが、崇神天皇の時代にはまだ狐に結び付いた稲荷信仰はない。

野　狐

空も飛べず神にもなれない

狐にもランクがあることは前にも述べたが、野狐が一般的狐でいちばん階級が低い。人を誑（たぶらか）したり騙したり復讐したり仇をなすのはこの野狐である。

文政十二年（一八二九）橘南谿の『北窓瑣談』に、

「淇園先生の『有斐斎剳記（ゆうひさいさつき）』に、野狐最鈍、その次は気狐、その次は空狐、その次は天狐、気狐以上皆すでにその形なし」

稲荷神

とあり、「空狐などというものは霊魂のみあって、気狐の倍の力を持つ。天狐となるとほとんど神的存在である。つまり稲荷神のように神として尊崇されるが、姿はまったくない」と書いている。また、「人に使われて、時に千里の外まで行けるのは皆空狐であって、空中、七丈五尺（約二十五メートル）ほどを一瞬にして飛翔する能力を持つ。天狐に至っては人に害は決して与えない。これらは想像の世界をよく知る者の説くところである」としている。

野狐というのは未熟で、これらのことをなし得ない存在で、記録をにぎわすのはこの野狐たちである。

また、岡西惟中の詩歌・連歌・俳諧に関する記事に雑件を交えた一巻の随筆『消閑雑記』に野たれ死にした野狐が老人の姿で僧の前に現われる話が記されている。

あまつきつね
天狗の上位ランク

『日本書紀』の舒明紀の九年（六三七）春二月丙辰に大星が東より西に流れて雷音を発した。人々は流星といったり、その音を地雷といったら、僧旻（ビン）が「あれは流星ではない。天狗（あまつきつね）である」といったという記録がある。

天狗論にはしばしば引用される記事でもあり、これについての論争が江戸時代には盛んであった。なかにはこれを天狐とし、天狗はその次のランクの空狐であるとする説もある（『善庵随筆』）。

草狐・沙狐・玄狐・火狐・白狐・灰狐・雲狐・貍狐・管狐
はなはだ多い狐の類

『善庵随筆』には、林義端の『夜談随筆』を引用して、狐の類には草狐、沙狐、玄狐、火狐、白狐、灰狐、雲狐などの別があるとある。そこから以下の点がわかる。

○草狐は毛並が黄で一般的野狐。

○他は毛並の色で名付ける。
○𤟤狐は老いて妖するので霊狐とも名付け、管狐に似て毛は黒いという。
○管狐は竹筒に入るくらいの大きさである。

伊賀専女
ある狐の異名

足利二代将軍義詮の命で『源氏物語』を注釈した四辻善成の二十巻本『河海抄』には、狐の異名として「いがたうめ」（伊賀都女）が出てくる。また北朝の長慶法皇の『源氏物語』の語をいろは順に注釈した『仙源抄』にも「タウメとは斎宮寮部の女狐をまつりけるものなり」、として「伊賀刀女」が出てくる。

また、江戸時代初期の寛文九年（一六六九）に僧宗碩が部門別に編纂した随筆『藻塩草』にも「いがとうめ　狐の一の名なり。或はいう。中媒の事といふ」とある。狐の異名である。

専女（とうめ）
なぜ「トウメ」なのか

狐の異名。伊勢貞丈の『安斎随筆』では、「三狐専女（さんことうめ）というのは神の名。『百練抄』に後三条院の延久四年（一〇七二）十二月七日の条に藤原仲季が斎宮のあたりで白専女を射殺したことで土佐国に流罪となったことが記されている。白専女は白狐のことなので古くから狐を『とうめ』といったことがわかる」と記している。

天保十四年（一八四三）に野田伴存が編した『古名録』も「伊賀伊勢国では白狐を『たうめ御前』という」と記し、穂井田忠友の『高ねおろし』では「三狐の神形を尊形と書いたのを書き損じて専形と書いたから、専の字を用いたのであろう」ともいっているが、これも説得力が少ない。

専の字をなぜトウメと読むかについては不分明である。十五世紀の中原康富の『康富記』では、「平野社の末社の塔名（とうめ）から来たのであろうか」ともし、『倭訓栞』では老女を「とうめ」というから、それを狐に用いたともいっている。結局、狐に専の字または専女の文字を用いて「とうめ」となぜ訓ませるか明快な解答はない。

命婦（みょうぶ）
狐に奉った異名

享和の頃に橋本経亮が記した随筆九巻『橘窓自語』によると、伏見大社の上の社を命婦社というとある。『稲荷神社秘語』には、進の命婦（五位以上の官職ある者の妻を外命婦といい、女官で五位以上を内命婦といった）が稲荷神に感謝して命婦の名を狐に奉ったことから狐全般の異名となった。と記されている。（第九章「狐は稲荷の神使」の項参照）。

野干（やかん）
野干イコール射干（ジャッカル）？

日本では狐を野干ともいったことは古く、平安時代に源順の編纂した『倭名類聚抄』にも出てくる。狐のことは射干（じゃかん）といったが、訛って野干となったもので、平安時代頃から狐のことを野干と記録している。本来、野干と狐とは別のものなのだが、それが混同されて同一視されて通用された。

延宝八年（一六八〇）刊の『合類節用集』には、「野犴（やかん）はまた野干とも書く。『文選註（もんせん）』に狐に似てよく樹に登るとある。『経音義』には色青味を帯びた黄色の毛並で狗（いぬ）のようであり、その鳴く声は狼に似ている」とある。萩生徂徠の『南留別志（なるべし）』には、

狐をやかんといふは、射干なり。狐に似て木に登るなり。

と、射干とも書くと説かれており、『翻訳名義集』は中国の諸書を引用して、狐と野干について考究すると野干と狐と

は別物であるといっている。

享保二十年（一七三五）に篠崎東海等のまとめた『可成三註（なるべしさんちゅう）』には「狐をやかんといふは射干なり。狐に似て木に上る物なり」とあって、出典は皆同じであるが、狐と区別しながら混同し、狐の霊力と同一視している。

藤原実熙（きねひろ）の『拾芥抄（しゅうかいしょう）』も狐を野干としており、狐の鳴き方、鳴いた方向によって日の吉凶を占ったりするとあるが、なんら根拠のあるものではない。

　奈良時代から朝廷でも狐（野干）の鳴き方を気にしていたことは公文書である記録にも載せられている。

江戸時代の寺島良安の『和漢三才図会』にも、射干を狐とし、『大和本草』十六に、

「仏教に射干貂撤あり、これは悪獣にして青黄の狗に似て人をくらひ、よく木に縦（のぼ）る」

とある。人を食らうというのは生きている人を襲って食うのではなく、人の死屍を食うことで、この点からも荼吉尼に結び付けられる。

　また『詩経大全』には「胡地の犬なり」、『字彙』にも「豻は野犬に同じ」と、狐よりも小形の犬と見る意見もあるが、『祖庭事苑』では「野干は形が小さく尾が大で、狐は形が大きい」と、狐と野干とを明瞭に区分している。

　しかし、日本には野干という動物は棲息せず、インド・中国からの輸入の知識では狐に似たという表現がいつしか狐と同物、狐の代名詞となってしまった。

「野干」とは中国での当て字「射干」の訛り、射干はジャッカル、シガル、シャガル、シャガールと中央アジアからヨーロッパにかけていろいろの名で呼ばれた狐に似た動物で、現在でも棲息している。一般的にはジャッカルといい、むしろ狐よりも犬に近い。犬との雑種が生まれるくらいに近縁な動物だが、容貌は狐に似ている。そして、豹・猫のように木にも登れるので、変幻自在の動物と思われる点は狐に共通している。

　日本人にとっては未知の動物で狐的存在となったために、いつしか狐の代名詞になっていった。このイメージから、おさき狐や、くだ狐が創作されていったのであろう。したがって、荼吉尼天が狐に乗る姿とするのは本来はジャッカ

ルに乗る姿であったろう。

ダキーニは仏教では人の死肉を食う怪神とされているが、ジャッカルも荒野で屍肉を漁るので、ダキーニと結び付いたものと思われる。狐に乗る稲荷神が作られ、狐は稲荷神の神使と思われたために荼吉尼天即稲荷神との見方から荼吉尼天も狐に乗る姿となっていった。

しかし、インドにおいてはダキーニは狐には乗らず、裸体で足を踏張っている姿で表現されている。日本の荼吉尼天は独得の姿であり、そこから派生し天狗信仰としての表徴化した飯綱権現は、さらに異体である。

おさき狐
家に憑いてどんどん殖える

おさき狐という名が知られるようになったのは江戸時代からである。安永六年(一七七七)に谷川士清が著した『倭訓栞』によると、おさき狐とはこんなふうである。

上州(上野国、今の群馬県)甘楽郡の山中では、得体の知れぬ熱病にかかると大さき疫病というが、信濃国(長野県)佐久郡(甘楽郡と接しているから、両郡とも同一地帯)も同様である。大さき疫病はおさき狐が憑いたからである。

このおさき狐というのは、身分の低い山伏などが京都の伏見稲荷より請けて来るもので、四~五センチ大の紙に狐の像の判を捺したもの。これを「おさき使い」といっているが、これを請けて来ると大鼠ほどの大きさの狐になる。この狐は山伏がひそかに熱病の人に憑けたりすると、あらぬことを口走ったりののしったりして周囲の人を困らせる。この狐は、憑けた山伏が祈禱しなければ絶対に離れない。

このおさき狐は、繁殖力が強くてどんどん殖えるから、それらを養い食わせるのに骨が折れる。今でも地方で急に金持ちになったという家では「おさき狐」を密かに飼っている所もある。その家が落魄(はく)して家の者が絶えたりすると、もう養ってもらえぬので狐は家から離れる。

おさき狐

おさき狐は「めとほし」(不明)という獣に似ているというから、その仲間であろう。などと書いているが、京都の稲荷から請けて来るという点に問題がある。

伏見稲荷は宇賀御魂神で、その神使は格調高い狐の夫婦二匹で、諸国の狐が当番制で勤め、命婦という官職をもっているはずである。

したがって「おさき狐」という存在はないし、四～五センチの紙に表わされた狐の護符があるはずはない。また、その御符が変じて、大鼠ほどの「大さき狐」になり、夫婦狐でもないのに増殖して飼主を困らすほどになるというのは支離滅裂な伝承である。

ただし、現代においてはこうしたことは頭から抹殺してしまうが、江戸時代まではなるほどこうした怪奇的な狐もいるから、人に憑いたりする怪現象もあると納得したのであろう。

また、喜田村信節の『筠亭(いんてい)雑録』には、上州藤岡の人が語ったこんな話が記されている。

上野国藤岡の人がいうのには、おさき狐は上野国甘楽郡が本場のように思われているが、本当は武蔵国秩父郡に限られていた。おさき狐持ちの家からの縁組によってしだいに広く蔓延したものなので、互いに縁組するときには相手がおさき狐持ちの家であるかどうかをよく調べる必要がある。おさき狐を養っている家は豊かであり、怨みがある者には取り憑かせるとしている。

これらから考えると、おさき狐を飼っている家は繁殖する狐を養うために豊かになり、また狐憑きというのはおさき狐が憑くことになるから、他書に見られる野狐が憑くというのは嘘ということになる。

初めは秩父郡に限られていたのが広がったとしているが、秩父には三峯権現があってお犬様(大神、おおかみ、狼)がいる。狐にはもっとも苦手な存在である。

さらにおさき狐は京都から賎しい山伏などが請けて来るといわれているのに、この聞き書では山伏に飼われているのではなくおさき狐持ちの家筋に飼われていることになっていて、『倭訓栞』とはだいぶ内容が異なってくる。

享和三年（一八〇三）に滝沢馬琴が著した『曲亭雑記』には、

「その状イタチに似て狐より小さし。足はきわめてふとかるに、尾さき裂けて岐あれば尾さきの名さへ負わせしならん。」

と記されている。

おさき狐については、後出の第八章で別の点からも見てみたい。

管狐（くだぎつね）　梵字を書いた竹筒の中に飼う

服部宣の『名言通（めいごんつう）』に信濃国の「クダ狐」が出てくる。要約すると「クダ狐、略してクダという狐は、長野県伊奈郡が本場である。小さい狐を管（竹筒）の中に入れて飼うのをいうらしい。大さき狐（尾崎狐・尾裂狐）は群馬県甘楽郡南牧村が本場らしい。これもきっとクダ狐の種類であろう（人に憑く意味から同種と見る）」とある。

また『秉穂録（へいすいろく）』によれば、遠江（静岡県西部）では管狐は人に憑くことがあるという。憑かれた人は、必ず生味噌を食べて他の物を飲食しない。

喜田村信節の『筠亭雑録』では、管狐は、「味噌を好むものにて、その樽うわべはそのまゝにありながら中を皆食い尽し空虚になす」とあるから、おさき狐とまったく同じである。また大きさも鼠ほどと『倭訓栞』にあるから共通点がある。

また『甲子夜話』には、松浦静山がその該博な知識を愛して親しくしていた朝川善庵の狐研究の話からの受け売りで、管狐について記している。管狐は、遠州・参州（静岡県西部から愛知県）にかけての山中にいる。人に憑く狐は、金峯山か大峯（奈良県）の山伏の官位を授ける所で、修行を積んだ山伏に授けられるという。

おさき狐の場合、伏見稲荷から授けられる紙に描いた四〜五センチの狐を持って帰ると大鼠ほどの狐になるのに対し、管狐の場合は呪い(まじない)の梵字を書いた竹の筒に入れた狐を与える。山伏はこの竹筒を持ち歩いていろいろなことをする。管狐には食物はいっさい与えないという。これが正しい管狐の飼い方である。餌を与えると他人の隠しごとを教えてくれるので巫術や祈禱に効験をあらわすのに有効なのだが、一度筒から出してしまうと再び筒に入れるのに骨が折れるし、どんどん増殖するので養うのに苦労する。また、土足の汚れた足のまま臥床にまで出入するので、臭気と汚れとで閉口するともいっている。

飼主が死亡すると江戸の王子村に集まって棲む(す)という。

葛廼家(くつのや)主人呉香三の『霊獣雑記』には、「近き世に飯綱の法といって、狐を使って巫覡や加持祈禱する者があるというが、その狐というのは一般の狐ではなく管狐やおさき狐を使う連中のことであろう」といっている。

九尾狐
瑞獣か、はたまた神獣か

延喜の御代(九〇一〜二三)頃の朝廷での儀式や文武官の内容について細部まで規定した『延喜式』第二十一　祥瑞の項に「九尾狐」の項があり、「神獣なり、その形赤色、或はいわく白色、音嬰児(こええいじ)の如し」の注がある。『延喜式考異付録』や山崎美成の『海録』、小山田友清が文化頃に著した『松屋筆記』などの書には九尾の狐について記している。これらの記述が論拠とする書はほとんど同じものを採り上げている。それらについて解説の煩を避けて要約すると、九尾の狐は瑞獣で、これが現われるのは天子の徳あまねく四海波静、万民謳歌の時であるという例を列挙したに過ぎない。

このように九尾の狐は瑞獣と目されたので『延喜式』にも神獣と規定された。国家的見地から実在・非実在は別として認められていたのである。

それが江戸時代に入って『三国妖婦（狐）伝』なる戯作の他にも、鶴屋南北『玉藻前御園公服』、式亭三馬『玉藻前三国伝記』、高井蘭山『絵本三国妖婦伝』、近松梅枝軒『絵本増補玉藻前曦袂』などが流布すると、九尾の狐はまったく悪狐の代表となった。死してまでも下野国（栃木県）の那須野の殺生石となり、これがまたまことしやかな伝説と化して遺跡まで残るようになるなど、真に受けた江戸時代の知識人までが、さまざまに論じた。

したがって、九尾の狐という外国の悪狐が日本に渡来して玉藻の前という妖妃になり朝廷を騒がした、という作り話を真剣に排斥したことも興味深い。いつしか九尾の狐は、悪狐の代名詞として後世まで印象付けられた。

この玉藻前伝説は、室町時代末頃に発生したらしく、謡曲の殺生石に語られ始めている。江戸時代初期には三国妖狐伝説がほぼ定着したらしく、当時の碩学である林道春でさえ『本朝神社考』の中では半ばこれを信じている。

十八世紀の寺門静軒の『静軒痴談』には、

「九尾の狐が三国に渡りて、害をなせしなどの虚談も古るしく言い来るによって、実事のやうになりぬ。他にかくの如き事多かるべし。」

と九尾悪狐伝が虚構であることを承知している。天保十三年（一八四二）に山崎美成が著した『世事百談』も悪狐と思われていることを「この俗説」としている。また、大国隆正の『嚶々筆語』にも九尾狐が玉藻前に化したことは作りごとで、九尾狐とは『山海経』に九尾ある狐に似た獣神のことがヒントで作られたものであると、西王母のことまで引用して悪狐伝を否定している。

江戸時代人は、こうした否定論を展開するまでもなく戯作上の話として承知していたはずである。天保の頃（一八三一〜四三）に日野荊山の著した『燕居雑話』にも、人が色に迷わされるのはのがれ難いところだとしながら、「玉藻の前が九尾の狐だったというようなことは俗説稗史で、論じるにも足らないことだ」と説いている。

美人の奸悪を玉藻の前の九尾の狐に譬えるほど流布されたのは江戸時代である。松浦静山すら『甲子夜話』の中で、「九尾金毛の狐は凶妖とされるが、延喜式では神獣としている。これは金毛ではないにしても九尾という点は同じなのに凶とはなんぞや」という意味のことを記している。

九尾狐を凶としたのは小説『三国妖婦伝』以来で、一般人がこの影響で凶と見たわけで、宮中では『延喜式』以来瑞獣であることを否定していたわけではない。

鳥獣の一般的形態から見て異形のものを同類より特別の能力があるとする、異形恐怖からの威敬視の思想があるのは、いずれの民族も同じである。中国の『山海経』に出てくる動物がそれであり、三停九似で構成された龍などはその最たるものである。

脊椎動物の尾は脊椎の延長線上にあるから、尾のあるものは一本であることが「原則」である。それが二本あれば特別な能力があると見、その妖怪的想像から妖しい能力を持つと考える。二股尾のある猫（あり得ないが）を猫股といい、狐でも尾裂狐（尾崎・おさき）が特別の妖怪力を持つと考えられてきた。

ましてそれが九尾もあるのだから貴重神聖視する反面に特別に妖怪視する。昔の思想では九は最高の数であるから、最高の能力をもつものとして作られたのが九尾の狐であるかが、悪い面で展開したのが『三国妖婦（狐）伝』の狐である。

九尾の狐は、退治された後も那須野の殺生石として威力を発揮する。

御出狐
なれなれしく人に近づく

天明二年（一七八二）に天野信景の記述を門人紀方旧が整理した『塩尻』には、狐が旅人の与える食物をもらう話が載っている。「新兵衛狐」である。

駿河国（静岡県）興津の宿駅の外れに近い茶店に老婆がいていうには、この土地に狐がいて、呼ぶと森の方から現われ、旅人が食物をやるとそれをくわえていくという。試みに餅を買って狐を呼ぶと、年とった狐が森から現われたので餅を投げると、それをくわえて去った。狐は狐疑といって疑い深く人に近付かないのに、この狐はどうして慣れたのであろうか、不思議なことだと土地の人も話していた。このあたりではこの狐を今川新兵衛と名をつけて呼んでいるというのである。

狐はたしかに警戒心が強いが、野獣でも敵意を示さなければ慣れ親しむようになる。筆者は鎌倉に住んでいるが、地域によっては野狸が毎日餌をもらいに来るし、筆者の山林には木鼠（りす）が多く棲み、毎朝夕に落花生を手渡しで食べさせている。人を誑すくらいの狐であれば人に近付くのは不思議ではない。

著者未詳の『元禄宝永珍話』にある話だが、「江戸本所深川の小梅村田の中の三囲（みめぐり）にある稲荷社の境内に一疋の狐が棲んでいた。そばの茶見世の姥が狐を呼び参詣の人々が菓子などを与えると、狐がそれを食べるので人気を呼んで見物人が集まった。宝井其角がこれを『早稲酒や狐よび出す姥がもと』と詠んでいる」という。

これは御出狐（狐、おいで、おいでと呼ぶと来るのでいう）で、栗原東随舎の『思出草紙』にも書かれている。

このほかに太田蜀山人の『半日閑話』にも御出狐がいると記されている。真崎稲荷は真先（まっさき）稲荷というのが本当で、隅田川畔橋場の石浜神明宮の傍らにある。

稲荷社に狐が棲み付くというのは山野に棲む狐と異なって、迫害されずに稲荷または稲荷の神使して保護され、供物もあるので自然棲み付く。餌を与えられるところから狐も慣れ、呼べばまた餌をもらえると思って近付くので、こうした狐をとくに「御出狐」と呼び、ますます人間との関係が密接になる。

狐の種類の異名

個性豊かなそれぞれの狐

疑狐（ぎこ）　疑い深い狐

巨狐（きょこ）　大きい狐、大狐、豊狐

孽狐　災いをする狐
玄狐　玄は黒、黒毛の狐。黒狐に同じ
狐公　雄狐
狐仙　人を誑す狐
狐妖　妖しげなことをする狐、魅狐、妖獣
雌狐　めす狐
紫狐　阿紫と同じ、野狐のこと
射干　野干と同じ。本当は狐に似たジャッカル
神狐　神に祭られる狐
素狐　白きつね、白狐
文狐　体毛に綾紋のある狐
稜狐　五穀を祭る神社の狐
霊狐　丘に棲む狐
老狐　年とった狐

この他に草狐、沙狐、火狐、灰狐、気狐、空狐、天狐などがある。

狐の階級

特技できまるランク

狐には位階がある。この位が伏見稲荷から授けられるということは、元禄八年（一六九五）刊の平野必大『本朝食鑑』にも記されている。日本中の狐はことごとく京都の伏見稲荷に詣り、その特技いかんによって位階を授けられるため

に、狐によって格が異なるのである。

伴蒿蹊の『閑田耕筆』には、ある寺の守り狐が教えてくれたという想定で書かれた狐の階級に関する、次のような興味深い話が出てくる。

淡海（近江国、滋賀県）八幡の近くの村の田中江にある正念寺という一向宗の寺に棲む狐がいた。その寺が火災になるのを防ぐために守護したり、住職や寺の法事の折に守ってやったりして人の眼には見えないところで協力していた。この狐が教えてくれたことに、狐たちには三ランクあって、いちばん上が主領といって狐のグループをたばねる頭。二番目が寄方といって主領に属しているが一本立ちしている者。その下が野狐といってこれが人に禍をしたりする低度の低いものたちだという。別のグループの狐を押え従えることはできない。もし従えたりすると、その別のグループから買う怨みの深さは人間の比ではない。この狐社会の様子を知ったのは狐憑きの口を借りて知ったという。

狐の能力のランク付け

天狐から野狐まで

江戸時代には、狐の能力を四つに分け、最高を天狐、次位が空狐、三位が気狐、最下低が野狐とし、この級によって人を騙し誑し迷わし悪戯し、人に憑いたり讐をなしたりするというランク付けがあった。

そのあたりを朝川善庵の『善庵随筆』にみると次のようである。

阿波大杉、飯綱権現（明神）、秋葉大権現、道了尊などは身体が不動尊、貌が烏天狗、背に翼をつけ、火炎を背にして狐の背の上に立つ。これは仏教の荼吉尼天信仰と神仏混淆の修験道から生じた天狗信仰であるが、この烏天狗の真影からうかがっても天狗と狐は関係がないとはいえない。

『日本書紀』舒明記九年（六三七）にあるように、春二月丙辰朔日に大星が東から西に流れるのが目撃された。雷音を発したので人々は流星だといったが、中国から来た旻という僧が流星ではない、天狗であるといった。中国では音のしない流星は流星というが、大気圏に突入して音を立てる流星は天狗といった。

狐の中で最高の存在を天狗というが、天狗と天狐は同じであると考えれば私（善庵）の天狗・天狐同一説は決して創作ではなく、古くから考えられていたことと思われる。

近ごろ皆川淇園が『有斐斎劄記』という書を書いたのでそれを見るとその中に「野狐が最下位で、その上が気狐、さらに上が空狐、いちばん上が天狐である。気狐以上は人の目に見えない。空狐は気狐の倍以上の霊能力があり天狐に至っては神と同じ存在である」とある。

巫女や修験者などに使われて千里の外まで一瞬に飛んで役をつとめるのは空狐であるが、時には人に憑いたりして被害を与えることもある。これは地上から二十五メートル程の高さを往来している。天狐に至ってはまったく人を害せず神としての存在となる。それは物事を霊視する者の説であるという。

現実に姿の見られる野狐に至っては、人を誑し騙し讐をなしたりして最低のもので人を利用して食物を需めたり、修験者、巫女に意のままに駆使される管狐、おきき狐もその部類に入る。

そして、空狐というのは天狗のことである。したがってこれらのことから考究すると天狗とは空狐に該当する。

というのが善庵が淇園の説を採用した結論である。しかし、これも辻褄合わせの暴論である。江戸時代後期にはすでに究理の論も西欧から入っているころであり、まだこんなことを筆にする学者がいたのである。

天狗という文字を用いて「あまつとね」「あまつきつね」と訓ませたことから天狗と天狐と同じであるとする付会の説、飯綱・道了の如く烏天狗状の怪神が狐に乗るから関係ありとして狐即天狗説の裏付けとするのは少々乱暴である。

だいたい、天狐なる存在も、人間が勝手に考えたものである。中国で用いられた天狗の文字を、日本での修験道において勝手に作った存在である半仙人的なものが日本の天狗である。流星の天狗と解脱した狐の天狗とはまったく異なっている。

第三章　狐、人と交わる

狐が人と交わる話
ある中国の歌物語

中国でも狐が女性に化けて男と婚した話は多い。『続古事談』は建保七年（一二一九）頃にまとめられた説話集であるが作者不詳。その中に白楽天の編集から漏れて文集に入ってない記事があり、そのうちの一つに「任子行」と題するものがある。その「行」（歌謡調で筋を述べたもの）は、次のようなものである。

狐が女性に化けて男に近づき、男はその女性を愛して片時も側を離さなかった。狩猟に行く時も、その女性を鞍の前の方に乗せて行った。その男はよい猟犬を連れていた。犬は女性が狐であることを知り、飛び付いて殺したという歌物語である。

男が妻を求めて狐を嫁る①
「いつも来て寝ておくれ」

『日本霊異記』上巻の「狐為妻令生子縁第二」にある。

昔欽明天皇（五四〇〜五七一）の御代に三野国大野郡の人が、よい妻となる女性を探すためにある広い野原を行ったところ、美しい女性に会った。女性は艶容ですぐ口をきいたので、男が「どこへ行くのですか」ときくと、女性は「よい結婚相手の男を探しにいくところですわ」といった。

たちまち意気投合して、「私の妻にならぬか」ときくと、女性は「いいわ」というので、そのまま家に連れて帰り、交わりをして新婚生活を始めた。そして、女は男の子を産んだ。その家には犬が飼われていた。犬は十二月十五日に子を産んだ。ところが、犬の子は家の中の妻に向かっては吠えるので、妻は恐れて男に「あの犬の子を打殺してくれ」と頼んだが殺さなかった。

二～三月の頃に米を舂こうとして、米搗女たちが舂小屋に入ったところ、その犬の子はその妻に食い付こうと追い駆けて吠えたので、妻は恐れてたちまち狐の姿に変じて籬(まがき)の上に飛び乗った。

男はこれを見て驚いたが「私は貴女と愛情濃やかな日々を過して子供まで設けた。たとえ貴女が狐であっても貴女に対する愛情は変わらない。だからいつも来て私と一緒に寝ておくれ（来つ寝、岐都禰）」といったので、それから「きつね」の語ができた。

育ったその子は姓(かばね)を狐の直(あたえ)といい、成人してからは強力で走ることは鳥のように速かった。

この『日本霊異記』は、奈良薬師寺の僧景戒が平安朝最初期に仏教の因果応報をいろいろな話としてまとめたもの。上・中・下三巻の漢文体で、『日本国現報善悪霊異記』というのが原名である。

これらから推すとこの「来つ寝」（狐）譚は、すくなくとも奈良時代末期には流布していたことがうかがわれる。しかし、この話がなぜ磯城島（大和）の金刺宮におられた欽明天皇の御代と設定したかは不明である。後の『水鏡』や、江戸時代の説話も、すべてこれに倣っている。

この話は、後世にいろいろな本に採り上げれている。狐が女性に化けて子供まで産む話のもっとも古い例とされるが、この話で特殊な点は三つある。一つには、狐が女性に化けて人と交わるという点である。これは古くから中国で、狐は百歳を超えると美女に変化することができるとか、千歳の狐は淫婦になるなどの思想があることによる。狐は陰であるから陽である男性に接近するということになり、そこにさまざまな妖を生じ、やがていろいろなものに化け得る能力を持つということに発展する。そして、人に近付くのは醜女ではまずいから必然的に窈窕(ようちょう)たる美女に化したこ

犬に吠えられ狐の本態を現わす

とになり、男の好色心をそそって交わりを行なう。

したがって、狐は時には好淫の陰獣と目される。そうした説はきわめて多く、中国の『捜神記』や『聊斎志異』などで多く散見するところである。

二つには、狐が人の子を産むという点である。動物学的にみれば、人と獣類などの交婚には絶対に子供は生まれるはずはない。しかし、話としては人の女に化した以上、その間に子供が生まれるとするのは当然であろう。しかも狐の子が生まれるのではなく、ほとんどの場合、人間の子が生まれる。

交においては、古来より「女の腹は借り物」という考えがあり、女性の腹（子宮）は子種を育てる所と考えられていた。したがって狐と人の交婚においては狐の腹も借り物であって、当然人間の子が生まれる。

昔の人は遺伝子などということも卵子と精子の結合の原理もまったく知らず、ただ男女の交合によって、仏教流にいえば赤白二渧（男子の精液が白液、女子の経血が赤液）の二つの液の滴りが合して胚胎して子供を生じると考えていた。人と交わった狐が人の子を妊娠するのは当然と考えられた。

狐は人の女性に化けおおせて人と交わり、人と同じように子供を産む。その間すこしも本態を見破られないまま、児に乳も与えれば子育てもし、そして人間並みに夫に仕えたり、恋人に接したりする。これは大人のお伽話であるが、その非科学的考えは決して否定されていなかった。

こうして、人に化けた狐は人の姿をずっと維持して見破られることは決してない。同じ獣類から見ると人と獣類の違いは明瞭であるらしく、犬などには狐はあくまでも狐として映る。

犬は現代のように愛玩用として飼うのではなく、番犬か猟犬として飼ったのだから臭覚が敏感で、飼主以外に対しては警戒心が旺盛で攻撃力がある。とくに猟犬は狐を敵視して襲う。狐も犬をもっとも嫌う存在である。

この『日本霊異記』に記された男と交わって児を産んだ狐の住む家には犬が飼われていた。本来なら、その犬が見破って狐妻に吠えかかるか襲いかかるのであろうが、主人のいいつけに忠実な犬であったと見えて、この犬と狐妻とには別に紛争(トラブル)は起きなかったらしい。

ところが、その犬が子を産むと状況は変わる。仔犬は親のように忠実な訓練はされておらず、本能そのままであるからいくら狐が人の姿を藉(か)りても狐は狐の姿として映る。視覚上での知識の少ない仔犬であれば異態の獣類として見えるから、狐妻を見るたびに警戒心を発して吠える。

狐妻のほうも人体に姿をやつしてはいても、狐自体に変わりないから犬は苦手である。そこで、夫に犬を打ち殺してくれと頼んだり敵意を見せるから、よけいに犬は怒って吠える。

こうして、ついに狐の本態を見破られてしまい、身を恥じて、いとしの生みの児や夫を捨て去ざるを得なくなる。この類話は後世広く各地に伝わって、人狐悲劇譚としていくつかのパターンを持つ。これを事実譚として裏付けるためにいくつかの証明を添えている。

夫は妻が狐であったことを知るが、その愛情は捨てがたく、去り行く狐に「愛情は変わらないから毎夜来て寝てくれ」、「来つ寝よ」といったことから狐という語が生じたとか。その子が狐の直(あたえ)と名付けられたという日本的発想の結びを持っている。

この話は、奈良時代から後世にまで流布したと見えて、鎌倉時代の中山内府忠親の撰した『水鏡』(神武天皇より仁明天皇までの五十四代のことを記したもの)の「第二十九代欽明天皇」の項にもふれられている。『水鏡』に欽明天皇の御代の出来事はごく簡単に記されているが、その後半に特殊な話として狐と夫婦の交わりをした人の話が次のようにくわしく記されている。

野干(やかん)を「きつね」というようになった、その言葉のいわれは、美濃国(岐阜県)に住んでいたある男が、美人の妻を得ようとして、寺社参りをした時に、野原の中で気に入った女性に会ったことに始まる。そこで念願かなうはこの時とばかり近寄って話しかけ、やがて「私の妻になってくれぬか」と頼んだ。

するとその女性は、「そのように仰せなさるのなら同意しましょう」と答えてくれたので、連れ立って家に戻り、夫婦睦まじく暮らしているうち、男の児一人をその女性は産んだ。

こうして年月が経っていくうちに、飼っている犬が十二月十五日に仔を産んだ。犬の子もやがて乳離れして小犬になったが、どうしたことかこの小犬は、この女性の姿を見るたびに食い付きそうに吠える。この女性も大変この小犬を怖がって、夫に「あの犬はわたしの顔を見るたびに吠え付いて恐ろしいから打殺してください」と頼んだが、夫は承知してくれなかった。

この女性が米を舂く使用人の女たちに食事をさせようと、唐臼の小屋(米搗小屋)に入った時、見ていた小犬が走ってきて、女性に食い付こうとした。この女性は大変おびえて、夢中で避けようとしたら野干(狐)の姿に変わり真垣の上に飛び上がった。

この態を見た男は、我が妻は美しい女人であったと思ったのに野干であったのか、美人を妻にしたいと念願したので野干が美人の姿となって現われ、自分を満足させ、それどころか子供までなす仲になってしまったのか、となげいていった。「たとえ貴女が野干であっても、今は夫婦の契りを結んだ仲。その愛情はとても忘れることができない。本態を見あらわされて恥じて去るのであろうが、私の愛情は変わらないから、夜にでもなったら必ず来て寝ておくれ」その後、野干は夜に忍んで来て寝を共にした。来ては寝るので、それから野干を来つ寝(狐)というようになったのである。

その野干の化けた妻は桃の花を染めた小袖を着ていたという。狐の産んだ子は「吉(きつ)」と名付けられ、力が強く、走ることは飛ぶ鳥のように速かったという。

狐の産んだ子は、狐の直(あたえ)ではなく、きつ(吉)という名に変わっているが、この物語は後世もしばしば用いられ、南北朝の頃の四辻善成が『源氏物語』の注釈を行なった二十巻の『河海抄』の二巻にも「狐人妻となる」と見え、美濃国が三河の国に変わっている。『日本霊異記』には美濃国を「三野」としているので、おそらく誤記のまま「三河」になったのであろう。後世の他書では、多くが美濃国としている。

鏡に映った狐の顔に子供が驚く

この話は、かなり原型を保って後世に伝わっているが、『日本随筆大成』八巻所載、富士谷御杖の『北辺随筆』巻之二にも、「狐人の子を生む」と題して記されている。

この話の中で女と化けて妻となり、それが見破られて去るきっかけについては、類型の中にも幾つかのパターンがある。その二つの例を挙げておく。

八島五岳が天保六年（一八三五）に刊行した『百家畸行伝』の編輯者の付言の中に天文頃（一五三二～五四）に摂津国（大阪府）の垂井家の先祖が大蔵谷（おおくらだに）ではからずも美しい女性とめぐり合い、妻となし、やがて子供が生まれた。

その妻が化粧しようと鏡をのぞき込んだのを子供が見て、鏡の中に狐がいると叫んだ。正体が暴露されたと覚った妻はたちまち狐の姿になって悲し気に一声鳴いて去ってしまった。残された子は成長してから謡が上手になり、やがてその道で知られるようになった。いま垂井源左衛門として聞えている人がそれである。

とあるが、妻が狐であると暴露（ばれ）る元は、鏡に向って化粧している顔が狐であったのを子供が見て驚いたことによる。

つまり、人目はごまかせても、心無き鏡は有りのままを映す。児も母親を見たのではわからぬが、映る鏡を見れば実態がそのまま見えたので驚いたのである。

しかも、子供が驚いたことによって破鏡が訪れた。鏡で見露（みあら）わされるという設定はなかなか意味が深い。

男が妻を求めて狐を嫁（めと）る②
俗にいう「尻尾を出す」

また、類話として『百家畸行伝』の中には次のような例もある。すこし長くなるが大意を紹介しておこう。

「常陸国（茨城県）栗山という所に栗山覚左衛門と称する旧家があり、その四代前の覚左衛門は万芸にすぐれた立派な男であった。四十歳ころに妻に先立たれ、その後は妻もめとらず暮らしていた。翌年の春の夕暮れに一人の若い女性が軒先に立って、

添乳していて尻尾をあらわす

『遠い国から親戚を尋ねてこの地方に参ったのですが、心当りを探してもわからず、日暮れになって困ってしまいました。誠にあつかましいお願いですが、どうか今晩だけで結構ですから泊めていただけませんでしょうか』と頼むので、覚左衛門も、

『女の一人旅はさぞ大変でしょう。とくに日が暮れてはどうしようもありますまい。よろしい。遠慮なくお泊りなさい』

と迎え入れると女は大変喜んで家に入った。覚左衛門は下男に命じて夕飯の支度を差出させたりして、女にすすめながら近寄って見ると、女はなかなかに容貌(きりょう)良く、いろいろ話してみると頭もよいようだった。そしていうのには、

『わたくしは下総の国の生まれでありますが、幼少のころに父母に別れ、親戚もありませんでしたので、この国に伯母さんがいるのを知って尋ねに参りましたところ、この伯母もどこに移ったのか所在がわからず、どうしようもなくなってしまいました』

と涙ながらに語ったので、覚左衛門も気の毒に思って、

『そうですか、それならまあしばらくうちに留って、針仕事でもしてくれて合間を見ながら寄辺をお探しになったほうがよい。ここに居られることに御遠慮なさるな』

というと、女は非常に喜び、御恩報じと一生懸命家の中の雑用を果たした。大変賢くよく心を使ってくれるので覚左衛門もうれしく思い、やがて心許しているうちに閨(ねや)の相手まで勤めてくれるので夫婦のような気持ちになった。やがて妊娠して次の年には男の子まで生まれた。覚左衛門のこの女に対する愛(いつく)しみ方はひと通りではなかった。

月日の経つのは早いもので、子供が五歳になったときに、母親の昼寝姿を見て『母様に尻尾が生えております』と驚いていう子供の声に母親は目を覚まし、正体暴露(あらわれ)たと恥じたのかたちまち一匹の白狐の姿に変じ、自分の部屋に走り込んだまま姿を消した。

覚左衛門もこの有様に驚いて方々探したがわからず、妻の部屋にはただ、前の妻の白無垢の小袖を今の妻に与えて

いたものに、血で詩と歌が書き残されているだけであった。詩は今に伝わっていないが、歌は、
　嬰児（子供）がわたしのことを恋しがって跡を尋ねてくるというのであれば〝うなばか〟（女化の訛り）の原で、夫や子供の愛情を想い出して泣きながら伏していますよ
という意味だったという。女化原は、狐と男が結婚し子まで成して生き別れになった伝説の場所である。遺品になった血書の白無垢の小袖は、代々持ち伝えられ、今でも栗山覚左衛門家にある。興味ある人は訪ねていって見せてもらうとよい。栗山家は代々覚左衛門の名を襲名しているが、この話のように狐の血の混じった家柄である。
　この話が嘘でない証拠には、この土地の大名の役所にも届けられていて、当座は随分評判であったという。これは享保十八年（一七三三）の春のことだというが、これにあやかったかどうかはしらぬが、次の年に信田の森の葛の葉狐の操人形の浄瑠璃が上演されて大評判になったという。」
『百家崎行伝』の編輯者が付言していうのには、この物語はかれ（編輯者）の兄の雪菘や、様子を見にいってきた人の詞のままにまとめたものである。ただし、こうした狐と人との交婚から生じる悲劇の結末は、世間によくあることらしく、これに似た話や事実を見たことがある。ただ、繰り返すようで長々しいことであるから詳細は略すことにする。
　そして、昔もこれに似た話がある。人皇三十代（後世の歴史編年では二十九代）欽明天皇の御代の話（男が妻を求めて狐を嫁る①の項参照）、『神社考』の話（垂井源左衛門の話、四二ページ参照）などが有名である。中国の仙術の書『抱朴子』とか『玄中記』などにも狐は百年も生きると美女に化けると記されている。

狐が詠んだ歌の考証
いずみなるしのだの森の……

「野干」を「狐」とする語源は『水鏡』にあるが、その本文は『簠簋抄』がそっくり引用され、それをまた江戸時代の三好想山が『想山著聞奇集』に「物臭太郎と狐妻の話」として採用している。

想山はこの話に次のような考証を加えている。

「『簠簋抄』という書、安倍晴明の母は人間でない者が女性に化したものである、とある。遊行遊女だったが猫島という所である男と三年間夫婦の交わりをしていた間に晴明が生まれたのである（とすると、ある男というのは阿倍氏ということになるが）。

母親は三年たつと『恋しくば尋ね来て見よ和泉（大阪府）なる信太の森のうらみ葛の葉』と一首の歌を残して、いとしいわが子や夫の前から姿を消した。

晴明は成人して京洛に上るときに、生みの母親が万感をこめて詠んだその歌を想い起して、ついでに和泉国の信田の森に分け入ると奥の方に神殿があったので謹んで拝礼し、生みの親はいかにして居られるか、できれば対面したいものと念じていると、一匹の狐が目の前に現われた。成長した晴明の姿を見てうれしく思ったが、また未練を生じてはいけないと思ったのか『わたくしがあなたの母ですよ』と告げて消えてしまった。これが信田明神であった。

曲亭滝沢馬琴（よろず考証癖があって、古書をせんさくしては理屈っぽい）がいうのには、『簠簋抄』に記されたこの記事が作り事であることは世の人も知るところで、今さら論ずるまでもない。信太の森の狐が女に化して人妻となった話のもとは『水鏡』に出てきて〝来つ寝〟の語源になったという虚実付まである話がヒントである。これについては後の方で述べようと（馬琴は）いっている。

また、母親の狐が詠んだという『恋しくば……』の歌も本歌（最初に詠んだ人の歌、その歌になぞらえたり、歌の言葉を借りたりしたのを替歌、借歌という。本歌は元の歌、元歌ともいい、後には流用されて真贋を見極める場合の真物という意味で本歌の語が用いられている）がある。

『古今著聞集』に鳥羽の宮様が天王寺の別当でいらせられた時に、そこの五智光院にお住いであった。たまたま鎌倉の右大将源の頼朝卿が上洛なされて、三浦十郎左衛門義連や梶原平三景時等の重臣を連れて訪ねて参られた。頼朝は宮に御挨拶して辞去しようとした時に、尫弱（身体障害者）の尼僧が一人現われ、頼朝卿に向かって懐中からなにか書類をとり出して言上した。

『わらわは和泉の国に先祖から伝わった土地がありますが、それを他人に横領されてしまいました。取り戻したいのですが、不自由なため思うようにいかず嘆いております。将軍様が御上洛とうかがったので取りついでいただこうと思いましたが、手蔓がなくこのように無礼の直訴をしてしまいました。証拠書類はこれで御座います』といって差出すのを頼朝は扈従の士の手を通さずに直に受取って見た。

『そちは、この書類の通り先祖から伝えられた土地の所有者か』と御下問になると、

『なんで偽り申し上げましょう。もし御不審の点が御座いましたらいか様のことでもお答え致します』

と尼はいうので、頼朝卿も頷かれ、傍らに控えていた三浦十郎左衛門義連に、

『どこからか硯を借りて参れ』と命じ、硯が来ると自ら墨を摺り、筆を墨に浸して、持っていた扇子を開くと、

『いづみなるしのだの森のあまさき（尼が先）はもとの古葉にたちかへるべし』

と一首の歌を書いて扇を下げ渡した。この歌の出だしが利用されて母狐が詠んだという創作がなされたのであろう。また、『夫木集』隆祐朝臣のにも「しのだの森」が詠みこまれているし、『六帖』にも『和泉なる信太の森』の語が用いられているから、当時随分用いられた歌の語である。」

と長々と解説している。

交婚譚をもとにした『蘆屋道満大内鑑』

歌舞伎交婚譚

信太の森の狐は、助けられた恩返しとして若い女人に化けて安倍保名の妻となり、晴明を産む。彼女は、狐であることを知られて恩愛の契り浅からぬ夫と子を残してさびしく信太の森に帰っていく。子は母の加護で陰陽博士に出世する。これが信太の森の狐の基本的な筋である。

これの類話は、室町時代末期の写本『簠簋袖裡抄』や江戸時代初期の『簠簋抄』に見られるし、『女化原稲荷縁起』や地方民話にまで流布している。そして、節経節の『信田妻』としてさらに有名になり、また林道春羅山の『神社考』によって信太の森の狐伝記が物語とされたり、竹田出雲が義太夫『蘆屋道満大内鑑』を作ってますます有名となった。また正徳三年（一七一三）には『安倍晴明神変占』なども刊行されたりした。

信太は大阪府南西に当る和泉市の河泉丘陵西端にある洪積台地。信太千塚といわれる古墳群があり、その西に信太の森の聖神社がある。その末社に葛の葉社があるが、この社の由来から信太の森の「怨み葛の葉」伝承が生まれたらしい。

江戸時代の竹田出雲が作った浄瑠璃『蘆屋道満大内鑑』は、安倍保名と信太の森の狐の交婚譚から、後に有名な陰陽師になった安倍晴明が生まれるまでの物語を主題としたものである。享保十九年（一七三四）に上演され、以降しばしば芝居でも行なわれている。

五段に分かれているが、歌舞伎では「しのだ妻」として著名である。『信田妻』『信田白狐伝』などの筋とも重複するが『蘆屋道満大内鑑』の概要は次の通りである。

第一段は大序大内の段。朱雀天皇の時（九三一〜四六）に白虹日を貫いて大事の起こる予兆とみなされ、これが占われることになる。故天文博士加茂保憲の養女の榊の前にあらかじめ占わせた。安倍晴明の著した『金烏玉兎集』*（三国相伝陰陽輨轄『簠簋内伝金烏玉兎集』）は蘆屋道満か小野好古の臣安倍保名のいずれかに伝えられている。そして、占わせよということになり、両家の執権が加茂家の神前で籤を引くことになった。

抽籤の日、『金烏玉兎集』がないことがわかり、榊の前は責任上自殺してしまう。これを知った保名は悲嘆のあまりに狂乱してしまう。加茂家の後室（奥方）はうっかり合鍵を落とし、それがもとで陰謀が発覚し、後に好古の執権左近太郎に殺されてしまう。保名の奴の与勘平は榊の前の遺品の小袖を肩にかけて保名の跡を追う。

二段目は、岩倉館の段で、岩倉治部は信田庄司の甥の石川悪右衛門と蘆屋道満と額を寄せ合って謀る。『金烏玉兎集』によって左大将元方の娘で東宮の御息所（みやすどころ）が御懐妊になられる呪術に用いる白狐を狩り取り、好古の娘で東宮の寵姫である六の君をおびき出して菩薩池（みぞろがいけ）に沈めて、好古を失脚させようとする。

菩薩池の段では、闇夜に石川悪右衛門が六の君をだまして誘い出して菩薩池に沈めようとする時に、非人が現われて悪右衛門を池に突落して六の君を奪って去る。

信田の森の段では、信田庄司の娘葛の葉は嫌な予感のする夢を見る。姉の榊の前のことが気になり、信太明神に参詣し、その帰りに幕を張って花見をしていたところ、榊の前の小袖を肩にかけて保名が狂った態で現われる。これをもとにしたのが後の舞踊劇「保名狂乱」である。

そして、榊の前と瓜二つの葛の葉がまた現われ、保名はやっと正気に戻る。今度は葛の葉と保名は互に慕い合うようになる。そこへ石川悪右衛門に狩り立てられた白狐が現われ、保名がこれを助ける。保名は傷を負ったので死のうと思っていたが、葛の葉が保名を助けて落ちていく。

三段の左大将館の段では、六の君を救った非人がじつは蘆屋道満で、密かに館に隠まう。しかし、妻筑波根が嫉妬したことによって左大将元方に知られてしまう。

道満内の段では、道満は六の君を元方に渡さねばならない土壇場に聟の左近太郎が六の君を盗み出そうとして道満に発見され、左近太郎の身代りになった将監があやまって道満に殺される。道満は後悔して武士を捨てて発心剃髪して陰陽師道満となる。

四段は保名内の段で、葛の葉と保名が世を忍んで阿部野に隠棲すること六年。二人の間には五歳の男の子がいた。ある日、信太庄司夫婦が娘の葛の葉を連れて会いにくる。今まで一緒に暮らした葛の葉が、以前保名に助けられた白狐の化身であることがわかってしまい、白狐の葛の葉は泣く泣く障子に「恋しくば尋ね来て見よ和泉なる　しのだの森のうらみ葛の葉」と書いて去っていく。

保名に愛着の未練を残しつつ去っていく狐の葛の葉と、幼い子を連れて跡を慕う保名と葛の葉の道行は観衆の涙をさそう（道行信太の二人妻）。

夕暮れに信田森についた保名夫婦は狐葛の葉に会い、狐葛の葉は幼児に乳房をふくませ、狐の姿に戻って消えていく。

五段は、保名は悪右衛門に殺害されるが、安倍晴明の祈禱で蘇生する。悪右衛門が殺され、陰謀の張本人左大将元方の悪事はすべて露見して流罪となり大団円となる。

以上が『蘆屋道満大内鑑』の大概で多愛のない筋であるが、信田の狐が葛の葉姫に化けて子を成し、その子が出世する筋は、延宝二年（一七六四）の浄瑠璃『しのだ妻』のもとになっている。

『しのだ妻』も五段に分かれている。初段は、村上天皇（九二六～六七）の御代。摂津国阿倍野の安倍仲麿七代の孫、安倍郡司保秋の子保名と狐の関係が始めから出てくる。河内守護職石川悪右衛門常平が妻の難病治療のために女狐の生胆をとるために信田の森の狐狩りをしている。保名は、狐を助けようとして悪右衛門と争い生捕りにされるが、悪右衛門の旦那寺の和尚によって助命される。この和尚こそが狐である。

二段目では、手傷を受けた保名は谷川でうら若い美女に逢って助けられ、その家で介抱された。この事件を知って駆けつけた父保秋は石川悪右衛門に殺されるが、悪右衛門は保秋の家臣三谷禅司に追われ、保名を助けた女の家の前で保名に殺される。

三段目では、保名と女が信田の森の近くに住み付く。二人の間に子供が生まれ、七歳となる。母親が乱菊に見とれて気を許したときに、狐の姿になっているのを子供に見られ、「恋しくば尋ね来て見よ和泉なる　信太の森のうらみ葛の葉」の歌を障子に書いて去って行く。

悲嘆した保名が子供を連れて信田の森に妻を尋ねる。狐が現われ、子供にはなんでも願いがかなうという竜宮の箱と、鳥獣の音を聞き分けることのできる宝の珠を与えてくれる。

四段目では、子供は晴明と名乗る。十歳の時に大唐の白道山人（本地は文珠菩薩）から『金烏玉兎集』を与えられ、昔仲麿に授けた『簠簋抄（ほき）』を持てば天皇の御悩も治ると教えられる。

晴明の母は信田明神である。与えられた宝珠で二羽の烏の声を聞くと天皇の御悩の原因がわかり、これによって天皇は回癒され、晴明は五位に叙せられる。

蘆屋道満は晴明を弟の石川悪右衛門の仇と思っているので、宮中で占いによって対決することになる。初めは透視術比べで、猫二匹を入れた唐櫃が出されたが二人とも言い当てた。それから三宝に大柑子が盛ったものが出された時に、道満は柑子と答え、晴明は鼠と答える。晴明が勝ち、道満は晴明の弟子になる。

五段目では、これを根に持った道満が、晴明参内の留守に保名を誘い出して一条戻り橋で殺害してしまう。その屍は禽獣の食うにまかせた。

翌朝、これを知った晴明が保名蘇生のための祈禱を行なうと、鳥や獣がほうぼうから保名の骨や肉を持ってきて保名はたちまち蘇生した。晴明が父を伴って参内して報告すると、道満は罰せられて斬首され、晴明は従四位主計頭天文博士に任じられ、めでたしめでたしとなる筋で、こちらのほうがわかりやすい。

＊『簠簋内伝金烏玉兎集』は高野山の真言宗の僧が作ったらしく、鎌倉時代末期から南北朝期頃の作といわれ、日時方角の吉凶を集大成した巻本で、金烏は太陽、玉兎は月を意味し、これを中心とした天文・暦学をもって、信仰・生活における吉凶善悪の諸相について述べたもの。五巻より成り、宝永七年歳次庚寅仲夏穀旦、喜多村宇衛門が刊行している『続群書類従』第三十一の上に所載されている。

『お伽草紙』の「木幡狐」

信太妻に似た悲劇譚

『お伽草子集』の中に「中頃の事にやありけむ……」で始まる「木幡ぎつね」という話がある。

木幡狐の骨子は、上流の位置を藉（か）りた稲荷の神使の格の血筋の狐と、身分の高い貴公子との間に子供が生まれるが、犬の出現によって仲を裂かれざるを得なくなるという信田の狐譚や女化原の狐譚、その他全国に流布する狐と人との交婚の結果から生じる悲劇譚と軌を一にしている。

「中頃の事」とは何時代の中頃なのかは詳らかにしないが、『今昔物語』の冒頭の「今は昔」のように、「むかしむかし……」の出だしと同じく過去の意と見てさしつかえない。繁をいとわず全体を直訳して掲げておく。

昔の事であったと思うが、山城国（京都府）の木幡の里に長年棲んでいる狐がいた。

稲荷明神の御使いという階級であるから、身分もよく、なにごとも意の如くになるという能力を持っていた。ことにその眷属は男女沢山の数であって、皆それぞれ知恵のある者、才覚に敏い者、芸事に優れた者らがいるばかりでなく、世間で有数の者とされて、いろいろと幸せの雰囲気の中で暮らしていた。

とくに弟姫（乙姫・うら若い姫）といわれる狐は、きしゅごぜん（貴種御前か）と皆からいわれていた。この姫はどの狐たちよりもいちだんと抜け出てすぐれ、姿顔形は美しく、その御心もお優しく高雅で暮らし振りも上品であるから、狐仲間からは尊敬されていた。これを聞き知った人々は、なんて御立派な御狐のお姫様であろうかと慕うものも多かった。

この「きしゅごぜん」に御近付き願いたい若い狐どもは、「きしゅのごぜん」をお育てして御付きの役をやっている狐にそれぞれ手蔓を求めて、我も我もと恋文を渡した。水が流れ下るようで決して上に届くことはなく、また「きしゅごぜん」が、そうした恋文に応じた様子もなかった。

この「きしゅごぜん」がもし人の世の者であったら、どんな身分の高い殿上人（宮中に参内して昇殿できる階級）か、関白殿下の奥方様などにもなれるであろうし、一生を御幸せに過ごすことができる立場だったが、それができないというのであればこの世ははかないことを悟って奥深い山の山に籠り、ただ心静かに来世への悟りを願うだけであると思って暮らしていた。

時に十六歳の夢多き年に成長された。「きしゅごせん」の両親はほかにも多くの子供を持っていたが、この娘がいちばんすぐれていて美しいので、同じ狐の中でも身分のよいすぐれた狐を婿としてめあわせ、将来を安泰にしようと、いろいろと教え訓していた。

さて、話が変わってそのころ京都に三条大納言という身分の高い方がおられ、その御子に三位の中将殿という好男子がいた。貴賤を問わずおよそ女性たる者はすべてあこがれるほどであったので、さる尊い方から父の大納言に、身分の高い人の娘を嫁にしたらどうかと縁談があった。中将殿はいっこうにその気にならず、どんな賤しい家の子でも、その姿かたちが優れている人であれば嫁に迎えると考えていた。

ちょうど三月の下旬、三位の中将が百花燎乱に咲きそろう花園に御出になって、散りかかる桜の花を御覧になり、在原業平が「花にあかぬ嘆きはいつもせしかども、今日の今宵に似る時はなし」と詠んだのもこうした状況であったのであろうかと眺めていたところ、あの「きしゅごぜん」が木幡の稲荷の山から中将を見おろしていた。

「なんとまあ美しい品のあるお方であろう。わたくしが人間として生まれていたら、こうしたお方に会って親しくしたいものであるのに、どうした前世の行ない故でこのように狐の立場として生まれたのであろうか。情けない」と思ったが、よくよく考えれば、狐には変化する能力がある。人間に化けることもできる。

人の姿となって三位の中将に近づき、恋慕の情を打ちあけ、夫婦の契りを結ぶことも可能だと考えて乳人の少納言（宮中の官名で、官女にも授けられた。清少納言という女性がいたから、「きしゅごぜん」のお付の女狐にこうした名称がつけられた）を呼んでいった。

「これからいうことを聞きなさい。わたくしは考えるところがあって都に行きたいが、この姿では人目に対してまずい。十二単と袴をきせてください」（十二単衣は一般的用語で、唐衣というべき）。

乳人の少納言はこれを聞いて、「今頃の都には鷹や犬などが家毎に飼われている（鷹は狩猟用、犬は狩猟用や番犬、そして野犬も多かった）から京都に行くことはなかなか困難で御座いますよ（狐などはすぐ狙われる）。その上、御父様や御母様の命婦様おふたかたがこのことをお聞きになられたら、わたくしの落度になります。どうか京都行きはおやめになってください」と頼んだ。

しかし、「きしゅごぜん」は「お前がどう止めようとも、心にきめたことであるから、いくら止めてもわたくしの心は変らない。いう通りにしておくれ」といい、美しい姫君に化けて出発して京都に着いた。

そして、三位中将と御逢いできる機会を作った。こうした結果、中将殿はこの姫君を一目見て、もう呆然として、その美しさに魅(ひ)かれてしまった。

これを日本でたとえれば、小野良実の娘の小野小町といえどもこの「きしゅごぜん」にはかなうまいと思われるほどであった。この女性がどこの誰の息女であれ、こうした御方に巡り逢えるのは二度とない機会だと思いになった。

乳人らしい女房（少納言狐）に中将殿が「この御方はどこから参られて、どちらに行かれるのですか」と訊ねると、乳人は機会をつかんだとうれしくなり、

「この姫君は、さるやんごとない御方の御息女です。継母(ままはは)に粗略にされ御父君から誤解されて御不興を蒙ったので、世をはかなみ、仏門で解脱の道に入るために山奥の寺で修行しようと思われて旅に出たのです。わたくしたちは旅行に不慣なので、道に迷ってしまい、とうとうここに来てしまい、途方に暮れていました。はなはだ不躾な御願いですが、疲れておりますので今宵一夜の御宿を貸していただけますれば有難く存じます」とまことしやかにいった。

中将殿は、こういう美人を泊めてやることの機会が到来したことをうれしく思い、近年「色ごのみ」（前の方では縁が持ち込まれてもよい返事をしない潔癖家らしい記述があるのに、ここでは漁色家らしく描かれている。）してきたが、このような絶世の美人に逢おうとは夢にも思わなかったので、ここで逢ったことは前世からの定め事と思って自分の館に連れて戻った。中将の御乳人の春日の局に命じて、姫君一行の接待(もてなし)を充分にするなど、それはいたれりつくせりであった。

こうしていろいろな心遣いが済んでそれぞれ引きとってしまうと、中将殿は姫君に恋心を燃え立たせていたので、さっそく姫君の枕辺に寄添っていった。

「このように貴女に御逢いできたのも二世を契る不思議の縁と思います。貴女がなんと思われましょうとも、こうなったからは私の愛情を示すだけで、この屋敷からは決してお出ししません」などといろいろ心のうちの丈を述べて迫った。

姫は本来は自分のほうから謀ったことであるから、喜んだが、大変な辱らいを見せて仲々合意的態度を示さなかった。夜も次第に更けて行くと、鴛鴦夫婦のように親しく触れ合い打ち解ける状況になり、互いに心の襖も除かれて、末は偕に老いるまで仲睦まじくするという約のあかしとして肉体の交わりにまで発展した。

やがて夜が短く感じる程二人の愛情は熱中し、寺で撞く夜明けの鐘にようやく気が付き、中将殿は姫君から離れるのが名残り惜しいので、

むつごともまだ尽きせぬにいかばかり

明けぬとつぐる鳥の音ぞうき

と一首の歌を口ずさむと、姫君も、

思いきやこよひはじめの旅寝して

鳥のなく音を嘆くべしとは

と返歌した。それからは毎夜中将殿と愛の交歓を味わって日数が経ってしまった。

六月頃に姫君の身体に変調をきたしたのを中将殿は御覧になっていろいろ祀禱したりして憂えたが、それも病気ではなく妊娠であると知って大変喜ばれた。

その年も暮れ、新年の正月、二月、三月と過ぎたころに姫君は美しい御子を産んだ。中将殿はそれを御覧になって、類のない目出度い事と喜ばれた。こうして日が経ると生まれた御子はまるで御光がさすように美くしく育っていった。

（中将殿の）父の大納言の北の方（貴人の奥方の尊称）も、このことを聞いて、

「息子はどうしてこのようなめでたいことを聞かせてくれなかったのか。相手の女性がどのような身分の人であれ、中将殿が気に入ったのならいうことはない。そのうえ、美しい若君を出生されたとあってはめでたい限りで、私たちはそれをおろそかにする気持ちは毛頭ない。姫君にも対面して共に大事にしてやりましょう」

と中将殿にこまごまといってやると、中将も大変喜ばれ、姫君に、

「こちらから報告申し上げるべきでしたが、両親の認めた正式の結婚でなかったので、今まで両親にも伏せていたので、貴女を粗略に扱って両親に会わせなかったのではありません」と弁解し、大安吉日を選んで両親に会った。

父大納言の奥方も姫君に会って、このように美しい女性が、この世にいたものであろうか。どんな美しい宮家の姫君でもこの美しさにはかなうまい。中将殿が恋したのも道理であると思われた。

こうしてすべてがうまくいって月日を送り、若君ははや三歳になった。館内の人々も、この若君が苦労もなく楽しく過ごせるようにいろいろ気を使って、御遊びの品などを献上した。

ある時、中将殿の御乳人の中務（中務省の役人に相当する身分的なものを人の名に冠したもの）のところから、若君の御遊びのものとして、世にもすぐれた美しい犬が献上されてきた。

姫君の乳人少納言は、これを知ると震え上って恐れた。それもそのはず、姫君も少納言も姿こそ人であれ、本態は狐である。犬は狐にとって大敵で、いくら人に化けても勘のよい犬にとっては狐の本態は丸見えである。吠えて威嚇したり、ときには嚙み殺してしまう。

よかれと思って献上された犬も、じつは大危険、身の破滅を招くもとになったのである。少納言はあわてて姫君の前にきて「大変なことになりました。若君のために御犬が献上されましたが、わたくしたちにとって犬は大敵、これ以上の大危険はありません」と泣かんばかりに報告した。

姫君も「ああ、これでわたくしたちの終わりが近づいた。急いで此処を去る以外に方法はありません。それにしても愛情深い夫の中将殿や、いとしのわが子を残して別れは悲しい」と涙を止めることもできなかった。そして、少し

たってからいった。

「たとい千年万年たったとて別離の名残りはつきないが、隙をうかがってこの館から立ち去り、仏道に入って解脱するためのきっかけとしたい。世俗を避けることは容易であるが、あのように愛してくだされた中将殿がどのように悲しむであろう。わが子との別離を思うと、いかように割り切ろうと思っても悲しい。だが、これもどうしようもないこと」と、さらに嘆いた。

折も折、七日間宮中で管絃の宴があり、中将殿は天皇からの御召があった。参内の直前に「わたしは笛を奏する御役を仰せつかって内裏に参るが、留守中は若君がむずがらないように心を遣いなさい」といって出ていった。

姫君は、つくづくと若君を見つめて「これがわが子とも最後であり、言葉をかけてやるのも今が最後である」と心を励まし、少納言を呼んで「今去らねば機会はない。さあ、行きましょう」といい、少納言も身の回りのものを取りまとめた。姫君は涙ながらに、

わかれても又もあふせのあるならば
　涙の淵に身をばしずめじ

と詠じて、少納言と一緒に出発した。「稲荷大明神さま、わたくしが故郷に帰りつくまでなにとぞいろいろなことが順調には運びますように」と念じ涙ながらに都を離れた（この部分の原文「涙と共に出でたまふ。心のうちぞあはれなる」は、『太平記』俊基朝臣東下りに用いられた有名な語句）。

深草を通るときに都のほうを振り返って、思わず足を留めると、ちょうどそのあたりに繁る萩の葉にも露が宿っているので、

おもひいづる身は深草の萩の葉の
　露にしをるるわが袂かな

と詠んだりした。このような情景を眺めつつ、ようよう木幡の古塚、もとの故郷に着いた。

「きしゅごぜんが御帰りになられましたぞ」と下っ端の狐が告げてきたので、父母の狐も「これは、いったいどうしたことだ」と駆け寄って「三年程姿を消していたのでどうしたのか、もしや猟師に矢で射られて殺されてしまったのか、鷹狩や猟犬に遭遇して殺されてしまったのではないかと心配していたのに、無事に戻ってきた姿を見て、夢ではあるまいかと思うほどである」と狂気するうちにも、先立つものはうれし涙。

少納言の狐が今までのあらましを詳しく語ると、両親は「そうであったか。そんな遠くない所に住んでいたのに、事情を知らせずに、いたずらに心配させた少納言のやり方は怨めしい」と怨み言をいった。とにかく無事に帰ってきてめでたいと、一門眷属が一堂に集まって喜びの酒宴を開いたという。

こうした中に、ただ「きしゅごぜん」のみは残してきた若君や、愛してくれた中将殿のことのみが心に懸って恋しくて、狐の世界の平和も安堵する気にもならなかった。

「きしゅごぜん」は、この世界から遠ざかって未練を捨て、悟りの道に入り静かに生というものを見つめ直そうと考え、木幡の古塚の社会を立ち去り、嵯峨野の草深い片田舎に赴くことにした。そこに仏道精進のための庵室を作って、緑の黒髪を剃って浮世との関係を断った。

この世は仮の世、生ある者は死して輪廻転生、稲妻の光のようにはかなく、朝（あした）に結ぶ露のように消えるのが常であってよろず未練を持つものでないと悟りすました。あの世で中将殿と一つの蓮の葉の上で睦まじく末永く過ごすことのみ御仏に頼みまいらせることだけを目的とした。

一方、中将殿は宮中で七日間の管絃の宴を終わって館に戻ってみると、姫君も乳人の少納言の姿も見えず、ただ若君は乳人の膝に臥して母親がいなくなったことを悲しんでいるだけであった。中将殿はこれはいったいどうしたことと嘆いたが、たとえようもなく気の毒な様子であった。

妻が日常住みなれた場所にはいろいろな思い出があり、残念であったが、「我等の縁はこれで終わったとしても、姫の産んだ若君さえ立派に成人してくれれば姫と縁が切れたわけではないから、今さら怨みには思わないが、いったい

嵯峨野に隠世した貴種御前

どうして去ってしまったのか」と嘆いた。

留守を預かる春日の局という女性が、若君の乳人にいろいろ子細を尋ねたが、「なぜ姫君様と少納言様がいなくなられたか思い当る節(ふし)はありません」という答えがあるだけだった。

これを聞いた中将殿は、もしやと頭に浮んだことがあったが「よしよし、姫君がどういうものであっても、姫に対する愛情は変わらない。この若君がせめて七歳になる間までは一緒にいて欲しかったのに」と嘆かれた。

こうして孤閨に臥すようになった中将のことを心配してほうぼうから、奥方様を御迎えになられてはといってくれる人々がいたが、そんな気持ちは毛頭なく、ただ姫君と別れたことのみ悔んでおられた。

しかし、年月の経つのは早いもので、若君もすくすくと成長され、御家も万歳であったという。

一方、尼になった姫君は、行ないすましているものの都の中将殿や若君のことを思うとそぞろ恋しく（行ないすまし達観したはずなのに未練を生じるとはどういうことか）思うが、若君の家が栄えているということを聞いてうれしく思った。

そして、姫は峯に上がって仏に供える花をつみ、谷川で閼伽(あか)の水を汲み、一緒に剃髪した少納言と共に阿弥陀仏の名号を唱えて静かな日を送った。

こうした、獣類でさえあの世での菩薩を果たすべく修行するのであるから、まして人間であればなおさらである。

こうした美わしい話であるから何代も書き伝えられていまに伝わっているのである。

この物語は貴種の狐の悲恋物語であるが、狐のほうから貴公子を見染め（男と交わる狐は、たいてい狐のほうから見染めるために美女に化けて接近する）、大変複雑なテクニックをもって近付く。

また恥じらいながら男を能動的に仕向けていくわざは、まさに人間の女性そのもので、狐は生来好色であることを根底として狐と男の交わり話が構成されるものが多い。

『玄中記』に「五十歳の狐は淫婦となり、百歳の狐は美女となり又巫神となる」とあるが、木幡狐は十六歳にして好色ぶりを発揮したのである。

狐妻の話『女化稲荷縁起』

三人の子の母になった狐

『女化稲荷縁起』は、奥書によると寛永頃に刊行されたものを文久元年（一八六一）に再刻したもので、再刻に当っては、長々しいところは削られ、欠けたところは補われたものである。女化稲荷の由来について述べたものであるが、原文は句読点なしで当て字もあって現代人にはわかり難いから、平易に概要を記しておく。

この女化稲荷当社のはじまりをたどっていくと、昔人皇八十二代後鳥羽院（一一八六〜九三）の時、征夷大将軍源頼朝が全国の惣追捕使に任ぜられた。その威を全国に示そうと建久四年（一一九三）五月に鎌倉を進発して富士の裾野で大巻狩を行なうために仮屋を建てさせて一夜眠ったところ、一匹の白狐が夢枕に立ち頼んだ。「私はこのあたりの土地の人に迷惑をかけていないのに、今度の狩りでは生命が危険ですから何とか助けてください」

翌日狩場にいくと、白狐が悄然としているので、「ここから東のほう、常陸の国（茨城県）に高見が原という所があるから、そこに移り棲め」というと礼をいって去った。

それから三百年余りたった永正七年（一五一〇）、ちょうど足利十一代将軍義澄公の頃に常陸国根本村に大徳忠五郎という男がおり、母一人に仕えていた。とても親孝行で、農業の合間に筵を織り、それを土浦の街に持っていっては売って生活の資にしていた。

ある時、その帰り途に高見が原を通ると猟師が弓に矢を番えていて、静かにと目配せしたので、そのほうを見ると古塚の元に白狐が眠っていた。これでは射殺されて可哀相と、咳払いすると狐は驚いて逃げていった。

猟師が怒って、「おれだって妻子の生活がかかっているのに、じゃまをしてくれたな」と食ってかかるので、忠五郎は詫びて二百文出して許しを乞うた。

それから急いで戻ると、夕刻になっていたが門口に若い女性と老いた男が立っていた。旅に行き暮れて困っており一夜の宿を頼んだが、老母では自由に決めかねるというからこの家の主（あるじ）が戻るまで待っていたのだという。事情をきくと気の毒なので、忠五郎は泊めてやることにした。

暁を告げる鶏が鳴いて起きるころになったので、忠五郎が旅人を起こしにいくと、若い娘だけがいて、老僕は若い女を置去りにしてどこかへいってしまったのだという。

娘は奥州信夫郡の者で、幼いころに両親を失い、老僕に育てられたが、鎌倉に知る辺があると聞いて、たずねようとここまできたのに見捨てられてしまった、と泣きながら語った。忠五郎も母親も、涙を浮べて同情し、老僕もそのうち戻ってくるであろうし、また探してもやるから、その間うちに逗留していなさいと慰めた。

こんな若い女性が忠五郎の家に逗留していることは、辺鄙な農村ではすぐ目につく、娘は近所の人々とも心易くなった。村の人々も、ずばぬけて容貌（きりょう）がよくつましいので、まだ独身の忠五郎にはよい嫁になるであろうと母親にすすめ、二人は夫婦となった。

そして、長女鶴、二男（本当は長男）亀次郎、三男（次男）竹松（別の所では竹雲と書いている）の三児が生まれ、一家は平和な日々を送った。ある日、忠五郎は耕作に出、母親は隣村まで出かけ、姉弟は木の実拾いにいき、妻は糸繰りをしていた。

竹松に乳を飲ませようと添い寝をしながら庭の乱菊の咲き乱れるのに見とれているうちに、ふと放心して、彼女は狐である本態を現わしてしまった。

戻ってきた鶴と亀次郎がこれを見て驚き、目を覚ました竹松も驚く。妻はうっかり本態を現わしてしまったことを恥じて、未練を残しながらもこの家を去る決心をする。

妻は小指を嚙み切ってその血で紙に書置きをしたため、竹松の着物の付紐に結んで姿を消した。忠五郎が昼飯に

子供に本態を見破られた狐

戻ったところ、子供たちは泣き叫び妻の姿は見えなかった。忠五郎が鶴から事情のあらましを聞いたが、書置きには漢文で「私はかつて高見が原で貴方に助けられた白狐であるが、その恩義に報いるために人の姿を藉りて妻となり、八年という月日が夢の如く去ってしまった。苦楽を共にしてきたが、悲しさを耐えて去らなければならない破目になった。(歌)〝みどり子のははは問はば高見なる原になくなく伏と答えよ〟」と書いてあるので、忠五郎もしおれて涙を流した。母親も戻ってきて驚き、「今までよくつくしてくれたのであるから、たとえ狐であっても戻ってくるようにいいなさい」といった。忠五郎は竹雲(松)を抱き亀次郎の手を引いて急いで高見が原にいき、獣や竜と交わった例は和漢を問わず例(ためし)あることで、白狐を妻としたことはすこしも恥かしくないといって、竹松に母を呼ばせた。

すると、狐火が燃立って妻の姿が現われ、竹松を抱き上げ乳房を含ませるいじらしさ。忠五郎も姿を隠した妻にくどくどと怨みごとをいって情に訴えたが、白狐はいうのだった。「狐の道の掟として、一度見破られたら仲間外れにされるだけでなく変化する通力まで失ってしまう。竹松に乳を与えることもできないから忍冬(にんとう)という草を採って煮つめ、それに砂糖を加えて飲ませれば乳の代りになる。お母様への孝養、子供たちの養育をたのみます」と悲痛の一声を発したかと思うと、たちまち白狐に変わって繁みの中に姿を消した。仕方なく忠五郎は子供を連れて家に戻り、母親にも話をして家中で悲しんだ。

それからというものは、秋の刈田、春の種蒔、いつ誰がやるのか、他の家よりも早く、田植時などはどこから現われたのか数十人の早乙女(田植の女)が歌も賑やかに稲を植たりして、秋には豊作となるので、これも夫を想い子を想う白狐の心ずくしと忠五郎は感謝して高見が原に社を建て、食物を供えたりして稲荷神として祀った。

そして、女化稲荷として人々の信仰篤く、来迎院が稲荷の別当として祭事取扱いいっさいを管理するようになった。大徳(徳分の多い家への尊称)忠五郎の家はしだいに富栄え、忠五郎が老年に及んだころに娘鶴に婿を迎えて家を継ぎ、亀次郎は同じ国内の栗山村の郷士学右衛門の所に養子にいき、竹松は文武の道に励んで京都三条の辺に住んで武略の師となった。その後、竹松は天正時代に相模国小田原の城主北條氏友が白狐の霊夢を見て召出され、栗林次郎義長と名乗って仕え、数重なる戦功を上げて下総守の受領名を受けるほどになった。

かくして女化稲荷は霊験あらたかゆえに人々に尊信された。根本村と栗山村の両家で毎年吉例の行事（原文は八字ほど判読不明）を行なうことは、白狐の血筋であることをはっきりものがたっている。

原文は名文とは言い難いが、多少漢学の素養ある者がまとめている。冗長の嫌いはあるが、女化けの経過はくわしく記されており、一般の狐女が恩を返すために人と結婚し、見露われる様子や産んだ子の数が少々異なっている。母親が狐であることがばれるのは鶴と亀次郎という姉弟の子供によってであり、さわやかな秋の空気の中で乱菊の咲き乱れるのに、ついうっとりとして精神が緩み本態を現わしてしまったからであった。ここでは狐である母親は三人の子持ちという設定になっている。

『女化稲荷月朧夜（つきのおぼろよ）』を脚色した演劇

河竹黙阿弥の世話物芝居

『女化稲荷月朧夜』は、江戸時代末期の河竹黙阿弥が『一話一言』（太田南畝）や『利根川図志』（赤松義知）などからヒントを得て作った世話物演劇である。

筋は、次のようなものである。

常陸国根本村の浪人曽根忠三郎が狩人に打たれようとしている狐を機転で助けてやった。狐は恩返しのために坂東三十三カ所霊場巡りをする巡礼女の姿で忠三郎の前に現われ、宿を願って忠三郎の母親の病気を看病して治癒させる。そして、二人は仲良くなり夫婦となって、おきく・千代松の二人の子持ちとなる。おきく七歳、千代松五歳の時に、相見赤岩斎（そうみ）から家に化生の者がいるといわれ、妻と夫は別れなければならなくなる。妻は根本が原のすすきの中に消えていった。

狐の嫁に去られた物臭太郎物語

のちのちまで栄えた家

『想山著聞奇集』巻一に物臭太郎の話が出てくる。

有名な物臭太郎という農民がいたが、妻に先立たれてやもめ暮らしで農業を続けていた。田植の時に手がまわらないので早乙女を雇ったところ、その中で他人の四～五倍も働く女がいた。そこで女に家事の切り回しもまかせたところ上手にやるので、頼んで妻になってもらった。

夫婦仲がよく、やがて子供が生まれた。子供が三歳になった時、物臭太郎が畑から戻ると、妻は添乳して眠っていた。なにげなく目をやると、妻の裾から狐の尾が出ているので驚いた。物臭太郎は、そっとその場を離れると、再び元気な態度で今戻った風に見せかけた。妻は驚いて目をさましたが、さとられなかったと思ってその日は過ぎた。

翌日も物臭太郎が畑から帰って来ると、子供は母がいないので泣いていた。きのうわからなかったふりをしたが霊感のある狐はちゃんと知っていて、我が姿を見られたのを恥じて去ってしまったのである。

子供を置き去りにされて、今後どうしたらよいであろうと嘆きつつ日を送っていたが、やがて子供が大きくなるに従って、家は豊かになっていった。狐の産んだ子は八十余歳まで長生きし、村中での有数の高持（米の生産高を石（こく）で数え、石数が多いことを高持という）となって、現在でも栄え、その子孫も多数に増えているという。

人の嫁になった江戸時代の狐女

狐の子の子孫が語った話

大郷信斉の『道聴塗説』は、江戸時代末期の文政八年（一八二五）から十二年（二九）までの風聞を記した著で、『鼠蹊十種』二に所載されている。

したがってこの話は文政頃の話で、江戸は下谷長者町に住む万屋儀兵衛の母みねが語るものだ。みねの故郷は下総国（千葉県）相馬郡宮和田村の出生で、母親の父は同郡の赤法花村の農民で孫右衛門という者である。

この孫右衛門から六代前の孫右衛門が所用のあった江戸から帰る途中、ある野原を通っていると若い女性が一人旅しているのに会った。「下総に行くものですが、暮れかかって困っておりますので、どうか道連れになってください」と、女性のほうから一生懸命頼むので、やむをえないことと承知して、家の所まで連れてきた。

このさびしい夜の畑道に女一人行かせるのは気の毒と泊めてやることにした。ところが翌日、出発する様子もなかった。

追い出すわけにもいかないので二、三日置いておくと、じつにまめまめしく働いてくれるので、孫右衛門の母親が感心して「うちの忰はまだ独身だから、あなたさえよければ忰の嫁になってくれないか」というと、女性は「私は天涯の孤児で、ちょっとした知り合いを尋ねていってごやっかいになろうと思って旅してきたのですから、嫁にしてくれるというのは願ってもないことです。喜んで御受けいたします」と答えたので、母親も喜んで孫右衛門の嫁とした。

そして、いつしか一人の男の子を産み平和な日々を送った。子供が五歳の時に嫁は囲炉裏ばたで添乳して、ついうとうとと眠ってしまった。子供は起き出して母親の顔を見て、「あれ母様の顔がお十日になった」（十日とは稲荷の音訓みで狐の異名）と大声を上げたので、母親は驚いて目をさまし、さっと姿を隠してしまった。

孫右衛門は戻って妻の姿が見当らないので、方々探したがわからず、ついに向かいの小高い山に狐の棲む穴に来ると、穴の入口に小児の玩具の茶釜や焼物の煙管と書き置きが一通置いてあった。これでいっさいが判明し、妻は狐であったのかと知った。

男の児は成長して、また孫右衛門を名乗り代々襲名しているが、その子孫に当る私（万屋儀兵衛内儀みね）も、この言い伝えからいうと狐の血筋を受けているといえるだろう。昔物語の信田の森の裏見（恨み）葛の葉、道理で狐の子じゃものとまでいわれる狐を妻とする話も、万更嘘話とばかりはいえない。

この話は、曲亭滝沢馬琴などが文政八年（一八二五）に設立した兎園会の作品集である『兎園小説拾遺』にも「乙酉八年六月朔の海棠庵主人識」として記され、内容はほぼ同じである。

女房にすり替わった野狐の話
三年も狐と交わっていた!?

沢田源内は江戸時代初期の近江の農民の忰であった。近江佐々木源氏の流れを詐称して佐々木氏郷を称し、佐々木源内を名乗って偽系図を作って水戸徳川家に仕えようとして失敗した。そこで、天文六年から元和七年までの佐々木家の贋作日記を作った。それが『江源武鑑』二十巻であるから、内容はもとより信じるに足りないのだが、この中に女房が野狐にすり替った話が出てくる。源内の生まれた土地に、佐々木家の先祖に狐と交わって生まれた子がいたという伝承ぐらいはあったのかもしれない。

いずれにしても、女化けが原伝承の類似譚は各地にあるくらいであるから、佐々木家の伝承にまぎれ込んでも不自然でないし、安倍晴明の伝説以来、狐が人と交わって生まれた子は俊秀または英雄になるという観念が強かった。また蒲生家は氏郷以来、竜宮伝説や竜宮からもらった宝を系図の中に記すほどの伝説信奉の家柄であったから、偽書『江源武鑑』の中の一挿話も江戸時代までの感覚では否定しえない。

その文中にまことしやかに書かれている。天文七戊戌年（一五三八）九月に日野の蒲生次郎氏定の奥方が狐にとられ（狐がさらったものなのか、狐に食われたのか、意味は不分明）、その奥方に狐がなりすまして、この年まで三年もの間、氏定と夜の交わりをした。とうとう今月の十八日になって、その狐は本態を現わして野狐となり立ち去った事情が、事細かに氏定の所から将軍家に言上されたという。

氏定の子息というのは、つまりその狐の産んだ子ということになる。まったく珍しい話である。元の氏定の妻は日加田氏の娘であるが、いったいどうしたというのであろうか。行方も死骸も見付かっていないというのは不審である。『台記』に「ある少年が狐と交わって陽根が化膿して落ちた」話があるが、蒲生氏定は三年も狐と交わってよく陽根が落ちないばかりか子胤（こだね）も植えたものである。

この『江源武鑑』の記事は江戸時代には信じられていたとみえて、『随意録』という筆者不明の随筆にも、そのまま再録されている。

狐と交わって四つ子を産む

珍しい狐男との交わり

『北窓瑣談』にある聞き書である。

但馬国（兵庫県）竹田の住人の娘の所に内緒で夜這いにくる男があった。度重なるうちに娘は妊娠し、やがてお産も無事にすんだが、なんと四人の子供を産んだのだった。人間として四つ子を産むのは珍しいが、もっと珍しいのは、その子たちの形がそれぞれ変わっていて、頭は人間で手足は狐そっくりだったり、首は狐で手足は人間という子もあった。これは夜這いした男がおそらく狐で、男の姿に化けて娘の所に通ったからであろう、と伊藤東所という者が話したことがある。

『東鑑』による狐に育てられた子

鎌倉幕府が記録した珍聞

『東鑑』文治四年（一一八八）九月十四日の項に、狐に育てられたという城長茂のことが記録されている。長茂は鎮守府将軍を勤めた平維茂の子の、出羽城介繁茂から七代目の孫である。維茂は勇武の人で将軍の宣旨を受ける以前から自ら将軍と僭称した程であった（伝説では信州戸隠山で鬼女を退治している）。武威を示し、毎日法華経を読誦し、毎年経巻六十部を拝読したり、恵心僧都に往生極楽の要旨を教えられたりした男である。

その繁茂は、生まれるとすぐ行方不明になった。四年の間、親たちは嘆いていたが、夢で繁茂の所在を教えられ、そこを探し家に連れて帰った。が、そこは、狐の棲む塚であった。四年間もどうやって生きていたのか。それはおそらく狐が育ててくれていたのであろう。

それから、狐が老翁の姿となって現われ、嬰児の長茂に刀を授けて密かにいうのには、この児は将来日本を統轄する男になるであろうが、今はその時期ではない、ということだった。

長茂は後に繁茂の衣鉢を継いだが、狐が授けてくれたという刀を持っている。この刀は長茂が鎌倉幕府から討伐をうけて滅ぶ時に行方不明になっている。

『東鑑』は鎌倉幕府の記録であるから、正確な面もあり、ずいぶん風聞も記されているが、繁茂の生い立ちの経過もある程度珍聞として記録されたのであろう。

それにしても狐に育てられた子というのは珍しい。

亡くなった妻に化けて通う
狐のしわざか、幻覚か?

江戸時代の作者未詳の『曽呂利咄』に亡妻を慕っている男のところに、狐が妻として毎夜現われた『牡丹燈籠』に似た話が記されている。

某主が召し使っている男が妻に先立たれて間もなく、亡くなったはずの妻が毎夜現われた。男は、妻を失って心が空ろになって物の判断の目定めがつかなくなっていたのか、生前の妻のままと思って夜は共に臥した。

同僚がこのことを聞きつけて、これはおそらく妖怪の仕業であろうから、彼の持仏堂で様子を見ようと家に行ってうかがうと、その人のいう通り、男は妻と向かい合っていた。

そこで、まず二人共捕えてみようと押入って捕えると、女のほうは彼の主人が飼っていた唐猫であった。そこで人々はあわてて「乱暴に扱かうな。それは主人の猫だ」といって手を離したところ、猫はクワイクワイと狐の声を出して薮の中に逃げ込んだ。

さては亡妻に化けて毎夜来たのは狐であったか。それなら逃がすのではなかった、と頭を掻いたという。

亡妻を慕っている男の心を狐が読み取って妻に化けて来たのだった。男は現実も過去もわからぬ精神状態となっていたのでだましやすかったのである。

狐がだますというよりも、むしろ幻覚であったかも知れないが、捕らえた女が主人の唐猫であったとすれば捕えたほうも手放す。手放してくれたと思うから本態を現わして狐になって逃げる。こうした点が、いかにも狐のだまし方らしく、人間より数段上の悪智恵を働かしていることを読む者に訴えている。

しかし、この狐は腑抜けになった男をからかうつもりか、男の精を吸い取るつもりか、読者にもわからない。

狐と交わった男の後を追って死んだ狐

弟と契りを交わした狐の真心

『甲子夜話』に、岩井半四郎の弟と狐をめぐる不思議な話が記されている。ある人が松浦静山に語ったものだ。

ある人が松浦静山の所に来て語るのには、岩井半四郎の弟という者が、ある時向島の水戸徳川家の別邸近くを通った。すると、芸妓のような粋な女性が立っていて、しきりに誘いかけてきた。かなりの美女なので、ついその気になって従（つ）いていった。女の家に入ったが、ずいぶん懇（ねんごろ）にもてなすので、弟も木石ではないから誘われるままに関係を結んでしまった。（兄が千両役者といわれるような名女形の美男子であるから、弟の自分も美男子で惚れられるに充分といううぬぼれもあったのであろう。）

わりなき仲になってから、その女性を忘れられず、翌日も逢瀬を約し、夜になるとふらふらと出ては女性の家を訪

女に化けた狐に魅せられる岩井半四郎の弟

れ、朝になって戻る。家人が不審に思ってわけを聞くと、向島に住む女性のもとに行くのだという。

こうして数日経つうちに、男の顔が次第に憔悴してきた。そんなに情事こまやかな女性の家があるだろうかと、いろいろ問いただすと、どうも様子がおかしい。

状況から推定して、「それはおそらくあのあたりに棲む狐の仕業であろう。狐は人の精気を吸いとるというから、これ以上通ったら死んでしまうぞ」と注意した。

弟は「自分も相手が狐であろうことは知っていた。しかしその愛情あること人と変わりないほどこまやかで、今となっては別れることはとてもできない」といった。

その後も通っていたが、とうとう骨の髄まで枯れきって死んでしまった。弟が死亡した朝、庭を見ると一匹の狐が死んでいた。おそらく、これが弟と契りを交わした牝狐で、弟が死んだことで後を追って死んだのであろう。人獣でも愛情深まるとこういったこともあるのであろう。

妻に化けたのを見破られて髪切り狐に変じる
不意に髪の毛を切って逃げる

『伽藍記』は僧道雲の著。元禄三年（一六九〇）の序があり、『伽藍開基記』ともいう。その文中に出てくる狐妻の場合も興味深い。

孫厳は妻を迎えて暮らすこと三年。妻は一度として着物を脱いで寝たことがなかった。孫厳は、なぜだろうと不思議に思っていた。ある時、妻が熟睡しているのをうかがってそーっと裾をめくって見た。すると三本の長さ一メートルほどの尾があり、野狐の尾のようであった。

孫厳は、怪しからん奴だと追い出そうとした。妻は怒って去ろうとし、その時に刀で孫厳の髪を切り取ってしまった。隣りの人がこの騒ぎに集まって追ったところ、本態を現わして狐の姿となったが捕まらなかった。

その後、京や近くの村で不意に髪の毛が切られる者が続出し、その数百三十余人にも及んだ。その折は衣服を美しく着飾った婦人が現われるので、男がつい見とれて近付くと、さっと髪の毛を切られてしまう。当時は模様の美しい着物を着た女性に出会うと、こいつは髪切り狐だろうと用心したものだという。

妻に化けて戻り見破られた狐
屁をひって逃げる

『今昔物語』巻第十七、狐変人妻形来家語第三十九にある話である。

昔、京都に雑色（宮中などで雑役に従事する役）の男の妻が、夕暮れに用事ができて大通りのほうに出かけて行ったが、しばらくたっても戻ってこない。こんなに遅くなっているのにどうしたのであろう、と不審に思っていると、やっと妻は戻ってきた。

それからしばらくすると、まったく同じ顔、同じ姿の妻が戻ってきた。妻が二人いるはずはないのに、どうしたことであろうか。二人のうち一人は、きっと狐が化けてきたのに違いない、と男は考えた。

どうも後から戻ってきたほうが狐であろう。そうであれば、ひとつおどしてろうと、太刀を抜いて後からきた「妻」にさしつけて斬ってやろうとした。妻はびっくりして「なんで私を斬ろうとなさいますか」といって泣き出した。その様子は真実のようだった。

それでは前に戻ってきた妻が怪しいと、そのほうに太刀をつきつけておどすと、これも両手を擦り合せて泣き叫んだ。雑色は迷ってしまっていろいろと二人をおどしたりためしてみたが、どちらが偽物とも判断がつかない。

しかし二人の言動をよく比較して見ると、前に戻ってきた妻のほうが多少怪しくないでもない。そこで、もう一度思い切って前に戻って来た妻を捕えて刀でおどして見ると、妻は本当に殺されると思ったのか物凄い臭気のある屁をしたかと思うと、たちまち狐の姿に変わり、大通りに走り出し、コンコンと鳴いて逃げ去った。

雑色はあまりの臭さに思わずたじろいで、みすみす狐の姿を見ながら取り逃がしてしまい、「うーぬ。残念」と口惜しがったが、もう遅かった。

こうした時は、とっさに押えつけるか、斬ってしまえばよかったものを、それをしなかったのはうかつな男である。昔は、狐もスカンクのように危険を知ると屁をひって逃げたという。現代では「イタチの最後っ屁」といってイタチがせっぱつまると屁をひるとされているが、江戸時代までは狐も「最後っ屁」をひると思われていたらしく、江戸末期の文化頃の小山田与清の『松屋筆記』にも、次のように説かれている。

胡徳斎という人がいうのには、猟犬の優秀なものは狐を大変嫌がる。それは狐は犬に追いかけられて窮地に陥ると、すこぶる悪臭ある瓦斯を発射するからである。犬はこの悪瓦斯に遭うと目がくらんで見えなくなる。これを知っている猟師は狐を見ると、犬が追いかけないように犬を押えて放さない。これは犬が臭気の害に遭わないようにするためである等々という。ただし、この最後っ屁をするのは狐だけでなくイタチもこれをやって犬や猫を悩ますことがある。私（小山田与清）の故郷でイタチが、まちがって酒を醸造する六尺（約二メートル）の高さの大桶の中に落ちたが、飛び出せずに苦しんで、最後っ屁をした。その臭気は数十日経っても消えず、そこで醸造することができずすこぶる困ったという。

とある。これは昔からそういう話があることは『今昔物語』にも記されていることである。

夫に化けたが見破られた狐
盲いたほうの目をまちがえた！

江戸時代の神谷養男の『新著聞集』に夫に化けそこなって殺された狐の話がある。

筑前福岡（福岡県福岡）の城下から一里ほど遠い岡崎村に、馬術の上手な高橋弥左衛門という男がいた。ある日、用事があって夕方から城下に出かけたが、夜早々に戻ってきた。

「どうなさって早くお戻りになられましたのですか」と妻がきくと、弥左衛門は、

「出かけて間もなく、途中で相手の使いの者に会い、もう用は済んだから、いらっしゃるには及ばないといわれたので戻って参った。どうも疲れたから先に臥（やす）ませてもらうぞ」

といって寝室に入ってしまった。また一緒に従（つ）いていった下男も、台所にさがって夕飯をしたためると自分の部屋に入ってしまった。


この家の年とった婆が、妻の袖をちょっと引いて小さな声で、

「御主人様は右の目が盲（めしい）ていらっしゃるのに、今お戻りになられました御主人様は左の目が盲いていらっしゃいます。これは、すこしおかしいのではありませんか」というので妻も、

「気が付かなかったが、それはおかしい。本当の主人（夫）ではなく、妖怪が化けたものかも知れないから確かめてみよう」

ということになった。そこで、婆が腹痛を起こしたことにして、妻が夫に「旦那様、婆が腹痛で苦しんでいますから起きてください」といった。


夫はあわてて起きてきたが、その顔を見るとなるほど左の目が盲いになっていた。妻は、これで明瞭に化物か狐狸の存在であることがわかった。人をだますなどとは許しておけぬと思い、「婆の腹痛は収まったようですから、お休みください」といって夫を寝かした。

閨屋の襖を閉め、家中の戸をたてると、脇差を抜いて枕元から夫の咽喉に当て、婆も後から迫って打ち叩いた。夫は狐に変じてコンコン、クワイクワイと悲鳴を上げたところを突き殺してしまった。また、家来たちが、戻って来た下男も怪しいというので襲撃すると、これも狐の正体を現わしたので叩き殺した。

いやはや、右目が盲いているのをこちらから見れば左側になるので、そのまま似たように化けたので化けの皮が剝れてしまったというわけである。化け方の下手な狐の面白い話である。

狐と交わった男の陽根が落ちた話
好色女の罪を狐のせいにする

『台記』は宇治左大臣頼長の日記十二巻で、保延二年（一一三六）〜久寿二年（一一五五）までの間に欠けたこともあるが当時の様子を記録したものである。原名は『暦記』あるいは『日次記』であるが、『槐記』（槐や台は中国では大臣の称）、『宇治左府記』（略して『宇佐記』）、『治相記』ともいう。

この記事の中に康治三年（一一四一）五月に登庁した治部卿親頼が雑談として語っている話がある。

私（親頼）が召し使っている十六歳の童が若い女性と交わったところ、あとで陽根に腫（できもの）ができ、やがて化膿して落ちてしまった。はなはだ不思議なことであるが、よく考えると、このことのあった日より数日前に狐が軒下によく現われては少年の様子をうかがっていた。狐がこの美貌の少年に恋慕して若い女性に化けて交わったとも考えられる。いずれにしても、こんなことは近ごろ聞いたことがない。狐なんかと交わるからこそ陰茎が腐って落ちてしまったのであろう。

狐といえば、最近は大炊御門の北の高倉東亭は狐が多い所で、去年の夏あたりは昼でも姿を現わした。幾日間かは弓矢を持った者を巡回させておどしたが、いっこうに恐れることなく、逆におかしなことが起きたりした。私は狐が荒らさないように備えたので、その後狐は姿を見せなくなった。なぜこのあたりに狐が徘徊するのかと考えたところ、邸内の西北方に小さな社があり、その神（狐神、稲荷社）があるので狐が棲んでいるのであろう。

おそらく、かの少年も狐と交わったために陽根が化膿して崩れおちてしまったのであろう。

梅毒がまだ流行しない平安時代末期のことであるが、不潔な陰毛による毛切れで傷ができ、恥かしい部分のままに隠していたので化膿して陽根脱落となったのものであろう。

好色女の罪を徘徊する狐のせいにしたものであるが、狐と人と交わった古い記録である。

女狐に誘惑される童

狐と交わった女の陰所が痛む話

御主人様がわたしを……

『甲子夜話』に出てくる話である。

野生の狐は稀に人をだまして淫事に及ぶことがある。女性が狐と淫事を行なうと、その陰部がはなはだしく痛んで苦しむ。そうした折には、蕎麦を煎じてその汁で洗うと治癒するという。

私（松浦静山）の家中の熊沢なにがしという侍は、一人の下女を雇っていたが、その侍は下女を大変気に入っていた。しかし、奥方が大変なやきもち焼きであるから、屋内で下女に手をつけることはできなかった。そこで、屋敷内の木立の茂みで見通しの悪い所にある小屋に連れ込んでは下女を犯していた。

狐がこれを見ていて、ある日、その侍の姿に化けて下女を小屋に誘い込んで、充分に淫行をとげた。下女は陰部がものすごく痛いので止めてくださいといったが止めないので、大声をあげて、「御主人様がわたしを犯しております。痛いから止めてくださいといっても止めてくれません。奥方様、なにとぞ御助けください」と叫んだ。

これを聞いた奥方は、当の主人は側にいるし、おかしなことと二人で小屋に行くと、狐は去って下女のみがいた。そこで、いったいどうしたのだときくと、下女が今までのことをべらべらしゃべってしまった。前から主人と下女がひそかに淫事を行なっていたことが暴露(ばれ)てしまい、奥方の嫉妬はひととおりでなかった。本当に滑稽な話であると、もっぱら評判であったという。

また、ある人がいうには、狐は人と淫行に及んだ後に、必ず障害を起こさぬように治療の薬を用いる方法を教えるというが、馬鹿々々しい偽り言である。しかし、よく考えると狐も交情に報いるためにはあるいは本当かもしれない。

また、牝狐は男子と交わると陽根が痛んで腐って落ちてしまう（前項）というが、その時も蕎麦を用いるとよいといわれている。

男と交わって死んだ純情な女狐

麗しの人獣婚物語

『古今著聞集』は建長六年（一二五四）に橘成季が説話を編年でまとめたもので、平安時代末期から鎌倉時代の様子がよくうかがわれる。この物語ほど美しい人獣婚物語の多いものは少ない。

その中の巻二十、魚虫獣第三十の項にある話である。

ある男が夜の朱雀大路を歩いていた。「えもいはぬ美女一人あひたり。」これだけで冗漫な形容はいらない。男はドキッとして闇を透かして見た。こんな所に女性一人。ところが、意外と男を警戒する様子がないので、自信を得ていろいろと話しかけると、素直に答えてくれる。男はしだいに厚かましくなり、できればこの女性と特別に親しくなりたいと思うようになる。そこまでいくと、どちらかが必ず死ぬ破目になりますからそれは止めましょう、という。男は夢中になって、理解し合って愛情の道を示すためにはたとえ前途に死が待っていようが、愛は死よりも強いということを示したいからどうか肉体を交えてください、と強引に頼み込んだ。

女は男の強引な要求に負けて、とうとう身をまかせる覚悟をして、「それでは貴男の生命に代わってわたくしが死ぬつもりになりますから、もしわたくしが死んだら法華経を写経して供養してください。覚悟しましたから充分に愛情を交わしましょう」といった。男も女が真意を見せるだけで、死ぬなどとは夢にも思っていなかったから、女を充分に抱き歓喜の境地を味わった。

こうして男は早くも本意を遂げ、二人は夜もすがら愛情の交換をし、鶏鳴暁を告げ、ほのぼのと闇がうすれ、お互いの顔のみが確認できるころ、二人もようやく疲れを覚えた。

再会を期す立ち別れと気が付いた時に、女が「貴男の持っている扇を記念にください。昨夜わたくしのいったことは偽りではありません。肉体の交わりを犯してしまうと、どちらかが必ず死ぬ運命になっています。貴男に愛された

夜の朱雀大路で美女に逢う

ことは本望ですので、貴男の代わりにわたくしが死にます。もしうそだとお思いになるのでしたら、朝になって武徳殿（宮中の武官たちが武技を演練する所）のわきにいらっしゃってください」といって去っていった。

男はもしやと思って武徳殿のわきに行って見ると、美しい毛並のスマートな女狐が顔の上を扇で覆って死んでいた。その扇は、まぎれもなく男が昨夜与えたものである。

さては昨夜の美女はこの牝狐であったか。あの愛情のさまを想い出し、たとえ相手が狐であっても人間となんら変わりはなく、ひたすら慕わしくかつ悲しくなった。男は、その骸を葬って家に戻ると、七日目毎に法華経を写経してひたすら供養した。

四十九日目の夜の夢に牝狐は再び美人姿で天女たちに囲まれて現われ、わたくしは貴男の供養によって今忉利天（仏教の宇宙観で考えられた須弥山の上で閻浮提の上八万由旬の所に、喜見城という十善を修めた者ばかりが住むあの世）に転生することができて、幸せに暮らしております、といって去るのを見て夢から覚めた。

狐と人と交わった多くの説話の中で、もっとも絵画的なそしてファンタスチックな物語である。愛人からもらった扇で顔を隠して死んでいった狐。同じ悲劇でも情緒の余韻滌々たるものがある。

男を誘っておどかされた狐
秋の大宮路に消えた女

『今昔物語』巻第十七、狐変女形値播磨安高語第卅八に出てくる話である。

昔、播磨の安高という近衛府の舎人がいた。右近衛の将監貞正の子であった。法建（興の誤字か）院の御随身（身辺警護に仕える役）であったが、この安高が若いころのこと。

安高は西の京の自分の家にちょっと寄っていこうと思って一人で裏通りを歩いていた。ちょうど九月の中頃のことであるから満月に近く明るく、また夜も深更ているので宴の松原あたりはしんかんとしていた。静かで人の姿も見えないほどさびしい気色であるのに、濃色に染めた袙（あこめ）に紫苑（しおん）色に染めた綾の袙を重ね着したごく若い女が前を歩いていくのが見えた。

その姿といい頭の形といい、なんともいえぬ清らかさだった。いまどきどうして女性一人が歩いているのであろうと、安高は深沓の音をことこと立てて急ぎ足で追いついた。

並んで女性のほうを見ると、美しく描いた扇で顔を恥ずかしげに隠してしなを作る。月の光に黒髪のほつれや切り下げ髪のあたりが額や頬にかかった有様はなんともいえない。安高はその女性に触れんばかりに接近すると、「この夜更けに、どなたかは存ぜぬが、なんの御用でどこにいらっしゃるのですか」ときいた。

その女性は「西の京のあるお方に招かれて行くのです」と答えた。夜、人に呼ばれるなどとは恐らく相手は若い男である。安高は「誰かの所に行くくらいなら、私と同じことをしてもよいではないか。さあこちらに来なさい」というと「あたしが誰かごぞんじでいらっしゃるの」と微笑して答えるその可愛らしさ。

それから、打ち解けていろいろと話しながら行くと、やがて近衛府の門を通った。そこで安高は気が付いた。門内には豊楽院があってその付近には最近狐が出没して、よく人がだまされると聞いている。もしかしたら、この女性も狐が化けたものかも知れない。ひとつおどして狐か人間か試してみなければならぬ。

安高はいきなり女の袖を押さえて「ちょっとここにいなさい。聞きたいことがある」というと、女はさらに扇で顔を覆って面をあからめる。安高は「じつは私は追剝（おいはぎ）なのだ。その衣類を剝いでやるぞ」といいながら、腰の刀袋の紐を引きほどいて、三十センチほどの凍ったように研ぎ澄まされた刀を抜いて女にさし向けた。

「衣類を渡さなければ咽頭を搔っ切ってくれようぞ」といいながら、髪の毛を掴んで門の柱にぐいぐい押しつけて刀を咽喉元に差し当てた。

女は、不意にたまらぬくらい臭い放屁をして前に駆け出した。安高はとっさのことに驚いて思わず手を放した。女の姿は狐の姿に変わって門から走り出て、コンコンと鳴き声を上げて大宮路を上に向かって逃げていった。

安高はそのさまを見て、もしかしたら人間であったらと思ったため殺すことができず逃がしてしまった。始めから狐と見破っていたら殺してやったものをと口惜しがったという。安高はその後もしばしば内通りを夜間に通ることがあったが、狐は懲りたとみえて一度も現われなかった。

という物語である。

平安時代末期頃から鎌倉時代にかけての花の都である京都、それも官庁や大通りでさえ夜ともなれば狐狸が横行し、時には美女に化けて人をだましたことは『今昔物語』にも散見されるし、前記の『古今著聞集』にも見られる。狐はさまざまな怪異をなして人を惑わすが、たいていは男の注目を引くために美女に化ける。安高が刀を抜いておどさなければ『古今著聞集』の「或る男」のように交わりをなす結果となったかも知れない。

狐と交わった女は死ぬ
精を吸いとられる女もいた

『甲子夜話』続篇にある、これも松浦静山が噂に聞いた話を書き留めたもの。

江戸は千住のはずれ。小塚ツ原の刑場の辺の人家の少ない所で、ある夜子供が泣いている声がした。近くに住む人が不審に思っていってみると、三〜四歳の子供が泣いていた。夜中なのにどうしてこんな所で子供が泣いているのかおかしい。また、かたわらの叢に女性が一人倒れていたが、すでに死亡していた。

そこで大騒ぎになった。人を集めて灯で照らしてみると三十近い美しい女性で、衣服も上等なものを着ており、髪には銀の簪(かんざし)を挿している。傍らには風呂敷包みが置いてあるので開(あ)けてみると、縮緬の小袖と鼈甲(べっこう)の上等な大きい櫛と簪が入っていた。泣いている子供に住所を訊(き)いたがいっこうにわからない。仕方がないので、尋ね人の張札をほうぼうに出して関係者や心当りある人にわかるようにしたという。

『甲子夜話』にはその結末が記されておらず、推定では、ある人が「これは人をだます野生の狐が、きっと美男子に化けて誘い出して姦淫したので女性は死んだのであろう」といったという。だいたい、狐というものは性好淫で、人の精力を摂取する術をもっているから、その手段で女性と淫事に及ぶと、女性のほうは苦しがり、やがて精をまったく吸い取られて死ぬという。おそらくこの女性も、同様の目にあって死亡したものであろう、と滑稽ながった結論を出している。

狐と交わって死んだ男

執念の因縁咄

『思出草紙』巻の九、狐人に恋慕せし事の条に、雌狐の執念に発狂した男の話がある。

巷間の俗話調であるから、果たして事実かどうかは疑わしいが、牝狐の執念に呪われた、江戸時代の狐俗信にまつわる妖怪談である。こうした狐媚の思想は、中国からのものである。この物語を要細すると以下のようである。

大工の棟梁の内弟子が仕事の帰りに護持院が原（東京都千代田区一ッ橋界隈）を夕刻通った時に美麗な夜発（やはち）（「辻君」に同じ、往来で客をつかまえて物陰で春をひさぐ女性）に出会い情を交わした。この女性こそは、王子稲荷（王子稲荷は狐の名所）境内に棲む狐で、勘五郎の容姿に惚れていたため、夜発の女性に姿を変えて近づいたものであった。

その女性は、自分が狐であることを明かしたので、勘五郎は近づかなくなった。やがて勘五郎は、師匠から許されて一本立ちとなって家を構えた。運が回ってきて豊かになり、下女まで雇える立場になった。そして人の紹介で、もと武家奉公したという、しっかりした女性を妻にもらった。ある時、宴会の酔いにまかせて深川の色店（岡場所という遊女屋や妓楼のある所）で、ある女と仲良くなった。妻を離別してその女を女房としようとしたので、女房は怒った。「なにを隠そう私は以前護持院が原で貴方となじんだ本性狐の女である。貴方は私が狐であることを知って避けてしまったが、私は貴方と添い遂げたかったので、武家奉公をしていた女の身体を借りて嫁にきた。私の通力で貴方は豊かになったのに、他の女になじんで、私を追い出そうとなさるのとは、なんとつれない男でしょう」と、散々わめい

狐の執念が男をとり殺す

た。

その形相のものすごさには、なにごとが起きたかとのぞきに来た近所の人々も震えあがった。勘五郎は王子の野狐の執念に発熱して気が狂ったようになり、今までの浮気などを口走って三日間わめき続け死んでしまったという。

狐と交わり腎虚で死んだ男
江戸時代の教訓話

『松亭反古嚢』は松亭金水の随筆集である。金水は江戸時代末期の人。その随筆の中の一節に狐にだまされたという好色男の話がある。

昔、私（松亭金水）のよく知っている人で五十歳になっても荒淫の人がいた。ある夜、料理屋に一人で行った時に、先に来ていた二十過ぎと思われる美女がいて一人で酒を酌んでいた。

その人は、女性に接しながら酒を飲むのにちょうどよい機会と同じ席についた。もとより知り合いではないのに、たちまち意気投合して、親しく盃を交わし合って歓談に時を過ごし、二人共相当に酔った。

夜も更けてきたので二人はその料理屋を出たが、美女は帰宅が遅くなったことに驚いた振りをして、「妾には夫もおりませんので、他人の家に厄介になっております。今ごろ戻るとその家の人に気が引けます」と、しょげたさまを見せた。

男のほうは、これはいい機会だと、「なあに、私にちょっと知っている所があるからそこに泊まりなさい」といって、ある家に連れていった。

二人共、その家の二階に上がった。（江戸時代の二階家はだいたい妓楼か酒楼、または現代でいうラブホテルか待合であるから、「二階に登りて諸共に臥す」というだけで、貸座敷、待合であることが想像つく。）

初めて会った男と簡単に同衾するというのは商売女以外にないが、商売女であろうと、素人女であろうと、生来好色の男であるから見境なく女性と歓をつくして寝た。

こうして夜が明けかけてきて、ふと目が覚めると傍らに寝ていた女性の姿がない。戻ってくる気配がないので「長過ぎるしおかしいな、どうしたのであろう」と立って便所を見にいったが姿はない。家のほうぼうをしらべたが、戸はすべて固く内から閉ざされていて、人が外に出た様子もない。これはおかしいと、その家の者を起こして家中を探したが、美女の影も姿もなかった。

そこで男は、自分が好色なのを狐が知っていて、女性に化けてだましたのであろうとさとった。それからその男は家に引き籠り、ひと月も経たないうちに死んでしまった。

これを狐のために精気を吸いとられてしまったから死んだのであると、当時の人々は評判した。

という教訓めいたエッセイであるが、これも果たして狐の仕業かどうかはわからない。江戸時代には、ずいぶん男を引っかけようとする商売女がいて、連込、待合などで稼ぐことがある。男が熟睡している間に帰ってしまう者もいたから、あながち狐の仕業とばかりはいえないだろう。

あの女は狐だったのではないか、と思ったことから気分が悪くなり、日頃の荒淫がたたって加速度的に衰弱して死んだとも考えられる。江戸時代までは、「狐が化かす」ことが全盛の頃であるから本当に信じられたのであろう。

玉藻前妖狐伝

輪廻転生する狐の本態

玉藻前妖狐伝説は十五世紀頃にはすでに語られていたらしく、相国寺の僧瑞渓周鳳の日記『臥雲日件録』に記されている。

享徳二年(一四五三、足利八代将軍義政の時代)の二月二十五日、林光院の住職修山が来ていろいろな話をしていて、談たまたま犬追物の話に及んだ。

修山がいうのには、鳥羽天皇の頃（一一〇七〜二三）に天皇一族の中の御息女に仕えている美しい女性がいた。どういう素性か不明であるが、玉藻前と呼ばれていた。天皇の御寵愛ひとかたならず。玉藻前はインドや中国のことをよく知っていた。

そのうちに天皇が病いにかかられたので陰陽師に占わせたところ、玉藻前が御側にいて災いをなすのだということになり調伏の禱りを行なうと、玉藻前は狐の正体を現わして逃げ去り、下野国那須野が原に移り棲んだ。

これを退治しようとしたが、敏捷で捕えることができない。そこで狐を追い打ちする練習として武士が馬を走らせ、放した犬を追いかけて射る練習をさせた。結局、上総介平広常が御物射（おんもつい）に射てこの狐を退治した。その妖狐の尾の先には二本の針のようなものが付いていていたという。

広常は、後にこれを源頼朝に献上したが、この威霊のためか頼朝は天下の武家に君臨することができた。上総介平広常も、後に源氏に服従した。いまの世（室町時代中期頃）で犬追物という射戯はこのことから始まったといわれる。

中国、インドのことにも明るいはずの僧である相国寺の瑞渓周鳳が、知り合いの林光院の僧修山から玉藻前伝説を聞いて、わざわざ日記に書き留めたくらいである。一部で伝説化して流布していたものの天竺（インド）や中国で妖事をなした悪狐が、日本に渡来して来て鳥羽院を悩ませたという『三国妖狐伝』の筋はまだ完成していなかったのであろう。ただし、三国伝来の悪狐であったらしい要素は文中に「よく天竺、唐土のことを知り」とあり、天竺の華陽夫人、中国の妲己・褒姒のことをいっていると想像させる。

また、犬追物という射技の始まりをこれに結びつけ始めたのは、ほぼ同時代の編者不詳の辞典で文安元年（一四四四）に出された『下学集』の「犬追物」の条である。

昔、西域（この書では中国の西の方の国、俗にいう西戎であるが、たいていの書は天竺つまりインドとしている）に住む班足王（一般には耶竭陀国の屯天沙朗大王の息子の班足太子）の后がはなはだ残虐であって、王に勧めて千人もの首を斬らしたりするなどさんざん悪事を行なった。今度は中国の周に輪廻転生して周の幽王の后となって褒姒と名乗った。ここでも周を滅ぼす原因を作った。また、日本に転生して玉藻前となって近衛院（多くの書では鳥羽院。近衛院は三代後で三十年以上隔きがある）に近づき、被害を与えたうえで狐の本態を現わして那須野に逃げた。

その後もまだ人々を害するので、退治しようとしてそれを射るのに赤犬を放って練習をしたのが犬追物である。これによって仕留めたら、毒気を吐く石となって飛ぶ鳥、走る獣にまで被害を与え、いまだに那須野の殺生石として有名であり、犬追物とはこの狐狩り練習から始まったというが、これは伝承であって確かなことはわからない。

と記され、三国に輪廻転生したという稗史的筋は未だ確定していなかったようである。

第四章　化け狐

狐の化け方
中国伝来の変身方法

小山田与清の『松屋筆記』によれば、野狐は紫狐という。狐火の出し方には異論もあるが、夜、尾を地上に打ちつけると火が出る。これを俗に狐火という。また、人や他のものに変化しようとするときは、必ず髑髏（どくろ）を頭に載せて北斗七星に向かって拝み、たちまち変化するという。

これは『本草綱目』にも「狐は百年も生きると北斗七星を拝礼して人間の男女に変化し得る」とあり『西陽雑俎』には「まさに化けようとするときは髑髏を頭に載せて北斗七星を拝む」とある。また『枹木子』にも同様の記事がある。狐の化ける方法は中国伝来のものであるが、『宋高僧伝』では、髑髏を頭につけて草や木の葉で身を覆うと美女に化けるともしている。

では、髑髏がないと化けられないのであろうか。化けようとするときに、いつでも髑髏が傍らにあるわけではあるまい。『源平盛衰記』では平清盛に追いかけられた狐はとっさに美女に化け白晨狐王に化けている。『今昔物語』でもいきなり女に化けたりして髑髏という道具を必要としない。つまり『玄中記』に「百歳為美女」「千歳為淫婦」とあるように、年巧を経て化ける能力を身につけるのであろう。

『三国妖狐伝』はもちろん作り話であるが、美女に化けた狐はせいぜい百年（七、八歳）で、淫婦として人を蕩（とろ）かした狐は七十数年、もし生きていても老年の狐で淫事に衰えを見せている年齢である。これらの話が妄譚であることはい

髑髏を頭に載せて北斗七星を拝む

うまでもないが、どうして狐のみが怪異をなしたり、美女に化けたりするのであろうか。これは人間の心に潜む妄想が狐なのであろう。

杉の大木に化ける
人に化ける力を失った老狐の術

『今昔物語』は十二世紀頃の源隆国作と伝えられるが、この多くの説話の中に狐に関する記事は数話ある。狐は人に化けることが多いが、大杉の木に化ける巻十七「狐変大椙木彼射殺語」のような話は後世においてもない。また、「化ける」という表現でなく「迷わし」としているが、人を惑わすから迷わしの語は適切であろう。

昔々。○○の頃に春日大社の宮司で中臣（なかとみ）の○○という人がいた。この人の甥に中大夫（なかだいゆ）○○という者が馬食（飼ってい る馬の意の書き損じか、つまり飼っている馬を失って）を求めて従者一人を連れ、自分は胡籙（やなぐい）（矢を盛る道具、箙（えびら）などをいう）をつけて出た。中大夫の住んでいる所は古の奈良の都の南に当たる三橋という所であった。かれは、ここを出発して東方の山に分け入って三千四百メートルから三千五百メートルほど進んだところで日が暮れて夜になり、空には朧（おぼろ）月が出た。馬が草を食っているのかと先の方を見ると、樹の根元が二間（約六メートル）、高さ六十メートルほどもあるかと思う杉の大木が立っていた。中大夫はこれを見て従者を呼んで、

「わしの見損ないか、また何かに迷わされてこんな大木に見えるのか、お前にはどう見える」

と聞くと、

「わたしにもものすごい大木に見えます」

と答えた。

「それでは、わしの見損ないではなく、本当の奇代の大木である。今までにこんな場所があることは聞いたこともないから、人を迷わす神にさそわれて来てしまったのであろうか。こんなとてつもない大木はこの国のどこをさがし

たってないと思うがどうか」

と尋ねると、従者も、

「わたしもこんな大木にお目にかかったことはありません。世に古木といわれたものでも、この杉に比べたら小さいものです」

と答えた。中大夫は、

「こんな前代未聞の大木などがあること自体がおかしい。わしらは誑されているのであるからなにかあると恐ろしい。早く帰ろう。家からどのくらい来たか、おそらくはるか離れたであろうから、これ以上迷うとめんどうだ」

といって引返そうとしたら従者が、

「こんな遠くまで来て、ただ引き返したのでは意味もありませんから、後々の証拠のためにこの杉の木に矢を射立て、夜が明けてから再び確認しましょう」

といった。中大夫も「もっとものことだ」といって主従と二人して弓に矢を番えて射ようとすると、「そーっともっと近づいて射たほうがよろしいです」というので近寄って二人して矢を射ると、とたんに杉の大木は消えてしまった。二人はぞっとして、嫌なものに遭ったものだとあわてて引き返した。

　夜が明けてから、改めて確認しようと二人で昨夜の場所へ行って見ると、大木のあったあたりに、年を経て毛が擦り減ってなくなっている狐が杉の枝を咥え、腹に二本の矢を受けて死んでいた。これを見て「此奴が杉の大木に化けてわれわれを騙したのだな」と矢を引き抜いて戻ったという。

　だいたい狐は人に化けて騙すのに、なぜ杉の大木などに化けたのであろうか。杉の大木では人は奇異に思ってもあまり怖がらない。

　それにしても、杉の枝を咥えると杉の大木に化けられるとは中国の狐妖譚にもないし、日本の化狐譚のなかでもとくに異色である。矢を番えて近寄っても、杉の木のままでいるというのも間の抜けた話である。

津村淙庵の『譚海』には「狐狸の類は弓の弦の音をことに嫌うなり」とあるように弓矢については敏感のはずである。それが矢を射込まれるまで杉の大木のふりをしていたというのはちょっと解せない。

それとも毛の抜け去るほど年老いた狐であるから、人に化ける術も失って、樹に化けるのがせいいっぱいであったのであろうか。

清盛に追われた狐
百歳の狐は美女となる

鎌倉時代、葉室大納言時長の著ともいわれる『源平盛衰記』巻一に清盛が狐に遭った話がある。

これは平清盛の出世栄燿の因縁談で、平清盛がまだ身分低く貧乏であった若い時代の話である。かれが、京都郊外の蓮台野で狩りをしていたとき、大きい狐を見つけて追い出し、弓を引き絞ってはや射んと構えた。そのとき、狐は急に貴人の美女に変じてにっこりと笑って立ち、

「お待ちください。妾の生命を助けてくだされば貴方の望みをかなえてあげますから、どうか射殺さないでください」

といった。清盛は番えた矢を外して、

「いったい貴女はどなた様ですか」

と尋ねると、その女性は、

「わたくしこそ七十四道の王であるぞよ」

と答えた。清盛は、

「さては貴狐天王（白辰狐王菩薩→陀吉尼天）でござったか。これはご無礼を致した。お許しあれ」

と急いで馬から下りて膝を屈して手を合せると、美女は狐の姿に変わってコンコンと鳴いて逃げ去った。

そこで清盛は、自分が貧しいのは三宝荒神（竈神で食と福を扱う）がじゃましているからである。荒神の機嫌をとって

貴人の美女に変じた狐

豊かになるためには、妙音弁才天が美人で福の神であるからよいかもしれぬ。妙音弁才天を信仰すれば、弁才天が荒神をなだめてくれ、福分が向いてくるであろう。

そこで僧侶に頼んで法を修してもらった。しかし、途中でまた思い返して、陀吉尼天法というのは修法のなかでは正当の法ではないから、たとえかなったとしてもその福分は子孫にまではおよばぬ一代限りといわれているから、どうであろうか。あれこれと迷ったが、いやいやいまのように貧しく身分が低いままよりは、一代だけでも富裕になって、偉くなったほうがよいと考えたりした。いろいろ思案したすえ、結局清水寺の観世音菩薩にお願いすることとし千日詣を始めた。……これが平清盛出世の端緒になったという記述である。

清盛に追い詰められた狐が黄女（黄衣を着た女、黄衣は貴人のしるし）に変わるというのは『玄中記』に「百歳の狐は美女となる」とあるから、この狐は百歳に達していたかもしれない。

美女に化けた狐は再び本態を現わして逃げたが、『今昔物語』あたりの説話になると、美女のまま男について行って夫婦の交わりをするのであるが、射殺されないとわかるとたちまち本態を現わして逃げるというのはあまりにも芸がない。

もっとも、黄女―貴狐天王―白晨狐王菩薩―陀吉尼天―弁才天―観世音菩薩と思いをはせるヒントを与えたことが御利生譚なのかもしれない。この話も狐が美女に化けた一例である。

馬の後ろに乗った狐

こりごりした狐の体験

『今昔物語』巻十七第四十一に「高陽川狐変女乗馬尻話」がある。この化け狐の物語はずいぶん念の入った化かし方である。

昔、仁和寺の東に高陽川という川が流れていた。その川辺に夕方となると、若い女の童（めわらわ）が、しょんぼり立っていて、馬に乗って京洛に入る者を見かけると、「どうぞその馬の後ろに乗せて京都に行かせてください」と引き止めて頼んだ。乗馬の主は、つい親切心をだして乗せてやると七、八百メートルほども行くと、その女の子は急に馬から飛び降りて逃げ去るので、乗せた人がその後を追いかけるとばかにしたようにコンコンと鳴いて狐の姿となって消えたという。

こんなことがたびたびあるので噂は広がった。禁中の瀧口（蔵人所の下司職で禁中を警護する役。御湯所の脇の溝が段をなして瀧のように流れる所に詰所があり、そこに勤務する者を瀧口と略称していう）の詰所に宿直する侍が大勢いて、四方山話をしているうちに、この尻馬に乗って人をからかう狐の話がでた。

すると、そのなかの勇気があって思慮深い若い瀧口が「わしだったら、そんないたずら狐は捕らえてやるのに。みな、考えが至らないから逃がしてしまうのだ」といった。

翌日の夜になると従者も連れず、感のよい馬に乗って高陽川に行き、川を渡ってみたところ、噂の女の童の姿は見えなかった。「わしを恐れて今宵は狐が出ないのかな。それでは戻ろう」と京洛の方に馬を返すと、その途中に女の童が立っていた。「そのお馬の後ろに乗せてください」と、にこにこ笑って頼む姿は、なかなか可憐で美しい少女であった。

さてはやはり現われたな。ここは一つ化かされたふりをして油断をさせて捕らえてやろうと、とぼけて「何地まで参られるか」と問う。女の童は「京に行く用がありますが、あいにく日が暮れたので、夜道に一人歩きは心細く危険ですから、お情けで馬の後ろに乗せていただければうれしう存じます」という。「それでは乗るがよい」と抱き上げて、かねてからの計画どおり、馬の指縄で女の童の腰を結んで鞍の後輪に縛りつけた。

女の童は「なにをなさいます」と不信がったが「馬の背で揺れて落ちるのを防ぐためと、そちがあまり可愛らしいからこのまま家に連れて行っていっしょに寝ようと思うのさ」と冗談まじりに答えた。女の童もうまくだませたと安心して乗っていたが、腰を鞍に結びつけられているから飛び降りて逃げるわけにもいかない。

女の童はどうしたものかと思案し、一方の若い瀧口は思う壺にはめたと内心ほくそえんで、一条通りを東に向かった。東の方から松明をたくさんともして、貴人の乗った牛車がいくつもやって来た。前駆の者たちががやがや騒いで来るので、すれちがいして無礼をとがめられてはめんどうだから、迂回して瀧口たちのいる土御門まで行くことにした。

土御門には昨夜広言を吐いて狐を捕まえてくると約束したので、ほかの瀧口が検分のため待っているはずである。そこまで来ると「瀧口たちの下部はいるか」と声をかけた。下部たちが現われて「皆様おそろいでお待ちになっております」という。いささか得意気になって女の童の腰の縄を鞍の後輪から解いて引きずり落としてひじをつかんで門をくぐり、先に松明を照らさせて瀧口の詰所に行った。瀧口たちはみな並んで待っており、若い瀧口の足音を聞いて「なんだなんだ」という。「わしじゃ。いまいたずら狐を捕らえて参った」と意気揚々と答えた。

連れ出された女の童は泣きじゃくりながら「どうか許してください。皆様」とさかんに頭をさげたが、強引に引っ張りだして瀧口たちの並んでいるところに据えた。よく見えるように火を明々とともさせると、瀧口たちも取り囲んで、「ここで放して見ろ」という。しかたなく若い瀧口が腰の縄を解いた。そのとたんに女の童は狐の姿に変じてコンコン悲鳴をあげて逃げ去った。そして松明の明りも消えてあたりは真の闇になってしまった。

あたりの闇をすかして見ると、どうも野原の真ただ中のようである。これはおかしい、なんでこんな所にいるのかと、狐のだます測りしれない威力にそら恐ろしくなり、不安にかられた。いったいここはどこであろうと地形を案じると、なんと鳥部（辺）野の真ん中であるらしい。

鳥辺野はただでさえ淋しい場所で、墓地のある昼間でさえきみのわるい所だ。土御門内にいたはずが一瞬のうちに変化したのはいったいどういうことか。土御門から鳥辺野にやって来た道程も時間的空間もまったく記憶にない。

とすると、土御門に行ってほかの瀧口たちと会ったというのは事実ではなく、初めからだまされて鳥辺野に誘いこまれていたのではないか。

まことに薄気味わるいことおびただしい。女の童をだまして連れて来たと思ったが、逆にだまされていたのだと思うと狐の霊能力に底知れぬ恐ろしさを感じ、闇におびえながら夜更けてようやくわが家に帰り着いた。

ほかの瀧口たちは、あの晩、若い瀧口が女の童に化けた狐を捕らえて来ると広言を吐いたが、姿を現わさなかったので「うまくいかなかったのだな。あのように自信たっぷりだったのに」と笑い合った。だがここ二、三日、出仕しないのはどうしたのだ、と使いの者をやって様子をうかがった。

三日目の夕方に若い瀧口は病人のような顔をして詰所に現われた。「あの狐を捕らえるといったがどうした」と聞くと、「いやあ、あの日は急にがまんできないほどからだの調子がわるくなったので高陽川には行けなかった。今晩行って捕らえてみるつもりだ」と答えた。ほかの瀧口たちは「今宵行けば二匹捕らえることになるぞ」と嘲った。

若い滝口は、なにも返す言葉がなく、腹のなかでは、自分のほうがだまされたのだから狐は二度と自分の前には現われないであろうが、夜っぴで待っていてみよう。そして今度は絶対だまされずに捕らえてやろう。もし、またされるようであれば面目ないからしばらく詰所に顔を出さないで蟄居しようと覚悟して、従者を多数引き連れて高陽川に出かけた。

高陽川を渡ったが、案の定女の童の姿は見えなかった。やはり利口な狐は同じ相手には二度と姿を現わさないものだな、と思い引き返そうとした。するとなんと川辺に女の童が立っているではないか。だが、よく見ると前の女の童とは違うようである。やはり例の狐ではない。あの狐はこりたのだなと思ったが、まあどれでもよい、今度こそ間違いなく捕らえて瀧口の仲間たちに見せてやろうと身構えた。

すると、その童は、「京に行く者ですが何卒馬の後ろに乗せて連れて行ってください」と頼むのではないか。さっそく馬に乗せ、前のときのように指縄で腰を強く結び鞍の後輪につけて歩きだした。京の一条に入り、暗くなったので松明を赤々と燃えさせた。また、大勢の従者に馬の前後・脇をかためさせて童が逃げ出さないように注意深くしずしずと厳戒して進んだ。このまえのように騒がしい牛車にも人っ子一人にも逢うことなく、ぶじ土御門に着いた。

そこで馬を降りて、女の童の髪をつかんで瀧口の詰所に引っ張って行くと、女の童は泣きだして嫌がったが容赦しなかった。瀧口たちもなんだなんだと集まって来たので、「とうとう捕らえて来たぞ」といってさらに強く縛りつけ、いろいろと責めてみると始めのうちは人の姿であったのが、たえかねてとうとう狐の本態を現わした。松明の炎を押しつけてからだの毛を焼き、弓に矢を番えて射ておどかし「こいつめ、今後こうしたいたずらをするなよ」といって生かしたまま解き放した。狐はもがき苦しみ満足に歩けなかったが、ほうほうの態で逃げ去った。

さて、十余日たってからこの瀧口は、その後の高陽川の化け狐はどうしたかと思って様子を見に行ってみると、病気をしているような女の童がしょんぼりと川辺に立っていた。からかい半分に「お子よ。どうだ馬の尻に乗らぬか。京へ連れて行ってやるぞ」というと、その女の童は「乗せていただきたいが、そうするとつかまってまた毛を焼かれて苦しまなければなりませんから、やめにします」といって消えてしまった。この事件は古い話ではない。ただ妙な話であるから人々に伝えられたのである。しかしまあ、非常にこみ入った化かし方をして鳥辺野まで連れて行ったものである。貴人の牛車の行列を演出して道を避けさせ、都大路を歩いているように錯覚させ鳥辺野まで行かせたのである。二度目はだれにも逢わなかったので化かすことができなくて、土御門内の詰所まで連れて来られたのである。

とすると賑々しい牛車の行列は狐が現出せしめたものかもしれない。

これは、若い瀧口が狐をうまく謀ったと思わせて狐が逆に瀧口を化かした巧妙な化かしの手口ではなかったろうか、と人々は話し合ったという。

このように狐は往々にして男心を誘う化かし方をする。年ごろの娘に化けていろいろと男をからかうというのは平安の昔からあったことであるが、なぜ狐は女性に化けるのか。これは男性の潜在意識の問題ではなかろうか。

浦大夫を騙して義太夫を語らせる
本物の酒肴でもてなした狐

滝沢馬琴を始めとして江戸後期の文化人が、文政八年（一八二五）に兎園会を作って（『新燕石十種四』）作品を集めた『兎園小説拾遺』がある。

狐が義太夫節を聞いてわかるものであろうか。平安時代以来、狐は人にも化け、人語をしゃべるのみならず、仏説を語り音曲まで理解するという人間以上の頭脳をもち、往々にして好色で、自慢話をする人を化かすようになっている。もっとも化かすためには、義太夫節浄瑠璃がわかってもわからなくても感に堪えぬふりをするのが化かす術であるる。

和泉国（大阪府）日根野郡佐野村に義太夫節の浄瑠璃を上手に語る浦大夫という者がいた。この者は、五畿内（近畿地方）ではこの道の名人十人の中の一番といわれたほどである。いつもこの佐野村から大阪にある浄瑠璃小屋に通って生業としていた。

ある日、大阪からの帰り道泉郡布野という所を通ったところ、道連れになった一人が、

「先刻から話を交わしているうちに、貴方はかの有名な義太夫節の浦大夫さんであることがわかりました。私はこの布野のはずれの下の方の○村という所の者ですが、いまここで貴方にお逢いできたのは幸運です。どうかいまから私の村に来てくださって貴方の名調子をみんなに聞かせてください」という。

浦大夫はこんな村にまで自分の名がとおっていることにいささか得意な気分になったから、

「よろしい、それでは私の曲を聞かせてあげましょう」

と快く承知して、その者に連れられて行った。そこは大きい農家で、座敷に通されて休息していると、村中から人を集めて来たのか、大勢がつめかけた。この家の主人は浦大夫に盃や食膳を運んできて酒肴をどんどんすすめはじめた。

そこで浦大夫は、腹一杯飲食すると浄瑠璃を語るのにうまくいかなくなるから、先に語ってから後でゆっくりご馳走になるといって、さっそく始めた。

一、二段語ると、人々は感に堪えたのかひっそりとして聞き入った。それから改めて飲食して座も賑やかになると、客たちはまた一段聞かせてくれと頼む。浦大夫もいい気持ちになって数段語ったがまた皆が感嘆したのか、ひっそりとしていたので、語りながら、客席の方に目を向けると、あんなに詰めかけていた人の姿が見えない。「これはおかしい」とひとみを定めてまわりを見回した。夜も少し明けかかって東の方は白味がかっていた。薄明かりの中で見定めると、農家の座敷ではなくどうやらここは布野の三昧というところであるらしい。吒驚して早く帰ろうと思案していると夜も明けてきた。しかも、自分の座っているところは草がぼうぼうと生えた墓地の中であった。さらに恐ろしくなり、これは早く家に戻らねばならない。狐に化かされたのだ。あのいい気分になって飲食したものは世間でよくいう馬糞や牛の小便などであったかもしれない。いっそう気持ちが悪くなり、心も乱れてうつろになってやっと家に戻り、数日患って寝こんでしまった。

浦大夫が大阪で出演しないで寝こんだために、憶測から誇張された噂がパッと和泉国中に広まって、「佐野の浦大夫は狐に化かされて布野の墓の中で義太夫を語った」と評判になった。そのときにある人がいうのには「浦大夫がご馳走になったのは馬糞や牛の小便ではなく、本当の酒肴であったのだ」といった。その理由は、布野の近くの村で婚礼があって酒肴の用意をしたところ、それがそっくりなくなったのでおそらく狐たちがそれを盗んできて浦大夫にもてなしたのであろう。その証拠には、布野の三昧というところには盃や食膳、魚の食いかけが散らかっていて、まるで人の飲食した跡のようであったというから、浦大夫は汚いものを飲食したのではなく、本当のご馳走の品を食べたのだと噂し合った。

浦大夫もようやく気も収まり平常に戻ったが、これにこりたと見えて義太夫節で生業を立てて評判をとることをやめて他の仕事で生活するようになり、ときどき人から望まれると義太夫を語るにすぎなくなったという。これは安永頃（一七七二〜八〇）のことであったという。

狐が義太夫を聞くために化かすというのも珍しい話であるが、本当の酒肴を盗んできてまでもてなしたというのは、浦大夫に対しては悪質な気持ちではなく、婚礼用に酒肴を用意した家にとっては許せない悪質行為である。

鳥を騙す狐
凝視する力業

『甲子夜話』（松浦静山著）にこういう話がある。

自分の屋敷の隣りに住んでいる人の話だが、その人は幼少のころ上野山の麓に当たる根岸（現在の東京都台東区根岸町、江戸時代には別荘地であった）に住んでいた。上野山からは老狐がときどきやって来て、人によく慣れ、やがて食物を与えると屋内にまで入って来て人がそばにいても平気で食べるようになった。この狐は人を化かすこともするが、人だけでなく他の動物も騙すとみえて、ある日、鳥が樹の枝にとまったのを見ると、狐がその樹の下をぐるぐる回りはじめた。すると、鳥は飛び立つことができなくなった。狐が鳥を見上げて頭を動かすと鳥も同じ動作をする。狐がほかにいろいろな動作をすると鳥もまったく同じ動作をした、という。

この話から思い当たるのは、狐の騙す力というものは、鳥獣にまでおよんでいるということだ。禽獣に限らず、相手を凝視しつづけるとつられて無意識に相手の動作と同じ為振りをすることがある。一種の催眠であろうが、こうした状態におちいると、相手のいいなりになってしまい、ときには幻覚を伴って、いわゆる化かされたという状態になる。

狐がはたして意識して計画的にこれを行なうかどうかはわからないが、少なくとも狐の動作には相手を集中意識させる要素があって、これによって化かす能力があると思われるようになったことも狐が化かすと信じられる一因であろうか。

男に化けて遊女買いする狐
花代はやっぱり木の葉

『甲子夜話』から遊郭で遊ぶ狐の話。

寛政年中（一七八九～一八〇〇、徳川十一代将軍家齊のもっとも泰平を謳歌した時代）に長崎の遊女屋に珍しいことがあった。侍らしき者が三人ほど来て、遊女を揚げて遊び、酒宴が済んでからそれぞれが相方の遊女と部屋に引きとって同衾した。ところが、遊女の皮膚に何か毛が触れるような感じがするので、おかしいと思って客のからだにふれてみると毛が生えているようである。ちょっと気味わるかったけれど、素知らぬふりをして客を接待した。

すきをみて遊女は、急いで二階から降り、主人に「わたしを買った客の様子がこうだ」と告げた。主人が店の若い衆やや遣り手婆を連れて客の泊った部屋に入ると、夜具はもぬけの殻である。

主人が遊女に「交ったか」ときくと「交わらなかった」と答えたが、なんで交わらないで客に毛が生えていたことがわかろう。遊女は狐と交わったことが恥かしいのでうそをいっていると人々は笑ったという。

狐が男に化けて女性と交わるときは、からだに毛を現わして暴露るようなへまはしない。セックスにさいして、狐のからだの様子がわかるようでは未熟の狐である。

遊女に覚られて主人に知らせに行ったと思ったから姿を消したのであろうが、登楼するときにどうやって金を持っていたのであろうか。口に啣えていても、侍姿に化けたのであるから懐中から金をとり出したようにみせたのかもしれない。

ただしこの話は、わざと遊女をからかうために狐かと思わせるいたずらであって、二階から姿を消したのかも知れぬが、武士は二刀差しており、登楼のさいに刀を遊廓に預けるから、二刀を置いたまま姿を消すことはありえない。

狐のいたずらであった場合に、花代が木の葉であったのであれば、預けた刀も消えていたはずであるが、これについての記述がないのは、『甲子夜話』の著者松浦静山は大名であって、庶民の遊廓の内情を知らず、たんなる聞き書にすぎないからであろうか。

もう一度狐に騙されたいと願う男
現代にもいそうな女狐の手練

『猿著聞集』(『日本随筆大成』第二期二)は、江戸時代中期の末頃、八島定岡が文政十年(一八二八)に刊行した俗話集で『古今著聞集』を猿真似して書き集めたという意から「猿」の文字を用いたものであろう。

近江国(滋賀県)の信楽に雄楯乗康という男がいた。あるとき物詣でに行くために歩いていたところ、途中でひとりの女性に逢った。その女性が乗康に近づいていうには、

「わらわがお仕えしている姫君が貴男様をお慕い申して、未だ見ぬ相手にもかかわらず恋い焦れ、そのために心の患いで病となり、お泣きになってばかりいて、今ではそのために玉の緒のいのちもお尽きになるのではないかと他所目もおいたわしくなっております。こうしたことの内容はお父君様に申し上げるというわけにも参りませんので困っております。貴男様をお連れして、貴男様のお情けを姫君におかけくださりますれば、姫も喜んで、いのちもお助かりになるかもしれぬと思案し、こうして参上して、あつかましいお願い申し上げる次第でございます」

とひたすらに頼み入るので、乗康も半分自惚れ、半分同情して、

「私がお慰さめできることでよいのであればそうしましょう。それではいますぐにでも参りましょう」

といってその女性について行くことにした。

しばらく行くと、大きな館を背に小ぢんまりした庭の小さい門からそっと入った。女性は小石を拾い投げ入れて合図すると、御館の内から大変美しい女房が数人出て来て、「こちらへいらせませ」と案内した。勾欄のある廊下を長々と伝って奥深く行くと、どこで焚きしめたかわからないように香が薫ってどことなく奥ゆかしい。部屋の簾を半分ば

狐に誘われる信楽の男

かり巻き上げた部屋へ案内する女性が入って行くので、それに従って入ると、中に年のころ十六歳ばかりの大変上品で美しい姫君が、錦の夜具に臥せって、物思いに沈んでいた。

乗康を見たとたんに、うれしげな顔をして立ち上がって乗康の手をとって迎えた。

乗康の家では出かけたままどこに行ったのか、三日たっても帰って来ないので、何か出先であったのではないかと騒ぎだし、日ごろ親しくしていた友人たちが集まって、あちこち尋ね回り、または神職や巫女に占ってもらい、いろいろ手を尽くしたが、いっこうに手がかりはつかめなかった。ところが、七日ほどたってから、三十里程離れた山の中の、人が住まなくなって壊れた荒れ寺の中に乗康がいるのを発見して連れて帰り、やれやれと人々は喜び合った。

これはきっと狐に化かされたのであろうと人々はいい合った。

そのときの様子を皆が乗康に訊いたところこう語った。姫君の聟となった乗康は、多くの侍女にかしずかれ、豪華な暮らしをした。姫君は昼は毎日琴を弾いて乗康を慰め、また香を燻(た)いたりして風流な雰囲気を作り、乗康は和歌を詠じたり、須磨琴を調べたり、公卿(くげ)の遊びのように蹴鞠(けまり)をしたりして、非常に楽しかったという。

それからの乗康はときどき山のあたりなどを一人言(ごと)をいいながら歩き回った。しかし狐は、人間が化かされて一人芝居して喜んでいる様子をみるのがおもしろいので化かすのであり、人間のほうから化かされるのが楽しいからもう一度化かして欲しいと願っても、そんな人間に対しては少しも興味がないから相手にしてくれない。

乗康はそれでもなんとか狐に会いたくて、自分のいたところが古寺であったことを想い出してその荒れ果てた寺に行ってみると、欠けた硯や、毛の減った筆が散乱していた。その中に、屑紙のようになった草子本などを破って、それにいろいろ書き散らしたものをみつけた。

これは乗康が狐に化かされながらも風流人ぶって詠じた歌であるが、なかなか興味ある歌であると人々は感心してこの話を語り伝えたといわれている。

一般の狐に化かされた話とこの話が異なるのは、化かされたときの楽しい思いを忘れられずもう一度化かされてみたい、と狐を探ねて歩く点であり、〝夢よもう一度〟をかなえてやるほど狐はご親切ではない。

信田の狐や女化の狐のように、人から離れると狐はもう相手にしないのが普通であるから、かえって乗康を化かしてやったとかげで笑っていることであろう。

こうした女狐は現代社会にも多く実在する。鏡と相談したほうがよいくらいの男が、「貴方いい男ね」とか「好きよ」といわれてすぐ鼻の下を伸ばし、女狐に操縦されて財産のあらかたを引ったくられる。「貴方いい男ね」とは「貴方は騙すのにはちょうどいい男よ」の意であり、「好きよ」は「貴方のもっているお金が好きよ」「貴方は好色家だからわたしに夢中になってなんでも望みのものをくれるから好きな人よ」の内容がある。

自惚れと瘡っ気のない人間はいないというが、男性は往々にして俺は女にもてる男だと自認するか、またはもてたいという願望がある。女狐にはこうしたタイプは一目してわかるから、思うさま騙す対象となる。

狐に人を化かす霊能・超能力があると信じなくなった現代においては、狐憑き、狐に騙される状態は精神医学的に解明されているので、狐の食いこむ余地はなく、男を騙そうとする女性の体内にもぐりこんでその余命を保っているのである。

狐の宮殿で暮らした男
十一面観音菩薩の利生譚

『宇多天皇実録』は林道春の撰で編まれた。林道春は江戸幕府最初期の学者でいろいろと政治的にも活躍し著書も多い。この物語は『史籍集覧』に所載されているものである。

三善清行（平安時代の学者で廷臣）があるとき、こんなことを話した。私が寛正五年（八九三）の年に備中の介（正六位下相当官）であったころ、賀夜郡の人で賀陽良藤という者がいた。かれは大変蓄財家で、金でもって備前の小目（従八位下。地方官僚は長官が守、次が介、次が掾、その下が目でこれが地方役人の上官）の官職を買って勤めていたが八年で罷めて葦守郷に住んでいた。良藤の妻は生来淫奔の性格で夫に満足せず、浮気したいために京都に行ってしまった。良藤は鰥居の身（妻に去られた独身男）となったので精神が少しおかしくなり、しょっちゅう筆をとって男女間の色の道に関することのみを書くようになった。つまり性的な欲求不満であったのである。

そうこうしているうちに、時折若い女性の声が良藤の部屋から聞こえるようになったが、女性の姿は見えない。だれかが尋ねて来て睦んでいるようであるが、これが数十日ほど続き、良藤はいなくなってしまった。そこで家中の者がほうぼう探したがまったく行方がわからなくなった。

良藤の兄の大領（地方の郡司の長官）豊仲や、弟の統領（人のかしら）豊蔭、吉備津彦神宮の禰宜（神職）や良藤の息子左兵衛忠貞など一族の裕福の者が皆良藤の家に集まって心配したり悲しんだりし、いろいろと相談を重ねた。おそらく良藤はどこかで死んでしまったのであろうから、探しだしてその屍骸をもって来て冥福を祈ってやろう。それには十一面観世音菩薩の像を作って供養しようと、太い柏の木を伐って、良藤の背丈の高さの仏像を彫らせて祈った。

それから十三日ほどたってから良藤がひょっこり倉の床下から姿をあらわしたので一同驚きかつ喜んだ。良藤のからだは痩せ衰えて、まるで黄疸を患った人のようであった。その倉というのは、石を積んだ土台の上に木材で建てたものであるから、床下はわずか十センチか十二センチくらいである。とても人が入れるような空間ではない。それなのに良藤はそこから這い出たので人々があきれ驚いたのも無理はない。

良藤はしばらくたってから、やっと人心地がついて語りだした。良藤は男やもめの暮らしが長いので、いつも女のことばかり想っていた。そうしたときに一人の女性が菊花の枝につけた文を持って現われ、公主（中国で天皇の息子をいう。ここでは身分の高い者の娘）からの「文使いでございます」と手渡したので、文を開いて読むと、内容は情緒綿々、艶情恋慕の感情がこもっていた。良藤もそれに対応する歌や文を創りこの使いは何回も往復した。

そのうちにりっぱな車が迎えに来たが、これは先駆が四騎もつく行列で、これに乗って四十里程を行くと宮殿に着いた。門のところでそこの責任者らしいものが出迎えて「わたくしはこの姫君様の家令を勤めている者でございます。

姫君様がお待ちかねでございますから、さあどうぞ」といって殿上に案内された。几帳や幕は飾りが付いていて美くしく豪華な宮殿で目を見張るばかりであった。席につくと珍しい飲食物が出され、ややあって姫君が現われたが、その服飾のりっぱなこと、いやそれ以上に容貌美麗なので良藤は驚いてしまった。

こうしてもてなされ、姫君と歓談し、夜も更けてくると燈(ともしび)を背にして寝台の帳(とばり)の中に入り、二人は枕を共にした。その情愛の濃やかなこと、男を有頂天にさせるような雰囲気で、もうどうなったっていいと思うくらいであった。こうして日夜姫君の愛の行為に溺れて暮らすうちに、とうとう一人の男の子が生まれた。その子がまた母親に似て、性質は賢く、容貌は美しく可愛いくてたまらぬので、一日中ほとんど抱きくらしたという。良藤は長男の忠貞を跡継ぎにと心の中で定めていたが、この児を跡継ぎにし、忠貞を廃嫡しようかなどと考えるほどになった。

こうして三年も居続けてしまったが、ある日優婆塞(うばそく)（俗家に住んで仏門に入った男）が杖を持って突然宮殿内にずかずかと入りこむと、これをみた姫君を始め侍女らはことごとく恐れて逃げ散ってしまった。優婆塞は杖でもって、良藤の背を突いた。良藤は何かはっと夢が醒めた如くになり、あたりを見渡すと、宮殿も何もない場所にいるではないか。しかも、非常に狭い窮屈な穴の中と感じながらやっとのことで外に這い出た。いま、振り返ってみると、宮殿とは大違い、自分の家の倉の下から出て来たことになる。

この話を聞いて、家の人々は「何とも奇怪な話だ」と疑った。そこで倉の下が怪しいというので、倉を壊してみると、数十匹の狐が床下を走り回っていて、良藤が座したり臥したりしたとおぼしい跡が土に残されていた。

良藤はこの倉下に狐の姫君たちと十三日間生活したのであるが、かれにいわせると三年もいたことになり、倉の床下十センチ余の所に大きい宮殿があったと思ったのである。

こうしたことは皆妖狐の仕業である。

こうして良藤は狐媚から逃げだして以後無事であること十余年。六十一歳で天寿を全うしたという物語を三善清行が人に話したという。中国の牡丹燈記（『牡丹燈籠』の怪談）は死霊のなす業であるが、狐がこのように人間を誘惑して淫事に走る話も多い。

狐が人間を誘って淫事に走るのには三つのパターンがある。淫事を行なって、性器を損なう場合、過淫の結果死亡せしめる場合、共に生活して子まで設ける場合とがある。

この良藤の場合は、十一面観世音菩薩が優婆塞の姿に化現して狐の巣に現われ、狐共を追い散らして、良藤を覚醒させて救ってくれたので、一種の観世音菩薩の利生譚である。

若い男を迷わす女狐
鏡に映されて見破られる

文政十年（一八二八）刊、八島定岡著の『猿著聞集』にある老女狐の話。

相模国（神奈川県）三浦に大多津が崎という海に突き出た山があって、この山に年を経た狐が住んでいた。名を「おみい女」と呼ばれていたが、この狐は鎌倉に頼朝が幕府を開いたころ（一一九二、後鳥羽天皇の時代）のことなどを覚えていて、人と会うとよくこの時代のことを語ってくれた。六百年以上前のことであるから、その時代からここに住んでいたことになる。

この土地の村長（むらおさ）で永島兵衛という男がいた。家に伝来の兜があって、その兜に用いた鏡の前立は、このおみい女狐が大変怖がる品であった。それで若い男がこの狐に憑かれたりすると、この鏡を取り出してかざすと狐はたちまち退散した。昔から狐は鏡に映し出されると実態が見えるといわれ、鏡で見破られた話は多い。

この村長の家の傍らに昔から祠られている宇賀御魂（稲荷神）の社殿があり、その隣りに祠を一つ建てて「おみい女」狐を祠ったところ、その後この狐は変異をしなくなり、また人に姿を見せなくなったという。

このおみい女狐もおそらく夜になると美女の姿となって若い男を迷わしたものであろう。

狐を騙した男
落語「王子の狐」のネタ

松浦静山が『甲子夜話』を書き重ねている文化・文政の頃にあったという話である。江戸は乗物町に住む乗物師（身分の高い者が外出のときに乗る駕籠を作る職人）に新助という男がいた。ある時王子の有名な稲荷をお詣りしようと、田圃道（おそらく日暮里か田端が入谷の田圃道）を歩いて行くと、傍らの叢の中で狐が化ける準備をしているところを見た。

しばらくして後ろの方から艶めいた芸妓か遊女かどちらともつかない女性がやって来たので、これこそ先刻化けようとしていた狐であろうと覚った。するとかの女は、

「いっしょに来た客と離れて道にはぐれてしまったので、お願いですから、客を探すまでごいっしょしていただけませんか」

と頼む。新助は、

「そーらおいでなすった。こうして男を騙すのであろう。ここは一つ騙されたふりをして逆に騙してやろう」

と心の底に思って王子村に着くと、江戸で聞こえた鰕屋という料亭に連れて行き、

「あんたのような美人と連れ立ったのもご縁だ。昼飯を食べ一杯引っかけていこう。遠慮せずにさあ入んな」

と座敷に通り、女と共にさんざん飲んだり食べたりした。そして、

「ちょっと厠に行ってくるから」

といって逃げてしまった。

女はいつまでたっても新助が戻ってこないので所在なさそうに座敷で待っていたが、店の者も不審に思って「お連れさんはどうしました」と聞くと女は「厠に立ったまままだ戻りません」という。厠をしらべたが新助の姿は見えな

王子の料亭で狐を騙す

い。「さては男は女を置いて食い逃げしたな」と思ったので、女に「めし代を払え」といったが女は困った態になり、店の者は「無銭飲食をした太えアマだ。払わなければ撲り責めにしてやる」と騒ぎ立てた。窮地に陥った女はついに尻尾を現わして狐の姿となり逃げ出した。

店の者たちは、「やはり狐であったのか。打ち殺してしまえ」と追いかけようとしたとき、店の主が、「まあ待ちなさい。狐であればもしや王子の稲荷の神様かもわからぬからいじめてはいけない。追ってはいけない」と留めたので、店の者も止めた。

こんなわけで乗物師新助は、狐に騙されるどころか逆に狐を騙したという話が広まったという。

この話はうそか本当か、後世にまで伝わっていて「王子の狐」として落語家が話のネタにしている。

落語では、狐が女に化けるところを見てしまった男が、女に化けた狐と親しく道行きをし、王子稲荷の傍らの料亭でさんざん飲み食いし、厠に行くと称して座を外し、名物の玉子焼まで土産物を作らせ、支払いは女がするといって逃げてしまう。あとに残った女は支払いを要求され、狐の姿を現わすのでさんざんな目に遭って逃げ出す。

稲荷の参詣人がその狐の子を可愛らしく思って餌をやろうと呼ぶと、狐の親は、「行ってはいけない。人間は狐を騙すから恐ろしい相手なのだよ」と注意するところがオチとなる。

禅問答もできる老狐
門前の狐、禅僧に化ける

寛政五年頃（一七九三）に南條八郎がまとめた『続武将感状記』に、僧侶に化けた狐の話がある。

武士の徹齋は、御小督の局が殺害されて以来、悲運の目に遭って領地を逐われ、紀伊国（和歌山県）淡輪に閉居していた。そこへ一人の遍歴の僧が尋ね来て、禅問答などをしたが、お互いに理解し合ってときどき来ては禅語を交わし合った。「手前の寺はいずこか」と尋ねたら、少林寺の耕雲庵だという。少林寺と淡輪とは四十キロ以上も離れているから、耕雲庵というのがどういう庵かも、その禅僧の素性も何もわかっていなかったが、とにかく禅悟しているので毎日のように喜んで対応していた。

あるとき二人はのどかさに睡気を催して、禅僧は机にもたれ、徹齋は椅子にかけたままうとうとと眠った。徹齋が目覚めて禅僧をふと見ると顔に獣のような白い毛が生え、それに衣の下からは尾まで出ていた。内心は驚きながら、知らばっくれて眠ったふりをして様子を窺っていると、禅僧は暴露(ばれ)たことを覚ったのか如意(にょい)を振り上げて徹齋の額(ひたい)を打とうとした。そこで徹齋が目覚めたふりをして欠伸(あくび)をしたので打つ間合を外され、振り上げた如意のもっていきどころがなく、あわてふためいて去って行った。

五、六日すると淡輪の里で老狐が一匹死んでいるというので見に行くと、死骸のまわりにあの禅僧の帽子、衣類、如意が散らばっていた。

この事件があってから一、二か月もたったころ、今度は紀州の耕雲庵の白蔵主という僧が来て、あれこれと禅問答などしてまた僧と親しくなった。あるとき、徹齋は、白蔵主に「遍歴に出たいからこの家の跡を継いでくれ」と頼んだ。しかし、なかなか承諾してくれなかった。

徹齋は説得を試みた末に以前に耕雲庵という禅僧が来て、老狐の姿で往来で死んだ話をすると、白蔵主は「すべてこの世の夢か幻か泡のようなもので、生というものは有であり無であり、そこに味わいがある」などと偈(げ)を唱え、「そうした点から考えれば自分だって狐と同じである。だからその亡くなった狐のこともよく理解できる」といって涙してくれた。さらに「貴殿はその老狐と親しく交際していたのだから心神が朦朧としたであろう。精神が消耗しているにちがいない」といいだした。

徹齋はこの白蔵主も怪しいとみてすかさず持仏堂の扉を閉めて逃げ出さないようにした。すると白蔵主は怒って怒鳴ったので、徹齋はいよいよ怪しいと睨み縛ってしまおうとして争った。乱闘の末に白蔵主は誤って扉の下で転んだのでとうとう縛り上げた。見ると頬のあたりは銀色に光った針のような毛が生えていて、狐の正体が少しずつ現われてきた。

さらに化けの皮を剥いでやろうと、松葉燻しの責めを行なうこと二十余時（一時は二時間であるから約二日間）にしてようやく本態を現わした。白蔵主は大きな老狐であった。老狐は縛られたまま飛び跳ねて暴れ回り、外に駆け出して田圃の叢に隠れた。やっと探しだしたが、暴れて手が付けられない。しかたなく今度は化かされたふりをすると、老狐もやや安心したとみえ側に来たのでまた押えつけて連れて来た。

そして「お前はよく蔵主（禅寺で経蔵を管理する役職で、僧の位階）に化けたな。たいした奴だ。お前はこんなにうまく化けることができる特殊能力があるから殺すのは惜しい、助けてやろう。その代わりときどき遊びに来い」といって縄を解いて放してやった。白蔵主はその後姿を現わしては吉いこと、悪いことを予告してくれたという。

この白蔵主のことは『諸国里人談』にも載っており（ただしこの伯蔵主は別項次ページにある）寺島良安の『和漢三才図会』巻第七十二之末の和泉国の部、少林寺の項にも記されているくらい白蔵主は著名になった。

耕雲庵の僧は、このように年老いた狐が化けたものと思われていて、禅問答ができるということは蔵主に可愛がられて、見よう見まねで禅僧に成りすませるほど刧を経ていたようだが、優婆塞の徹齋如きに見破られてしまうのではたいしたことはない。

正念寺に仕える狐
狐僧の草履は目に見えない

伴蒿蹊の『閑田耕筆』にある狐僧の話。

淡海八幡（近江八幡）の近くの村、田中江に正念寺という一向宗の寺があり、そこに棲んでいる狐がいた。この狐は寺の火災を防いでくれるばかりでなく、住職が法事で招かれたときなどは護衛役として付いて行った。

あるときこの狐が扮した僧の草履の上に人が物を置いたので、この狐僧は履物を汚されたといって怒った。そこで住職は「其方の履物は人間の目には見えないのだから、そこに草履があるとは気がつかずに物を置いたので、仕方がないではないか」とたしなめた。その狐僧もなるほどと納得したという。

伝通院の伯蔵主狐

法話を聞いたり問答したり

菊岡沾涼の『諸国里人談』からこれも狐僧の話。

江戸小石川伝通院という寺の誉覚山上人が、京都から戻る途中で道連れになった僧がいた。名は伯蔵といったが、伝通院の修行所に属して僧として修める諸行を学んだ。毎回の仏法問答には前日から質問も解答も調べておいて一回として答えられないことはなく、たいそうりっぱであった。これは如何様にもふつうの者ではないと多くの僧は不思議に思っていた。

あるとき、例の僧が熟睡しているあいだに本態の狐の姿を見せてしまった。この狐は見られたことを恥かしいと思ったのか、姿をくらましてしまった。それでも未練があるらしく、この寺域内のどこかに棲んでいて、建物の外から法話を聞いたり問答したりしたという。

いまでは寺域内の鎮守神伯蔵稲荷として祀られている。この狐は本来下総国（千葉県）飯沼にいたということで、その弘教寺にも同じような話が伝わっているという。

人に化けて誠実に仕えた蜺菴(ぜいあん)狐

僧体の狐話二題

嘉永三年（一八五〇）刊の山崎美成の『提醒紀談』に人間に誠実に仕えた狐の話がある。

蜺菴という者は初めは飛驒国参議秀綱に仕えていたが、秀綱が滅亡してから信濃国の諏訪にきて仕官先を探した。

立派な字を書く僧体の狐

そのころ、諏訪の一族で千野兵庫という豪族がいたが、兵庫は蛻菴が才あるを見こんで家に招いた。天正十三年（一五八五）の時であった。兵庫はやがて死んで、嫡子が家を継ぎ名も兵庫を襲名した。蛻菴ははっきりした性格で、勤めも忠実であったから家中で頼もしい男よと思っていた。

あるとき、蛻菴がうたた寝をしていた。家人がそっと覗いて見ると、それは年をとった狐の姿であった。驚いて兵庫に知らせた。蛻菴は、自分の本態が見られたことを覚って兵庫に辞去する挨拶をしたところ、兵庫は、「汝が本態を知られたっていっこうに差し支えない。わが家を取りしきることはなはだ誠実で喜んでいるくらいである。なんで人間であろうが人間でなかろうが、そんな区別は意識していない。かまわぬからいてくれ」と、いった。辞去するつもりでいた蛻菴狐はそのままずごしたが、一度狐と見破られた以上どうしても居辛くなって、とうとう兵庫のもとを立ち去った。

次にこの狐は岐岨（木曽）に現われ、そこの興福寺という寺に行って、桂岳師という和尚の厄介になった。桂岳師もまた蛻菴の誠実さを信頼して僧衣を与え（僧籍に入れる）、代理を勤めさせて重宝がった。かれの立居振舞いをみているうちに、人間らしくない点に気がついて、ますます目をかけてやった。そのうちに師の用で飛驒国の安国寺に使となって行ったが、途中日和田村から先の田舎のある家に泊めてもらうことになった。

この家には不思議な威力をもつ狩猟用の火縄銃があった。この銃は鉄砲製作の名人として聞こえた江州（近江国、今の滋賀県）国友村の国友某が作ったもので、この銃を構えて見るといかなる魔障の者もその姿が見えるという不思議な力をもっていた。その家の主人はなにげなくその銃を執り上げて、囲炉裏端にいる蛻菴の方に向けて見た。するとかれは僧ではなく一匹の老狐であった。吃驚した主人はおもわず一発撃ってしまった。蛻菴はそこで死んでしまった。

『提醒紀談』にはもう一つ僧体の狐話が載っている。

記された狐も著名である。上野国（群馬県）に幸菴と号する白髪の老人がいたが、自らは百二十八歳であるといっていた。いつも仏教の話を説いて人々に教訓していた。人々もまた幸菴の言をよく信じ尊敬していた。「どうぞ家に来てください」と頼むと快く承諾し泊って説教をし、また仏の戒を授けたりした。さらに吉凶とか禍いや福分とか、未来のことを尋ねると、明瞭に答えてくれた。また人の考えていることを察知したり、正しい道を教えたり、人が長寿にあやかる書を頼むと、寿の字を大書して行年百二十八翁などと書いて落款印章などを捺して与えたりして人々から感謝されていた。

あるとき、風呂に入ろうとして片足を湯槽（ゆぶね）に入れたさいに、ことほかに熱かったので、飛び上がって驚いた瞬間に本態を現わした。全身に毛が生えていて尾まで見える狐であった。風呂場にいた者があわててその家の主人（あるじ）を呼んだので、主人が行って見ると年とった野狐がコンコン鳴きながら逃げ去って行く姿が見えたという。

いまでもこの幸菴狐が書いたという書は残っているが、その筆力は人間の書風とは違うが、字画順序は整っていて上手である。狐がこうした行ないをし、字までりっぱに書くというのは不思議というほかはない。

この蜕菴狐の場合も写経をよくしたことは『提醒紀談』にも記されている。

蜕菴が写経した般若心経はその地（木曽の興福寺）にいまでも残っている。それを模写して木版に刷ったものを余（山崎美成）に贈ってくれる人がいたが、それを見るとその筆使いは古様で雅びていること、千年以上前の能筆家の筆勢と同じように感じる。つまり蜕菴は千年以上も生きていた狐だったのである。

人に化けて礼節を尽くす
折目正しく（？）犬猫食い

栗原東随舎が珍説奇談を集めた『思出草紙』には、狐が人間に化けて人中に永く棲み、またそこに会いに来る狐も人間の姿をして人間と同じように礼節を尽くすという話がある。狐話のなかでは異色である。

享保年中（一七一六〜三五、八代将軍吉宗の時代）に大阪に有名な古林見祇という名医がいた。この見祇がまだ若いころに大阪に評判の高い医者のところで居候して一所懸命医学を学んでいた。近くの真田山に七十歳を越した老夫婦が住んでいたが、どうやって暮らしているのか悠々自適の生活ぶりであった。老人はなかなか学問の範囲が広く、医学の道にも詳しかった。古林見祇はよい友人を得たと喜んで暇さえあれば訪ねて親しくして、疑問やわからないことがあると聞いて教えられることが多かった。

だが、この老夫婦がどうやって生活しているのか、いっこうにわからない。ちょっと不審な点は、毎朝野菜とか畠のものがどこのだれが持ってくるのか家の外に必ず置いてあり、その数がじつに多い。ときには老人を訪ねて来る客も大勢いるという次第で、とにかく食うのには困らないようであった。（昔は税を納めるのは農・工・商で、隠居・隠棲した者、長屋住いの零細庶民、武士等には均等割の税はいっさいかからなかった。故に食糧さえ入手できれば金がなくても生活できた。隠居などは仕送りによって生活する。）

見祇があるときこの老人夫婦を訪ねていろいろ雑談などをしていると、外から「ごめんください。いらっしゃいますか」と声かけて、りっぱな姿の羽織袴をつけた男が訪ねて来た。老人夫婦の前に折目正しく手をついて挨拶し、さて「今回は大変お世話をおかけいたしして有難うございます。御礼のために参上仕りました」といって両手をついて頭を深々とさげた。

すると老人が「今後気をつけて慎んだほうがよろしい。今回はわしがお詫びをしておいたのでどうやら済んだのだ」というと、その男は喜悦が満面に現われて「今後は必ず慎みます」といって何か詫びてる様子である。

それから老人は妻の方を向いて「先刻（さっき）の品があるだろう。あれを出してやりなさい」というと妻はかいがいしく立って傍らにあった牡丹餅を菓子盆に盛って客の前に置く。客は喜んで「これはわたしの大好物であります。ちょうだいいたします」といってすぐに食べはじめた。見祇が見ているとその食べ方がすこぶる変わっていて、箸を持たず両手を畳について直接口を牡丹餅につけて、まるで犬猫が物を食べるようであった。老人が客に「お前はこれから国に帰るのか」と聞くと客は「夕方ごろには戻れるでしょう」といって辞去した。

見祇は老人に「あのお客は一体どんなお方ですか」というと「あれは丹波の笹山の者だ」という。見祇は驚いた。

ここから笹山までは約六十キロ以上ある。一日以上もかかるのに夕暮れには着くでしょうとはあきれた話で、とても常人では考えられないので不審に思っていると「おかしいとお思いでしょう。かれは人間ではありません。じつは狐なのです。今回いたずら心で人をたぶらかしたので稲荷神道の吉田家が罰を加えようとしたのを、わたしが代わって詫びを入れてやっと許してもらったので、その感謝の挨拶に来たのです。いまの客の衣類の布地や色合を覚えていますか」という。見祇は思い出そうとしたが記憶にない。老人は笑って「狐が人に化けた時にはその着ているものはあとで思い出そうとしてもわからないのが本当ですよ」といった。

この老人はその後どこに転居したか、行方がわからなくなったが、これも狐ではなかったかと見祇は語った。この話を見祇の門弟が聞き伝えたが、その門弟すら老人であるから、いまよりかなり前の話である（江戸末期頃の伝聞か）。狐が人間に化けて永年生活する話は多いが、狐が狐のところに来るのにやはり人間の姿をし、しかも威儀正しくしてくる話は珍しい。

ここまで人並みに振舞っていながら、牡丹餅を食うのに獣類の態度がでてしまうのは狐であることを示すための話として創られたものであろう。

雄大な源平合戦の模様を現出させる
わたしの親しい友だち狐

著者不詳の『古今奇談集』に、芸事の達者な狐の話がある。

昔、京都の西の方にある妙心寺のあたりに与次という老翁が住んでいた。この翁は長いことやもめ暮らしで淋しい生活であったが、性格は正直で、世の中に諂（へつら）うことは嫌いで、ただ質朴がよいとして思うままに暮らしていた。

そのころ宗丹と呼ばれる年老いた狐がいた。どこに棲んでいるともわからぬが、折々与次のところに来ては親しく交わって以来数年がたった。宗丹は千年も生きているといわれているから「狐百歳にして美女となる」をはるかに超える通力を有しているので博学にして多才、芸能まで巧みであった。そして源平合戦のころの様子まで知っていた。

そこで与次が、合戦の様子を知りたいというと、宗丹は「よろしい見せてやろう。ただし曇天の夜でないと再現して見せることは難しい。そしてこれは他の人には見せられない。貴方だけ特別に見せてあげるのですよ」といった。

与次翁が待っていると、十一月下旬のある日、朦朧として雨降りではないが月も見えず、明瞭な織物の着物を着ても見定めにくい夜となった。いよいよ宗丹狐が現われるかなと待ちかまえていたら、はたしてやって来た。そして「今宵が約束の状況を見せるのにもっともよいから、さあ一の谷の戦の状況をお見せしよう」と、軒外に出ると同時に目の前に数万の軍勢が戦う有様が現出した。

刃物の打ち合う音や互いに組み合ったり、手柄を立てる者、また、鬨の声が上がったり、矢が雨のように走ったり、本当に恐ろしい光景であった。与次はすっかり怖くなり、立ち退こうとしたので、宗丹狐もこれで充分と思ったのか仲間の狐に中止の合図をした。とたんにその光景は消えて、元の庭の景色に戻った。あの恐ろしい鬨の声や雄叫びと思ったものは松の梢を吹き過ぎる風であった。

このように合戦場まで再現できる能力に対して与次はすこぶる感心して宗丹を褒め、それを見せてくれたことに対して厚くお礼を述べた。こうして親しい交わりをするようになると宗丹は「自分にはもっとも親しい友だち狐がいる。一人は大和の源九郎といい、一人はおたつという女狐である。この狐たちも紹介しよう」といって、機会を待って三匹の狐が現われた。見ると源九郎狐というのは仲々の好男子で威厳あって粗野ではなく、おたつ狐のほうは中国の毛嬙、西施も及ばないくらいの美人であった。

与次は三匹を座敷に招じ入れて挨拶を交わして落ち着くと、宗丹狐がおたつ狐に向かって「どうじゃ琴を一曲弾いてお聞かせしては」という。おたつ狐も辞退することなく奏(かな)でたが、その指さばきといい、音色といいまったく見事であった。続いて源九郎狐が三味線をとって弾きながら長歌や端歌(はうた)など二、三曲を披露したが、それぞれ名人芸であった。与次はだいたい朴訥(ぼくとつ)であったが、芸事はいっさい身につけていないから、これらの芸の本当のよさはわからない。ただ貴人の前で恐れ入るようにかしこまって、不理解を恥じ入るのみで聞いていた。音曲が終わってしばらくいろいろの話を交わしたが、とても狐と思えぬほど礼儀をわきまえ、まるで聖人君子に会っているようであった。与次はこうして三匹の狐を尊敬し、世俗のくだらぬ雑事を避けて、季節の風流を賞でるようになったという。

見物人を前に演技する狐隊の話
大勢の目の前だと張り切る

寛政十一年（一七九九）刊、伴蒿蹊の『閑田耕筆』にまるで狐の公演の如き見世物をする狐の話がある。

南部七ノ戸（青森県）に三十四キロ四方くらいの野原があるが、そこで毎年二月の末頃になると狐隊という現象が起きる。このあたりの人は酒や食物を持って、それを見物に行くが、だいたいが薄曇りの日である。この狐隊の現象が起きる予兆としては、狐の跳り上がり飛び歩いたりする姿が見える。

当日には初めに狐が二、三十匹現われ、見物人たちが声援すると、まず城の形を現わして見せるが、これは二百四十メートルほど先に見える。次に甲冑武者が馬に乗ったり陣形を整えたりしている模様を見せる。これは二百メートルあまり先である。

また、見物人たちから声がかかると今度は大名行列の様子を見せるが、一回は北海道に領地をもつ松前候のいでたちの行列で、以前は津軽候の行列を見せたこともあった。城郭や陣立の様子は平安時代の厨川の戦で、はなはだ古様であった。

この野に棲む狐たちはわれわれが見た戦国と同じ知識であるから、他地の様子を見せるということはない。ただ見物人が多いと、狐たちも張り合いがあるとみえて、張り切って演技して見せ、見物人が少ないとやることも淋しいという。これは目撃した重厚という人が本当に話してくれたのである。

まるで映画や芝居、テレビのように、狐が大勢の目の前で状況を映して見せてくれるというサービスぶりである。

数代にわたって人に仕えた狐

吉凶、火災、盗難をお知らせします

栗原東随舎の『思出草紙』に、丹波国（京都府）に門大夫という農民がいた。この家は、毎年宮中へ玄猪（十月の始めの亥の日に亥子餅を作って祝う）の餅を献上する習わしのある有名な家柄であった（『山城名勝志』にも載っている）。

その門大夫の家に先祖の代から狐が人間に化けて屋敷裏に棲んでいた。髪は総髪（月代を剃っていない）で年は五十代くらいに見えた。いつも膏薬などを作って、近所やら遠くは京都にまで売り歩き、その利潤で布を買って門大夫の家の者に頼んで着物を仕立ててもらっていた。そして昼間は門大夫の家にいて、いろいろ雑用をし、夜は巣穴に戻って寝るという日々であった。

その動作や言葉はまったく人間と変わりなく親しんでいたので、人々は「おじい」と呼んで接していた。この「おじい」は大変重宝な者で、村に所有地の境のことで揉め事があると、「それはいつ誰の所有であったのが、これこれの理由でどういう風に変わったのだ」とかいって明瞭に説明するのですべて解決つくという有様であった。

その狐が、ある時あらたまって門大夫の前に来て涙を流していうのには「いままで御先祖の代からここに住んでいて大変御恩になりましたが、今度思いがけなくも京都の藤の森（藤の森神社の領域にある伏見稲荷のこと）から使いが来て、その役職（おそらく当番）につくことになったので、ここを去らねばならなくなりました。名残惜しいが、いままでの御恩に対して何とも申しあげようもありません」と挨拶した。皆もしきりに留めたが「これから御当家に吉い事、凶い事、火災や盗難がありそうなときにはあらかじめお知らせします」と誓って立ち去った。村中の者も大変惜しんだという。狐が数代その家に人の姿で棲んだという話である。

狐の手紙①
野干が書いた別れの挨拶

山崎美成の『三養雑記』には狐の書いた手紙や証文の例が載っている。

私（山崎）は、以前狐や狸の書いたという書や画をいろいろ見たが、だいたいは狐は書、狸は画であるというのもおもしろい。老狐幸菴が書いたという文章は『藍田文集』に載っており、蜺菴狐の書いたという般若心経はすでに書道集の本の中にあって、私も所蔵している。狸の描いたという寒山拾得図は荻生氏が見せてくれたことがある。また白雲子という狐の描いた蘆雁の図は写山楼谷文晁が所蔵されている。これらの書画は珍しいということで縮写して『耽奇漫談』（滝沢馬琴著）に載っているからここでは採り上げない。

ある日佐玄龍と、弟の橘洞達と戸田光賢の家を訪問して歓談したことがあるが、光賢が客にいうのには、美濃国席田郡春近村はわが領地で、長井氏という兄弟が住んでいるが、貞享三年（一六八六）丙寅、井上与曽次郎の家に変わったことがあった。それは世間にざらにあるような話ではなかった。

つまり井上氏は、狐と親しくなっていたのであるが、ある時狐が他地方に行くから別れの挨拶をしに井上氏を訪れたので、井上氏も人間と同じ友情に感激し、それから狐の棲んでいる穴の前に餞別の金を包んで置いて来た（狐の旅立ちに旅費はいらぬはずであるが、おそらく人の姿で旅をするのであろうか）。野干（やかん）は感謝の意を手紙でよこしたが、その書は今は戸田光賢が所蔵している。

それで私と佐玄龍、橘洞達もそれを見ると、筆使い、文章体すべて一般人と少しも変らないばかりか、経文の語句を引用したりしてなかなか博学である。これが狐が書いたと疑わない者はあるまい。そこで光賢は、これを記録にしておこうと思って佐玄龍に筆記させたが、私も一緒だったので証人として後ろの方に署名をしておいた。時に元禄三

狐が書いた別れの手紙

年（一六九〇）庚子秋吉日のことである。

狐の手紙②

「筆格文語人に異ならず」

『宮川舎漫筆』の狐の書簡。

ここに示す狐の書いた手紙というのは、ある人が、美濃国（岐阜県）席田郡の春近村の井上某家に昔変わった事件があったことを記して、私の恩人松岡氏へ託した。そして、松岡氏がまた私に伝えてくれたので、それをここに記すしだいである。

その内容は、元禄年間（一六八八～一七〇三）のことであるが、井上与三次郎（『三養雑記』では与曽次郎）という者がいつも狐と親しくしていた。ある時狐がいうのには、近日中に用事があって旅行いたしますというので、井上は餞別として銭を与えた。すると狐は大変喜んで、お礼状を書いてよこした。その書法・文章は一般の人となんら変わるところがなくりっぱなものであったという。

狐の書①

狐は書が多く、狸は画が多い

喜田村信節の『嬉遊笑覧』によると、狐や狸が人に化けて書や画を描いて有名なのは、和泉国（大阪府）境の少林寺の釣狐寺として有名な耕雲庵の狐、上野国（群馬県）館林の茂林寺の狸僧などである。伯蔵主は狂言で伝わっているだけで、そのいわれ伝承は明瞭ではないという。

狐や狸が書や画を描くということはよく聞くところである。宝井其角（一六六一～一七〇七）は『茶摘集』の中で「伊勢国（三重県）で狐が人に憑いて詠んだ〝仁あれば春も若やぐ木の芽かな〟という句は、本当によい句であるが、これは俳句の俳の字も知らぬ一介の農民の作であった。この農民は狐が憑いていたときは筆跡も正しく歌も上手であったが、狐が落ちてからは一字も書けない元の状態に戻ったという。この農夫が句を詠んだのは元禄元年（一六八八）七月のことであったか」と記している。私もこれらの書画を見たが、狐は書が多く、狸は画を描いたものが多いと記している。

狐の書②
筆を口にくわえて書く

太田南畝の『一話一言』には、次のような「狐の書」の記述がある。

狐が書いたという書は世間にときどきある。狐がどこで書を学んで修得したかいっこうにわからないが、まあ不思議というべきであろう。ある人がいうのには、狐は人間の指のようなものがないから手に筆は持てない。したがって筆は口に咥(くわ)えて書くから、見世物で手無し女が口に筆を咥えて書くのと同様である。雲や煙が盛んに立ち上りかつ模糊(もこ)とした瓢々たる書風はどうしてどうして人の及ぶところではない。これは人は意識して上手に書こうとするが、狐は書の何たるかを知らぬから瓢々乎としてかえって味わいがある。（太田南畝が注していう。その世人の字をまねて写すところは、字法からいったら世人より下である。）

家臣の田孝稷が偶然にも狐の書いたものというのを入手して悟下（机下。相手に対してへり下って相手の机の下に差し出すという意で目上に差し上げる）に奉呈した。これを読んでいうには、「論外である、土翁山師人蔵の寿、またこれ洞太福地の語」ではないか、と一笑した。

私が、「字はそれぞれ若く強い筆勢で、一語一語明朗でさっぱりしている。瓢々として世俗外につき出ている。この書は狐が書いたものであってもとても狐の書とは思えない。本当に超越した神仙が書いたようである。一見しただけでも捨て難い。勤務の隙を見てこの書形を木版として刷って、仲間に配ったらどうか」というと、孝稷はにっこり笑って退出した。よってそのことを筆記しておいた。時に壬戌（享和二年）仲夏（六月）甲申の吉日　閑々楼主人　本江の鳶坂でこれを書す　捺印、とその刷り物には記してあるというのである。

狐の書③

学識の老翁が大失敗

山崎美成が嘉永三年（一八五〇）に後書した『提醒紀談』に老狐の話がある。原文をひいておく。

「上野国に幸菴と号する白頭の翁あり。自らいう。百二十八歳なりといへり。常に仏説をもて、人を教諭す。人も信ずるもの多かり。請ふにまかせて、その家に寓居して法を説き、戒を授く。かつ吉凶禍福及び将来の事を問ふに、皆あきらかにこれを告く。またよく心の胸中を察し、善道に教え誘ふものあれば、寿の字を書きて行年をしるし、落款して与ふ。ある時浴するとて、その湯ことの外に熱つかりければ、片足いれてうち驚き、飛びあがるを見れば惣身に毛生えて尾あり。かかればその者肝をつぶし主人を呼びけるほどに、主人急ぎ行きて見れば、老野狐にて、啼きながら飛び去りぬとぞ。今その書を見るに筆力人の如くならずといへども、字画そなはりて甚だ拙しからず。実に一奇事といふべし。」

幸菴狐のことは前項でも説いたが、書をよくして遺物もある話は、当時相当広まっていたのであろう。

狐の書④

一首の歌を残す

三木隆盛が享保の頃に著した『其昔談』に「御出狐」が詠んだ歌の話がある。

昔、江戸の隅田川の辺りに真崎（まっさき）稲荷（現在の東京都荒川区南千住三丁目三七あたり。千葉介兼胤が家伝の霊珠を祀って稲荷社としたのが始まりという）に「御出狐（おいでぎつね）」といって、その境内の水茶屋の者が「おいでおいで」と呼ぶと、社殿の縁の下から姿を現わして差出した油揚げを食べるので有名であった。寛政四年（一七九二）の頃に仙台藩の医者工藤某がその噂を聞いてその狐を見に行った。ところが茶屋の者が「御出狐」は二十日ほど前に本国に帰ってしまったという。

本国とは陸奥国松前である。帰る前に茶屋の娘に憑いて茶屋の主人にいうのには、「これまで長い間お世話になったので、何かお礼をしたいために娘の身体を借りたのですが、何か別れのしるしに遺しておきたい」という。そこで茶屋の主が扇子を差出すと、それに、

「月は露となり露は草葉に宿り、そうしたことは奥州の宮城の原に見られるところである。露のようにはかない世の中で、月の光で露は光って見える世俗であるが、露すら葉に宿って定住しているようでも消えてしまう定不定である。したがって長く真崎稲荷に住んでいたがお別れする時があるのはやむをえない」という意味の歌を書き遺したが、その筆跡は実の娘より上手であった。そして狐は去って行ったという。

この御出狐と同じような狐が本所の三囲(みめぐり)稲荷にもいたことが栗原東隨舎の『思出草紙』に記されているが、この三囲稲荷の狐は書をよくしたという伝承はない。

書をよくする狐憑き
修行僧に多い症候群

伴蒿蹊の『閑田耕筆』に、若き修行僧が狐憑きになった話がある。

和尚が増上寺で留学の僧の寮にいたとき、仲間の若い僧に狐が憑いて、動作がまるで女性のようになった。そして僧を統割する主僧に向かって、

「わたくしは隣りの建物の庭の小さい社殿に祠られていましたが、寮主が社殿を破却してしまったので棲む所がなくなってしまいました。お情けをかけてお庭の隅に形ばかりでけっこうですから、社殿を作ってくださいまし」と頼んだ。主僧は承知してその出身や、社名をきくと、「わたくしはもと京都の西側の久世に棲んでいましたが、数百

年前にここの土地に移り棲んで、名は花崎と申します」というので、主僧が「社殿に額をかけてやるから、その文字を書け」というと、その狐憑きの僧は「字は書けませんから、見本の字を書いてくだされば書きます」というので寮主が花崎社と三文字書いて示したところこれをまねて書いたが、寮主よりはるかに上手であった。

この話は江戸時代のことであるが、すでに稲荷すなわち狐、狐を祠ることは稲荷を祠ることに直結して考えられている。

寮などに入って修行する僧はいろいろの精神的抑圧があり、隣りの建物の庭の稲荷社が破却されたのをみたりすると迷信多い江戸時代あたりでは狐憑き症状が起き、他人も狐憑きと断定してしまうから、本人は真正の狐憑きになってしまう。とくに僧あたりは信じることが唯一の修行であるから狐が憑きやすい。

その素振りが女性の如くなったというのも、潜在意識のなかに女性渇仰の気持ちが潜んでいたからであろう。ただし、もとは西京の久世に棲んでいて数百年以前にこの地（増上寺境内）に移ってきたと口走るあたりは狐になりきっている。そして修行僧であるから書ぐらいは書けるはずであるのに狐が憑いてからは急に書けなくなり、お手本を見て書く。それが書の素養があるから、主僧の書いたお手本よりも上手であったというのは、無筆の者の御筆先よりも面白い。

号を持つ狐
書をやり、仏道・医薬にも明るい

天明二年（一七八二）に天野信景の著述を門人紀方舊が整理して刊行した『塩尻』があるが、これに掲載された狐の文字は、岐阜県安八郡春辺村（『三養雑記』では春近村）の戸田内蔵介の領地内の豊かな農民井上与三次郎（『三養雑記』では与曽次郎）の家の後ろに永年棲んでいた狐が書いたものである。

この狐は三百年以前からここに棲んでいたという。与三次郎と親しくしていて、家の者や近在の者ともいつも口をきくあいだがらであったから知らない者はなかった。その狐の名は板坂益玄正（『三養雑記』では野干坊正元）、別に梅庵とも号したが署名には受納翁とも書いた。書が上手で、仏道にも詳しく禅に通じ、医薬に明るかった。

ある時、この狐は不意にいなくなり（『三養雑記』では井上氏に別れを告げ餞別をもらっている）、井上も淋しく思って心配していたところ、同じ村の者が京都に行くことになって滋賀県大津でこの狐と逢った。狐がいうのには、「私はある事情によって京都に移り棲むことになったが、別れの悲しみを互に味わいたくないのでそっと立ち去ったが、今では年老いて死を待つばかりの状態であるから再びお逢いすることは難しい」と、その男の手を握って別れの挨拶をしたので男もあわれに思って、帰国してから井上氏に伝えたが、この話をきいて皆涙を落としたという。その時の書簡が『塩尻』所蔵の文字であるという。

第五章　狐は仇をする

仇をなして家を断絶させる
皆、その怨念に恐怖す

江戸時代中期頃の京都町奉行所与力の神沢貞幹の書いた『翁草』に、狐のたたりで槇島家が御家断絶した因縁譚がある。狐のうらみは恐ろしいというが、それなら猟師はみなうらまれるはずである。

槇島家の由緒譚は長いのでそれは略すとして、肥後熊本五十四万石の太守細川家には家伝の烏犀円という特効薬が聞こえていたが、この薬の調合には狐の生き肝が必要であった。この生き肝を進上する任を受けていたのが槇島家であった。

しかし槇島家は祖先以来この殺生に後ろめたさを感じていたので狐に向かって、「お前たちを捕えたのは主命である」という封建時代の主従の論理の苦衷を訴え、しかし「自分は殺すに忍びないから逃がしてやるが二度捕ったら、それ以上主命に逆らうことはできない。故に二度目は殺して生き肝を取るから、捕まらないようにしろ」といって目印をつけて放してやった。

ところが、槇島家三代前の当主は現実的な男で、一度は捕えておいて逃がし、二度目は殺してしまうなぞということは自己に対して弁明するに過ぎない偽善行為だ。君命としての役目であるから狐にまで恩情をかけるという配慮はむだである、と考えて、最初に捕えたときに殺して狐の生き肝を取ってしまった。

これが狐の怒りを買ったのであろうか、槇島の当主は急に乱心して、自殺した。そこで一族が寄り集まって、当主は病気で死亡したと取りつくろって、子息が跡目相続をした。

槇島家の場合も一族も藩の役人も当主が病死したことにして、無事に相続者の代となったのであるが、その相続者がまた短時日のうちに何が原因か不明のまま自殺した。二度目も一族はうまく取りつくろうとして藩の重役にいろいろと運動して手を回したが、そうそう見逃がすこともできないので、重役会議では異論も出てかなりもめたが「狐の生き肝献上の役故、断絶させてはまずい」ということで破格の恩典で、他家から養子を入れて家名存続とさせた。ところがこの養子も安永の末（一七七二～八〇）か、天明の初め（一七八一～八八）頃か記録が明瞭でないが自殺してしまった。

こんな奇怪な家に対して、いくら仁慈の恩典を垂れるといっても限度があり、他の武家仲間に示しがつかぬから槇島家はついに断絶ということになった。

こうした不運におちいったのは、三代前の当主が狐に恩情をもたずに、いきなり殺して生き肝をとったからである、と藩中では狐の怨念に恐怖したという。

槇島家家訓としての狐に対する恩情は安っぽい博愛主義で、捨て猫や捨て犬、または鳥を殺すのはかわいそうだといって同情しながら、他人がそれによって被害をこうむっているのを黙殺している矛盾に通じる。

二度目に捕まったら殺すというのは自己弁護にすぎない。その自己弁護を打ち捨てたことによって妙な罪悪感を意識し、狐に乗せられる？　結果となり、狐のたたりということになる。その精神的苦悩から乱心となり、たたりという意識をぬぐいきれず家名断絶という結果をまねいた。江戸時代までは狐のたたりをまじめに信じていたようだ。「皆人その（狐の）怨念を恐怖しける」とあるように、狐が仇をなしたという代表的な例である。

うらんだ狐の仇うち

手の込んだ化かし方

江戸時代中期頃の松崎堯臣の『窓のすさび』に、捕獲された狐の仇うち話がある。

豊後国（大分県）大野郡岡の城、七万四百四十石の城主の中川の家には家伝の疱瘡（ほうそう）の薬があるが、その薬材には狐の生き肝が必要であった。（『本草綱目』には狐の肝は人の突然の絶息（きぜつ）・邪瘧（おこり）・酒毒（アルコールちゅうどく）を治すのに用いる等としている。）

たしか延宝の頃（一六七三〜八〇）であったろうか、今年は参勤交替で国詰になるから帰国したら、疱瘡の薬を調剤しようと計画していた直前の春に、国元で「殿様がお戻りになったら十五歳以上の子供の生き肝をとる布令が出るであろう」という噂が領内に広まった。それに該当する子供を持つ農民や商人は、恐れてみなほかの大名の領地に逃散（ちょうさん）したので、領内には領民はいなくなってしまった。

そこで、この事を藩庁に訴えた者があった。藩庁では「そんなばからしいことはありえない。虚報（デマ）である」ことを発表したので領民も納得してしだいに戻って来た。中川家では、これは狐が自分たちが狩られるので嫌がらせにこんな噂を流したのであろうから、今年は狐狩りはやめて薬もつくらない、といってその年も暮れた。

次の年になって物頭（ものがしら）（小部隊を掌握する地位の者）の勇ましい侍がいうのには、

「領内にいる狐のわるだくみのために代々つくられた家伝の薬が存続しないというのも、御主君の御威光にもかかわるいくじのない話である。拙者に御下命くだされればりっぱに狐狩りして、怪しからん狐たちのぐうの音もとめてごらんにいれます」

と進言した。

そこで「それでは狐狩りを行なうように」と下命されたが、この件はまだ内々にしておいたところ、ある日の朝、主君第一の重臣（おそらく筆頭家老）の中川某が使者として、この勇敢な物頭の家を訪ねてきた。重臣のほうからわざわ

ざ来るなどということはよほどのことではないから、物頭はたいそう感激して離れの客間に招し、

「御重役様がわざわざお越しはいかなる御用件でございますか」

とうかがうと、

「和殿（貴方）は昔、まだ責任の軽いころ、若年故の若気のいたりでずいぶん無茶な違反行為もござった。まずこの書付を読まれるがよい」

と、一通の書類を出した。これをみると若いころのさまざまな悪事が書き連ねてあるので、

「いかにも若い血気さかんなころとはいえ、ここに書かれたとおりで弁明の余地はありません」

と答えると、重役は、

「しからば切腹して罪に伏せよとの君命であるぞ」

という。物頭はかくなるうえは、いさぎよく切腹するが、まずは身体を清潔にするために沐浴の湯を沸せ、といって支度させたが、家の中は急天直下の変事のためにただうろうろするだけであった。

ときに、湯を沸す下僕がふと庭のほうに目をやると、たくさんの狐が塀の下に首を出して庭の離座敷の方を見ており、それへ重役の供の侍が、

「まだ、もうじきだ」

と手を振って合図している。これは不審い、と思った下僕は奥のほうに来て主人に耳打ちして、

「あの重役は人ではありません。狐が化けたものです」

と教えたので、物頭も狐が、狐狩りを主張したためにこうして謀ったのだ、と知って激怒し、斬り捨ててくれよう！万一ほんとうの重役を斬ったとしたら、そのときこそ切腹すればよい、と覚悟して、離れの客間に現われると、その血相を早くも覚ったのか、重役も供の侍も逃げ去って行った。

ずいぶん手のこんだ化かし方で、物頭は危なく切腹するところであったが、物頭の心をいち早く読み取って逃げ出

狐の化けた物頭

した狐の能力にも恐るべきものがある。

その後、いよいよ怒った物頭は人を指揮して山々を狩りして多くの狐を捕ったが、その威に恐れたか仇をなすことはなくすんだという。

狐火で放火できるのか？
狐にとってはいい迷惑

和田庄大夫（鳥江正路）の『異説まちまち』に狐が放火したという話がある。

奥州白河の城主が松平大和守殿であったころ、家臣山口茂介の屋敷の居間の庭に、ある朝どうしたことか雉の雄が一羽死んでいた。鉄砲疵、矢疵一つないので、これはきっと狐が捕って、なにかに追われ落としていったのであろう、とんだ拾いものよと喜んだ。その晩雉を料理し、同輩二、三人と酒盛りして夜更けまで舞えや歌えやのドンチャン騒ぎした。帰宅しようとした友人の一人が、茂介の屋敷の裏手で傘をさし、足駄をはいて雨の中を通ると、なにか怪しい人影がするので闇を透して見ると、茂介の屋敷の塀に放火しているではないか。これは火付けだ捕えん、と足駄を脱いで走り出すとたんに相手は闇に消えた。

そこで「火事だ、火事だ」とどなったので人々がかけつけて消火したが、こんなことをするのは、きっと雉を取り上げられて食ってしまわれた狐のうらみの放火であろう、と人々は噂した。そこで茂介は、狐の気持ちをなだめるために赤飯をたいて狐にやることとし、さらにお祓いとして修験者に祈禱してもらうことになったが、その男がいうのには、

「赤飯を盛ったヘギ板を近所ばかりでなく遠くに置けば、遠くの狐も食ってくれるであろうからたたりはやむであろう」

ということだったが、その後なんの変わったこともなかった。

狐は狐火を起こすが、その火は物に燃え移るような陽火と違って、陰火であるから火事になることはないといわれたが、こうして燃えるような怪事もあるのはどうしたことか。狐火を陰火といったのは茂介の子の山口静齋先生である。狐が落としていったらしい雉を食ったということから、始めから狐の復讐と思い込んで、人の放火かも知れぬのに狐のせいにしてしまっているのではなかろうか。狐は雉を落とした上に放火犯に思われ、被害者は狐の方である。また茂介もただで雉を得たものの、酒食の費用、赤飯を炊いた費用、修験者の祈禱料、そして精神的打撃を加えるとつまらぬ出費をしたということになる。これが狐の仇をなした例になるであろうか。

鶏を盗まれた狐の仕返し

執念の報復譚

佐藤成裕中陵の『中陵漫録』には、隠匿癖のある狐が登場する。

余（佐藤成裕）が十七歳の春、初午（はつうま）の夜に狐が白い鶏を園（にわ）の中に埋めたのを見た。朝見ると白い羽が散らばっている。そこを掘ってみると雌鶏の死骸であった。そこで余はこれを料理して煮て食べようというと母が、

「狐が埋めたものを掘り出してよこどりして食べてしまうなぞとはとんでもないことです。狐は必ず復讐をするでしょう。狐というものは恐ろしい獣です」

と戒められたので、再び埋め戻しておいた。すると、二の午の日の夜に狐が来て、埋めた鶏を掘り出して持っていってしまった。初午、二の午というのはその年の始めの稲荷をお祭りする日であるが、稲荷に狐は付きもので、おそらく稲荷神に狐が供え物として鶏をどこからか拐（かた）ってきて埋め、二の午の日に下げて食おうとしたにちがいない。だが、狐は、稲荷を祭る初午や二の午の日を知っていたのであろうか。

とても偶然とは思えない。

また、肥前（長崎県）島原の人が野原に行ったときに、狐が鶏をくわえてきて一生懸命埋めているところを見たので、

狐が去ってから、それを掘り出して、友だちを集めて鶏鍋をして食べようとした。すると村長（むらおさ）の下男がやって来て、「その鶏をうちの旦那様に進呈してくれませんか、その代わりにこの鷺をさしあげます」といって鷺をさしだした。皆は村長は村でいちばんえらいのだから嫌とはいえない。「鷺と取り換えっこならよいでしょう」といって鶏を渡し、鷺を料理して食った。

ところが、皆この鷺の肉はずいぶん酸っぱいな、などといって不思議がった。翌朝、料理した残りを見ると、それは村で疱瘡（はしか）が重くなって死亡した赤坊の死骸を墓から掘り出したものであった。しかし、昨日はたしかに村長の下男という男が鷺を持って現われたのであるから、念のために村長宅に行ってきくと、そんな下男はいない、という。そこで皆は、さては狐が鶏を取り戻し、われわれに仕返しをしたのかと覚り、狐のわる知恵は人の智をもあざむくほどで、村長の名を出せば村中の人はたいていいうことをきく、ということまで知っていて、鶏を横取りされたことをうらんであくどい報復をしたものであろう。それにしてもこれは、ぞっとするような悪質な仕返しである。

本願寺を焼いた狐の復讐
天魔の所為か、人の奸計か

『甲子夜話』巻第四十二には、本願寺焼失にまつわる話がある。

大名にしては学問好きで、博学の松浦静山でさえ狐のたたりを信じていたのである。

静山は五月に広徳寺を詣で、正道和尚に逢って久濶（きゅうかつ）を叙し、いろいろと話をした末に、ひょんなことから和尚が語り始めた。本願寺の境内にある狐の巣穴を掘ったのは、もともと稲荷の社殿があって、そこが今度新築する建坪に含まれるので、取り除く必要があった。しかし、狐の巣穴があるというので躊躇していたが、近々院（天皇が引退したのをいう）が行幸になられるとの御通告があったので、帝王の御威光のまえには獣類などは物の数でないから、と祠を移して巣も崩した。

ところが、狐がこれを怒ったのか、狐憑きが出たり、建物が急に燃えたり、いろいろな変異が次々と起こった。本願寺の火災のとき、本堂はもちろん付属する建物がいっぺんに燃えてしまったのも、天の魔物のしわざか、狐がたたって神通力を発揮したかわからない、と話したというのである。

本来、稲荷神と狐とは別であるから、稲荷神を別に遷座させても神怒にふれるはずはないのであるが、稲荷神を狐とみるために、狐のたたりということになり、そのたたりも神的存在故に恐ろしい結果が降りかぶるように誤解される。稲荷神を狐とみた場合、祭られることのない野狐も狐である。野狐は人を化かしたり、人に憑いたり、物を盗んだり悪質の行為をするが、稲荷神は、地主神で土地鎮護の神であるから遷座されても仇をするはずがない。稲荷神を狐と仮定しても狐は狐で野狐も同じであるから、稲荷狐も野狐のように人に仇をするという論理である。

東本願寺自焼は、案外、納所坊主の不注意からの失火だったのであろうが、巣穴を壊されたことによる狐の復讐、という理由付けにして事件をごまかしたものであろう。

他人を使って仕返しをする狐
人間も及ばぬ策略と執念

寛政五年（一七九二）に小川白山の著した『蕉斎筆記』に、手の込んだ策略で人間を騙す狐の話がある。

犬や猫や、その他の動物に石を投げたところで、驚いて逃げるだけでべつにうらみに思って復讐することはまずありえない。狐だけがどうして執念深く、そしてただちに仕返しをするか、そして手のこんだ策略を弄するか、じつに不思議である。

広島県賀茂郡飯田村に何市（市と名に付くのは座頭の階級の称で、最下級の座頭を○○市という）という座頭がいたが、年とともに少しずつ目が見えるようになった。あるとき、野原を歩いていたら狐が大勢集まって相撲などをして遊んでいたのでいたずら心を起こして小石を拾ってその群れに投げた。

これをうらみに思ってか、法花寺の和尚が境内を散策していたら、狐がわざと見えかくれしてしゃべっているのを聞くと、「今晩は○市という座頭に化けて寺に行ってごちそうになろうではないか」という。そこで和尚は、さては、○市に化けた狐がだましに来るな、と思って、狐たちをこらしめてやろう、と村の若い者三、四人呼んで待機していた。晩になって座頭の○市が現われたので、「それっ」とばかり躍りかかってしばりあげ、本態をあらわしてやろうと松葉燻しの責めにかけ半死半生の目に遭せた。○市はさんざん苦しめられて、「何でこんなことをするんだ」とわめきたてる。人々も、だんだん様子をうかがってみると、どうも本当の○市らしい。そしてようやく事情がわかったが、狐の復讐に皆引っかかったのである。それにしても何の関係もない和尚まで騙し、和尚を利用して○市に仕返ししたとは、とても人間の及ばぬわる知恵である。

石を投げて仕返しされた馬方
狐に化かされたような気持

嘉永三年（一八五〇）成立の三好想山の『想山著聞奇集』には奇怪な話が多いが、これも狐に石を投げて報復された話である。こんなにまで仕返しをするとなると、狐の性格が醜くなる。

三好想山の下男吉松の話の聞き書であるが、吉松がいうのには彼の在所（どうも話の様子からは美濃国の出身らしい）の家で抱え雇っていた馬方（これは宿場の助郷の駄賃馬が仕事らしい）に鉄と呼ぶ者があった。夜明けに馬を牽いて出かけたところ、村はずれの藪陰に狐が三、四匹集まってつるんでいたのでいたずら心を起こして石を拾って投げつけたら驚いて逃げ去った。

鉄はそれから遠くに馬を牽いて仕事をし、夜になったので例のように細道を戻って来ると、そこへ大名行列がやって来た。やむをえず道の端に寄って通行をやり過ごした。すこし行くと、また行列が来たので端に寄って通過を待った。こうしたことを繰り返していたのでわずか八キロほどのところを五時間もかかって（普通四キロ一時間）しまってやっと家に戻った。

この日に、同僚の吉松（想山の下男になった男）は、鉄と同じ方向に馬を牽き、夕暮れ前に鉄より八キロほども遅れて向こうを出発してしかも先に戻っていたので、吉松が「いったいどうして遅れたのだ」ときくと、鉄は「たびたび大名行列に逢って、それをやり過ごすためにずいぶん時間をとってしまった」という。同じ道を通って来た吉松は、「なんにも逢わなかったのに鉄はなにをとぼけているのだ」というと、鉄は、「いやそうではない。本当に大名行列に逢ったのだ。たしかに先触れの徒士が〝控え居ろ、控えおろ〟といって怒られたりしたのだ」といいはった。「吉松、それは狐に化かされたのであろう」と馬方たちは笑った。

それから皆と別れて家に戻って寝ていると、家の雨戸を叩く音がしたので「誰だい」ときくと、「旅籠（はたご）の中津屋から来たものだが、お客三人がこれから関（せき）の宿まで行きたいが少々荷があるので馬を頼みたい。だが一人分足りないから鉄さん行ってくれないか。二人分は助の馬と三の馬が行くことになっているから、早く支度して来てくれ」

といって中津屋の老爺は戻って行った。鉄は急いで馬に飼糧（かいば）をやり、自分も飯に冷えた茶をかけてかっこんで、馬に装具をつけて引き出して、まず助のところに行くと、そんな急な客があるなんていっこうに知らないという。おかしいなと思って中津屋に行くと、大戸を下して寝ている。戸を叩いて起こすと、

「今夜は客が一人泊まっているだけで、しかもその客は朝の十時に出発して岐阜に行く客であるから、それはなにかのまちがいであろう。中津屋からお前の方に頼みに行ったことはない」

という。鉄はそれこそ狐に化かされたような気分で、なお念のために三のところに行ってきくと、「そんな注文はない」という。これは誰かのいたずらでおれを化かしたなとはじめて気が付いた。仲間がこんなことをするはずがない。よく考えると、けさ、狐のつるんでいるのをいたずら心から石を投げたが、やはり狐が仕返しに騙したのであろう。狐から憎い奴だと思われてずいぶんからかわれたものだ、と鉄は怒ったという。

石が傍らに落ちただけで復讐する

狐の横暴極まれり

『日光八汐木』という書に、狐に逆うらみをされた下男の話がある。

昔むかし、ここの住民（江戸四軒町）の下男が、道路下の藪の中に狐が寝ているのを知らずに、道ばたの石を蹴落としてしまった。ところがこの石が狐にあたったので、狐は殺されるのかとばかり驚いて復讐してやろうと野狐に命じて、この下男に取り憑かせた。

『閑田耕筆』によると狐には三階級あって一番上が主領、次が寄方、一番下が野狐とあるから藪の中で寝ていたのは主領であったのであろう。下男は野狐に取り憑かれて生きたここちがしない。この下男の主人はなかなか剛毅（ごうき）の人であった。「お前に取り憑いた狐を追出してやろう」と、下男を捕えて責めて、

「お前は野狐であろう。なんのうらみあって取り憑いたのか。いったいどこからやって来たのか。早く立ち去らなければ痛い目に遭わせるぞ」とおどかすと、下男の野狐は恐れちぢこまって、

「狐の主領が藪の中で眠っているときにこいつが石を落としたので危なく死ぬところでした。これを怨みに思った主領は復讐しようと部下のわしに仇をなしてこいと命じたのです。わしは主領の命には絶対きかねばなりませんから仕方なくこの男に憑いたのです。しかし、この男は以前わしを助けてくれたことがあったので命を取ることはできず、主領の命令にも逆らえず、逆らえば棲む場所もなく追放されまったく困っているのです」

と泣く泣くいった。そこで主人は、「お前のいうことにはもっともなところもあるが、いったいどうしたらよいのだ。どうしたら立ち去るのだ」ときくと、

「主領の好きなものをくだされば、それを土産にさしだして役を終えることができますし、またわしのために小さい社でもよいから作ってくだされればそこに棲むこともできます」

という。そこで、主人はそのとおりにしてやったら下男に憑いた狐は去った。四軒町に甚五郎稲荷という社があり、祠もあるが、それがこの野狐の棲み家である。

ここでも狐すなわち稲荷という概念で話がまとめられている。しかし、狐をいじめようとしたわけでなく、たんに誤って石が狐の傍らに落ちただけで、復讐されてはたまらない。狐の横暴きわまれりというところであろう。

狐の子を追散らした男の妻に憑く
妖怪変化は弱いものに憑く

江戸時代中期頃、松崎尭臣の著した『窓のすさみ』に、陰険な狐の報復話がある。

三井寺の観音から大津に越える道を小関越えというが、大津の浜辺に住む修験者が、ここを通ったときに子連れの狐が昼寝していたのを蹴散らすようにして通った。しばらくたったころ家に留守していた修験者の妻が、急にわめき出して、

「なんの罪咎（とが）もない狐の子供を蹴散らされて口惜しい」と叫んだので、まわりの者が集まって、そんなことを誰がしたのだときくと、妻は、「夫の大法師がやったのだ」という。「それなればその夫になぜ憑（つ）かぬのか」というと、「いやいや夫の大法師は強くて恐ろしいから近寄ることもできない。だから妻についたのだ」といい、罵（のの）しりつづけた。

翌日夫が戻って来ると罵りはやんだが、夫が外出するとまた必ず罵り出す。夫はこれを知って、「それならやりようがある」といって腕まくりし、肩ひじ張って妻をにらみつけた。丸一日中、睨み続けたらさすがの狐もまいってしまって妻の身体から出て行き、妻はけろりと治った。妖怪などというものは弱い人には現われ、強い人には恐れをなして近づかないものだ、ということがつくづくわかったという。

狐は死んでもたたる
江戸時代人の通念

寛延二年（一七四九）神谷養勇（軒朝英）の『新著聞集』にある奇怪な話である。

伊勢の国（三重県）日永村の六左衛門という者が狐を捕えたが、明日は親の命日であるから殺生はよくない、といって生かしておいたところ、庄三郎という男がきて、「屠殺しないのなら、わしにくれろ」というのでやった。すると、たちまち庄三郎は乱暴にも耳と口を打ち割って殺してしまった。ちょうどそのころ、庄三郎の妻は妊娠していたが、やがて女の子が生まれた。こともあろうに、その子の顔は耳が裂け口はゆがんで殺した狐の顔そっくりであった。

寛文十二年（一六七二）のことであった。これは殺した狐のたたりということであろうか。胎教によっては、これに似た子が生まれることがあるがこれは狐のたたり、呪いが生まれる子に現われたのであろうか。

累(かさね)が淵の怪談のように、惨殺した女性と同じ顔の子が生まれるという脅迫観念は江戸時代人までは通念であったから、これも同様に惨殺時の顔が生まれた子に現われたものであろう。

これらからみると、狐は死してまでたたるという執念深い獣であるが、武士が狐狩りしたり、狐猟師が狐を捕えて殺してもあまりたたるという話はきかないのはどうしたことか。

犬に復讐する
獣にも容赦しない団結心

安永六年（一七七七）刊の谷川士清の『倭訓栞』には、次のような報復話がある。

明和九年（九年は壬辰、十一月改元して安永元年）に播磨国（兵庫県）鹿子川（加古川）のあたりで雌狐と子狐が犬に食い殺された。それを知った雄狐六匹がその犬をおびき出し、午前十時ごろから夕方までえんえんと争ったが、ついに六対一ではさすがの犬もかなわず、殺されてしまったという。

狐は人にだけ復讐するというのではなく、獣にも容赦しない執念深さがあり、一匹ではかなわないとみると、仲間の応援を頼んでまで復讐する団結心をもっていることがわかる。

人を化かすというのは現代科学上からは論拠がないが、この狐と犬との闘争は獣性として真実味があり、真実譚とみてよいであろう。

以上いくつか狐が仇をなす話を挙げたが、その真偽はとにかくとして、狐は猜疑心が強く、策を弄して相手に立ち合うという性格があると思われる点がうかがわれる。

人の心を読む
相手の力を察知する能力

室鳩巣が寛延三年（一七四六）刊に著した『駿台雑話』にある、人の心を読むうば狐の話。

昔、駿府（駿河国府中、静岡県府中、徳川家康が引退して住んだ所）の城内に姥狐といわれた狐が棲んでいた。人がこの狐に手ぬぐいを与えるとそれをかぶって踊りだす。ところが、鳴き声は聞こえるが姿は見せず、手ぬぐいのみが空中に動いて、たしかに踊っているように見えて人々はおもしろがった。手ぬぐいを渡すときに受け取る姿は見えないが、たしかに人の手から取って行く。

若い人たちがいくらがんばって渡さないようにしても、いつのまにか抜き取ってしまう。意地になって手ぬぐいを握りしめてもだめである。そこで大久保彦左衛門という千軍万馬の間を往来した頑固な武士が「おれなら取られんぞ」と手ぬぐいを持って立った。その形相をみた姨狐は「なんと恐ろしい一徹者よ」とおそれて手ぬぐいを抜き取ることができなかった。これは彦左衛門がもし手ぬぐいを抜き取ろうとしたら、たとえ姿は見えなくとも狐の手を斬り落としてやろう、と心構えしていたので、それを見抜いた姨狐は恐ろしくて手が出せなかったというのである。

文政八年（一八二五）に田宮仲宣（橘庵）の著した『愚雑俎』にも似たような話がある。野に棲む狐は、人間を巧みに化かしうそいつわりをなすことがはなはだ多い。しかもそのうえに、人の心を読むこともすこぶる巧みである。

この人間は化かしやすい、この人間は化かそうとするといたい目に遭うなどと、相手の状況、実力、考え方等をじつに巧みに察知する能力を持っている。一種の読心能力があるとともに、尊卑の区分も見分ける。たとえば、国を支配する領主とか、主人筋に当たる人の食料とする魚や鳥などは、それに付いている書付、符号などを見分けていて、それを犯さない。だが、それらの品が、台所などに不用意に置いてあったりすると、狐はこれを盗んで食ってしまう。だから仕えている者が、これは主人用として忠実に扱っているときは狐は盗まないが、不注意に扱っていたりすると狐も便乗して盗み食いの対象にする。

こうした区別をよく心得ているから、身分の高い人の提灯のろうそくを盗むということもしない。これは、人が恭倹の心をもって誠実さを表わしているから、狐はそれを感じて手が出せないのである。

ところが、一般の人は鬼神を信じ、また仏教に盲信する程度の低さを露呈するから、狐はすぐになめてかかるのであって、狐は相手の心を推察するきわめて鋭い英知をもっている。まあ君子たるべきはこうした狐になめられるような態度ではいけないが、女子供は弱い面が多いから、狐につけこまれるのを防ぐために、寺社の御守り札などを持たせるとよいと記してある。

『甲子夜話』にも、人の心を見抜く狐の話がある。

吉田六左衛門某の祖先は、日置弾正より日置流の奥儀を授けられ、後に吉田派という弓道の師となったが、ある日庭に狐が現われたので射たところ当たらなかった。翌日も狐が出たが当たらない。狐はいつも巧みにかわしてしまうのである。

妻がそれを見ていていうのには「貴方様が射る方法は正しい射法でありますことを狐はすでに察知してしまいましたので、それに応じて身をかわしております。そこで裏をかいて狐の思いもよらぬ射方をなさると当たります」といったので、六左衛門もなるほどと思って次の日に調子を外して射たら狐に矢は当たって倒れたという。

これも狐が相手の心を見抜くという一挿話があるが、この場合は、見抜くということより、野獣は相手の挙動にたいし、きわめて敏感であるから、こちらの緊張感がただちに伝わるのであろう。

日置流の伝統をうけた弓道の達人吉田六左衛門（元香であれば道雪派、重勝であれば雪荷派である）でさえ、しくじったのである。

捕った魚の上前をはねる狐
お礼に家まで送ってくれる

寛政七年（一七九五）の序文がある津村淙庵の『譚海』に、江戸時代の本所七不思議の一つ「置いてけ堀」と山の伝説「送り狼」のような話がある。

房総（千葉県）の漁師が獲ものをもって夜家に戻る途中、必ず狐がつきまとって獲ものを狙らわれた。与えないと「おいてけ堀」のように獲ものをみなとられてしまうから漁師も心得て、魚をわずかでも投げてやると、狐は悪戯をしないで、魚を食べてからまた従いて来るが、これは今度は礼のつもりで送るのだという。

狐に送られたところで、犬とちがって護衛にはならない。しかし、他の狐がまた魚を狙おうとしたときに、前に魚をもらった狐が「おいおい、その男はもう税金を払ったから狙ってはいけないよ」と証人になるために従いて来るのか、漁師を狙う悪党がいたら妖怪に化けて追っ払ってやるつもりか、これは狐の恩返しではなく証人に立つためにすぎない。むしろ、漁師の収穫の上前をはねることと同じで、商売を保証してやるから場銭を払えという的屋の親分と同じである。

化け方の下手な狐
慣れぬものに化けて失敗

十九世紀の初めころの刊行とされる著者不詳の『寓意草』にある逸話だが、奥羽地方では狐を尊敬しないし、狐もたたったりはしない。まれにたたれば退治させられてしまう。信夫（しのぶ）（宮城県）にはお山のごんぼう（御坊）、一盃もの長七、米沢では右近・左近などという老狐がいるが、これを怖がる人はいない。

この右近・左近が化かそうとして失敗した。あるとき、上杉家の下僕が東の都（江戸）に使いに出て、一人で山の中を帰って来ると「殿様が帰りが遅いと腹をたてているから、戻ったら打首にされるだろう、いまのうちにどこかへ逃げてしまったほうがよいぞ」という者がいた。見るとその者は狐の姿をしている。「己れ憎い奴」と即座に斬り殺してしまったが、これは化け損なった未熟な狐である。

西国の方でも狐が悪戯して化かす話がある。因幡鳥取（鳥取県）に坂川彦左衛門という侍が、雉を撃とうと鉄砲を持って野に行ったときに、松林の中から人が現われて「狩りですか」という。姿は下郎のようであるが顔は狐面をしている。「お供いたしましょう」というので、鉄砲を担がせて行った。

ある家の入口までくると「雉がいるかどうか見てまいれ」と彦左衛門は狐面の男にいって、その家に入り家人に「いまおかしなものをお見せしよう。だがけっして笑ってはいけません。心得ていてもらいたい」といってやや待っていると、その下郎がおくれて入って来た。「鳥の姿が見えませんが」といって厨（台所）の端に腰をかけた。

家人もその狐面の男が、化け損ないの狐であることを察して、狐が彦左衛門に化かされていることがおかしかったが、我慢して茶をいれてやると、「茶はけっこうですから水を一杯ください」というので水を与えた。そして、その下郎は火に映る影に自分の姿を見て、あわてて逃げ出したので皆で大笑いした。

老年の狐は化けることに熟練していて、『古塚狐』という詩にも〝頭は雲鬟（うんかん）（髷）に結って、顔は化粧した女性になって、太い尾は長い紅の衣装をつけた小娘に変じる〃とあって、狐は女に化けるのはなれているが、彦左衛門を化かそうとした狐はなれない男姿に化けたので失敗したのである、と記している。

とうか藤兵衛
狐をだます神技ブッチメ

安政二年（一八五五）序のある赤松宗旦義知の『利根川図志』の中の挿話としては有名な話である。

佐倉から一里余（約四キロ）東の方の墨村の農民に稲荷藤兵衛という男がいたが、この男は狐を獲ることがすこぶる上手であった。故に人々は「とうか藤兵衛」と呼んでいた。『物類称呼』には狐を稲荷神の使いとしたり、一般では狐と稲荷と同一視したので、狐獲りの名人であるから、狐の意で稲荷の字を用いて「とうか」藤兵衛と呼んだのである。

藤兵衛は、自分の屋敷の裏にブッチメ（重しをのせたわな仕掛けの獣類を捕え殺す道具）をこしらえていて、狐をここに誘い込んでは捕えていた。あるとき、用事があって常州（常陸国・今の茨城県）水戸へ行った帰りに「おなばけの原（女化の原・狐伝説の地。六一ページ参照）」で狐に出逢ったので、この狐をだまして家に連れて戻り、このブッチメにかけて捕えたという。

またある日、藤兵衛が千葉野を通ったとき、狐に逢ったのでだまして連れて来てブッチメにかけようとしたが、相手は古狐でなかなかその手に乗らなかった。一日二日経って、その狐は隣りの家の息子に化けて夜更けたころにやって来た。

狐は戸を叩いて「藤兵衛、藤兵衛、ブッチメに狐がかかったから早く起きて行って見ろ」と叫んだ。藤兵衛は目をさまし、これは狐のいたずらにちがいないと早くも覚って、

「今夜はブッチメの仕掛けするのを忘れてしまったから、狐がかかるはずはないよ。だましたってだめだよ」といい捨て寝てしまった。朝になって、

「狐の奴が隣りの悴に化けて、ブッチメに狐がかかったから行って見ろ、とだましに来たが、ブッチメは仕掛けしてないよ、といってやった。きっと狐はブッチメのところに安心して行き、仕掛けにかかったに違いないから行って見てみな」と家の者にいった。家の者がしらべに行くと本当に古狐がかかっていた。

また、ある村では狐が多くいて、人の家の鶏などを捕って食うという被害が続出した。そこで村の若者たちが相談して藤兵衛のところに訪ねて来て、「狐を捕えるところを見せてほしい」と頼んだ。藤兵衛は、

「おやすい御用だ。おもしろい捕り方を見せてやろう。まず、地蔵堂の境内の隅にブッチメを仕掛け、それからわしは山に行って狐を連れて来るから、皆でこの堂の中で見ていなさい」、と入口に竹の簾を掛けて大勢中に入れた。

藤兵衛は支度すると山に入り、酒で酔っぱらったふりをして大声で、「狐やーい。狐はおらんか。とうか（狐）に早く逢いたいものだ」などと、どなりながら山の中をめぐり歩くと、狐が現われて藤兵衛のあとをついて来た。藤兵衛はふらふらと千鳥足になって、予定の地蔵堂の所まで来た。腰には四メートルほどの縄をつけている。縄の先には鶏の死骸を結び、ひきずってよろよろと歩いているので、狐はそれを捕ろうと前に行ったり後ろに行ったりして、ぐるぐる回っている。

ころを見はからって藤兵衛はわざとふところからごまめを落とし「こりゃ大切な物を落してしまった。畜生め。うぬにこれを食われてたまるか。そうはいかぬぞ」などいいながらごまめを拾いながら倒れてふし、寝たふりをする。狐はごまめを拾って食い、また縄の先の鶏を引っ張ると、藤兵衛は気が付いたふりをして、足を空ざまに挙げて狐を蹴るまねをたびたび繰り返した。

狐は藤兵衛をしだいになめてかかるようになり、そばのブッチメに近づき、だんだんと中に入り込み、何回もにおいをかぎまわったうえで、安心して仕掛けた餌に食い付き、外に出ようとして仕掛けが外れて、とうとうブッチメにかかってしまった。

狐を操る様子は飼い猫をからかっているようで誠に神技に近い。私は藤兵衛に逢ったとき、狐を捕えるのに何の餌

とうか藤兵衛の狐捕り

がよいのか、ときくと、鼠を油で揚げたものが大好物だ、といった。

狐の大好物は、鼠の油揚であるということは江戸時代の佐藤成裕が薬草採取旅行中の見聞を記した『中陵漫録』にも、

「鼠を取りて麻油に揚げて、かくの如き鈎にその鼠をさして山野を持ち行きて、その香味を聞かせて、柿の木などの枝に五六尺の絲にて釣り置く時は、下より仰ぎ見て飛び付き咽の下、或肩の辺に引かかりて空にたれて四足の働きをなすこと能はずして云々」

とあり、これを狐を釣るというが、ブッチメに用いる餌も同じである。

小山田与清の『松尾筆記』にも、

「狐は鼠の油揚を好む」

とある。おそらく鼠の油揚に限らず、油で揚げたものを好むから豆腐の油揚も狐が好んだらしく、油揚を袋とした中に酢飯を入れたものを稲荷寿司といい、稲荷寿司を売る店は狐の絵を描いて商標としたりする。

第六章　狐の報恩と贖罪

館林城築城秘話
狐の恩返し伝説

享保十一年（一七二六）刊の駒谷散人槇都の『関八州古戦録』にある館林築城にまつわる秘話である。山鹿素行の『武家事紀』では赤井道陸入道証光が稲荷神のお告げによって城の縄張りをきめたとしているが、この『関八州古戦録』では法蓮となっている。

法蓮は大袋に新城を築いたが、ここも攻守ともに地形としては適当でないのでどうしようかと考えあぐねていた。あるとき、法蓮は用があって同じ郡の中の舞木の寺院に行く途中、子供が集まって狐の子を捕えていじめており、すでになぶり殺し寸前であったので、可哀相に思って、供の者の腰に下げた火打袋（火燧石ばかりでなくちょっとした日用品や小銭を入れた小袋）から料足（料金、つまり貨幣）を出して子供たちにやって、子狐を買いとり林の中に逃がしてやった。

夕刻の戻り道に、一人の小男が立っていて法蓮を見ると跪（ひざまず）いて涙を流して、

「今朝、私の最愛の子供がいじめられているのを貴方様に助けられました。人も獣類も子をいつくしむ情に変わりがありません。その助けられた恩を謝するのにどうやったらよいのかわかりません。ただ、私が思うのには、いま貴方様がお住まいになられている大袋の土地は地形と地の霊気からいってよろしくありません。そこで考えますに、もっとよい土地が西北の館林という所にありますので、そこにお移りになられることをおすすめいたします。幸い今夜は

城の縄張りを教える狐

風も涼しく月明ですから、夜でも地形がわかります、これからご案内いたします」というので、法蓮も誘われて小男に随って（したが）ついて行くと、城の縄張りに相応しい地形であったので大変喜んで、ここに城を築くことにした。すると小男は黙って頭を下げてから、

「じつは私は大袋の鎮守神として祀られている稲荷神です」といったかと思うと白狐の姿となって消えた。館林の城は狐が縄張りをしたという伝説で有名であるが、稲荷神すなわち白狐という観念が一般に認識された江戸時代の伝説である。

狐を助けることによって出世するという筋書きは、平清盛が蓮台野で狐を助けた話（『源平盛衰記』）以来のもので、こうした話は地方の狐伝説にも多くあるにちがいない。

元禄十一年（一六九八）の、戸部正道の自序のある『奥羽水慶軍記』には稲荷神自身が老翁として現われる点で、『関八州古戦録』の話が稲荷神に仕える狐であるのと違っている。

報恩のため江戸に来る狐
浪々の身を守護するお稲荷さん

享保十七年（一七三二）に菊岡沾涼（せんりょう）が著した『江戸砂子』にある話も、狐の報恩譚の一つである。これは石翁という老人の話であるが、貞享の頃（一六八四〜八七）に越前国（福井県）の大守松平家で三日三晩続けて狩りを行なうことになった。

家臣の熊谷安左衛門はその狩りの折の先手（さきて）を命ぜられていた。その前夜、安左衛門の屋敷の庭に来た狐がいうのには、

「私はこの地方の狐の頭です。明日の狩場で、私の一族だけはなんとか見逃がしてくださいませんか。お願いいたします」という。驚いた安左衛門が、

「狩りは殿の命令だからどうして許すことができよう。しかし念のために聞いておくが、お前たち一族にはなにか特別の目印でもあるのか」ときくと、

「われわれの仲間はすべて尾の先が白いからすぐにわかります」という。

翌日、熊谷安左衛門は狩りが始まる前に狐の訴えを殿様に報告すると、それは珍しいことだから、尾の先の白い狐だけは狩るな、との許可があったので、その日の狩りでは尾の先の白い狐はみな見逃がされた。

熊谷安左衛門は、その後なにかの理由があって越前松平家を退転して浪士となり、江戸に出て銀(しろがね)町に住んだ。そこの近くの、小伝馬町の薬師堂前に障子作りの職人が住んでいた。あるとき、職人は浅草の観音を参詣に来て、みたらしで手をすすいだところ、隣りにいた男女と水がはねかかったといいがかりをつけられけんかになった。ようやくこのけんかもおさまって戻ったが、興奮したせいか家に入るとたちまち狂乱していろいろのことを口走った。いったいなにがあったのかと問いただすと、

「私は越前国の狐ですが、福井で熊谷安左衛門さんには生命を助けられた恩義があります。その人を守護せよと狐の頭領から命ぜられて江戸に出たのです。この土地の近くに熊谷氏は住んでいるはずですから探してください」という。まわりの人が安左衛門の住家を探し出し連れて来ると、狐の憑(つ)いた障子作りの職人は、安左衛門の前に平伏し、以前狩場で助けられたことの礼をいい、恩返しのためにお守りいたします、といったかと思うと、憑きがおちたとみえて障子作りの職人は正気に戻った。

あのときの狐がこんなに尽くしてくれるとは予想外であり、こうした報いをしてくれるのはきっと稲荷の狐の仲間にちがいないから、守護してくれる場所を用意せねばならないと、安左衛門は職人と別れてから紺屋町にある神仏具店で、小さい社を買い求め、神棚に安置して、御稲荷様として日夜拝んだという。

熊谷安左衛門がなぜ松平家を退転したのか。江戸時代の藩士が浪士となるのは、ほとんど失策によって家禄を召し上げられた結果である。だが、安左衛門が失職する以前に、恩義を感じた狐はどうしてうまく取り計らえなかったの

であろうか。すでに、浪々の身になった者を守護するといったところであとの祭りである。稲荷を祭ったからといって、それによって安左衛門が幸運になったという記事もない。

親狐に孝養を尽くした子狐
儒教・仏教のないまぜ説話

文化二年（一八一〇）の自序のある秋里籬島の『秋里随筆』に、殺生を改めて仏道に入った息子の話がある。

肥前国（長崎県）養父郡小畑村という所に仁右衛門という男がいた。この家は大変貧しく小作をしてようやく生活をしのいでいたが、年が五十歳をすぎ農業も辛くなり、竹の皮を細工して笠を作って内職としていた。仁右衛門には一人の息子がいたが、この忰は農業が嫌いで、山がそばにあるので山に分け入って鹿や兎を捕り、野原に行って雉や鶉を捕ったりして万事殺生を好んでいた。そのため狩りも上手になり、しだいに猟師の道に入ってしまった。だが、仁右衛門はその殺生を悲しんで、夜中まで念仏を唱えたりするのが日課であった。

ちょうど二十日月の光りが薄く照らし、秋風は薄い着物では身にしみて、夜も更けたと思うころ、誰か外で「仁右衛門、仁右衛門」と呼ぶ声がさかんにするので、首をまわして見ると障子に映る影は人の形ではなく狐の姿であった。なんで狐がわしに用があるのかと不審に思って開けてみると野干は、

「今晩うかがいましたのは貴方様に一つお願いがあって参ったのです。どうか気の毒と思ってかなえてください」というので、仁右衛門も、「頼みの内容によってはかなえてあげられるから話してごらんなさい」といった。狐はおじぎをしてから、

「じつは、私はこの山に住む野狐でありますが、父が長い間病気でもう危ない状態です。それで兄弟七疋の子狐が集まっていろいろ看病しましたがもう手当ての方法がありません。ただ一つ効果のある方法というのは鼠の油揚で、これを食べさせれば快方に向かうのです。兄弟たちもこれを求めようとして、毎晩出かけては鼠の油揚を餌に仕掛けら

れた輪穴に引っかかって捕えられてしまっております。そこで貴方にお願いしたいのはなんとかして鼠の油揚をちょうだいし、それで父の命を助けてやりたいことです」という。仁右衛門はこれを聞いて狐でさえも孝養の道を知っているのであるから、人間だったらなおさらのことである。感心な狐であると思って、「それは容易な願いであるからかなえてやろう」と、鼠の油揚を取り出した。仁右衛門の悴は狐狩りの輪穴に仕掛けるので、鼠の油揚がつねに用意されていたのである。そこで仁右衛門は、「お前の父に食べさせる鼠の油揚はやるが、油揚の味はこうした甘いものであるから誘われて輪穴にかからぬように、一つお前にもやるから食べてみるといい」、といってその狐にも食べさせ、親父用には竹の皮に包んでそれを狐の首に結び付けた。

狐は何回もおじぎをして感謝の意をあらわして帰って行った。仁右衛門は寝所に入って、一眠りしたころに悴が猟から戻って来て、今夜は妙な獲物があったといって見せたところ、その狐は首に竹の皮の包みを結び付けていた。仁右衛門は驚いて、その狐は親孝行狐で、竹の皮包みは自分のやったものであることを話すと、悴も初めて狐すら孝道を尽くすということを知り、ましてや親は狐に情けをかけたのに自分は殺生してしまったことの慚愧(ざんき)の念が一度にわいて自分の罪深さを悟った。もう猟はしまい、またいままでの殺生・親不孝に対する償(つぐな)いのために、仏の道に入ろうと決心し、それから父を連れて諸国の寺社まわりをしながら修行することにしたという。世の中にはこうして心を改めて仏道に入る者も少なくない。

このような筋書きであるが、儒教と仏教の封建思想が主となっている江戸時代の説話らしいものである。

江戸時代の芝居や草双紙を貫く人情と運命のからみあいの、ほろりとさせる陳腐な筋の話であるから、もちろん事実譚ではあるまい。しかし、江戸時代人には狐の事実譚として通用したのである。

飛脚をする狐

源五郎狐走る

延享二年（一七四六）の奥書のある菊岡沾涼著『諸国里人談』の源五郎狐の話。

延宝の頃（一六七三～八二）に、大和国（奈良県）宇多に源五郎と呼ばれる狐がいた。いつも農家に雇われて農事をするが、他人の二、三倍の仕事をするので重宝がられていた。だが、この源五郎がどこから来てどこに帰って行くのか、その棲み家はいっさいわからなかった。また、関東にまで飛脚（現在の宅配便のような仕事）を頼まれると、ふつう片道だけで十数日、往復なら二十数日かかるところでも、往復で七、八日という速さで果たしてくる。このように、働き者であったが、あるとき源五郎は小夜の中山という所で犬に襲われて死んでしまった。

小夜の中山は大和に届ける飛脚便の街道筋であったから、首に文箱（手紙を入れた小型の箱をひもで結び、布で包んで首にかける）をつけたまま死んでいる狐がいたので、これが源五郎であったということがわかった。

狐が飛脚代わりをつとめる話は『甲子夜話』にも次のような話がある。

秋田の飛脚狐の話も著名である。昔のことであるが嘘（うそ）の話ではない。羽州（出羽国・秋田県）秋田に「何とか狐」と名付けたものがいて、この狐は人になれて、走ることも上手であった。秋田の城主佐竹氏の家中では、この狐を飛脚代わりに使った。書簡を首に結び付けてやれば、江戸の藩邸まで走って行く。

人間よりも快速なのでたびたびこの狐を利用したが、あるとき江戸に届かないことがあった。藩の人がおかしいと思って、その道筋をだんだん調べていくと、途中が大雪地帯であったので、狐はそこで斃（たお）れ、雪に埋まっていたという。ちょうど中国の陸機（西晋の詩人）の故事のようなものである。

『鎌倉物語』(中川喜雪)は鎌倉の遺跡などを歴史的に説いたもので万治二年(一六三九)に刊行されたといわれるが、その中に志一上人が狐を飛脚に使った話がある。この上人は『太平記』巻第二十六「妙吉侍者の事」の條に、仁和寺の志一坊として外法(げほう)成就の人として記されている。志一坊は荼吉尼(吒祇尼)天法によって、狐を使って一夜で書類を九州から鎌倉まで運ばせたのである。

志一坊の墓がなぜ鎌倉にあるかは、省くとするが、あるとき、志一坊は訴訟事があって鎌倉の問注所に訴えた。いよいよ裁判の前日になって、証拠となるべき書類を故郷に忘れていたことに気が付き、〝荼吉尼の法〟をもって狐を使って、一夜のうちに書類を持って来させたので訴訟に勝った。

『太平記』にも「志一坊とて外法成就の人(正法でなく、物事をかなえるために行なう邪法)」としてあり、妙吉侍者という僧は、これをうらやましく思って志一坊から外法成就のために荼吉尼天法を習った。

この荼吉尼天法というのは、インドのダキーニという本来は地母神であったのが、ヒンドゥ教や仏教で護法神としてとりあげ、邪神的存在にみられ、この神に祈ると物事が成就するといわれた。日本にも伝わって稲荷神や弁才天と習合し、最初は狐を使うと思われ、やがて狐自体を荼吉尼天と見たりするようになった。志一坊は、この荼吉尼天の法を利用して、一夜で遠隔の地から書類を狐に運ばせたのである。

荼吉尼天の法は、しばしば呪咀などに利用されており、志一坊から習得した妙吉侍者は細川相模守に頼まれて将軍を呪咀した。荼吉尼天は後世白狐に乗る女性の姿で表現されるが、外法成就は荼吉尼天を使うわけで、それが狐をもって表現されることが多い。

狐を飛脚に使った古い例であろう。

東大寺火災を予告する狐
大仏殿をかこむ数百頭

承平の頃（九三一〜三七）に数百の狐が集まって奈良東大寺の大仏を礼拝した。人々がこれを追い払うと、狐がある人に憑いて、

「われわれは長年ここに住んでいるが、いまある者がこの東大寺を焼こうとしているから、いたましくて拝んでいるのだ」といった。はたして承平のころに大仏殿が焼けたかどうか不明であるが、狐の予告である。

これは、橘成季が建長六年（一二五四）に編したという『古今著聞集』にある。

夢枕に立って詫びる
広い屋敷ではよくある怪異

『古今著聞集』から、繁殖して横暴をきわめた狐が、恩情の謝恩に吉事の予告をするようになったという話。

大納言藤原泰通の五条通坊門、高倉の邸は、父侍従大納言の代からの家で、古くから住んでいたので庭に狐がたくさん棲んでいた。狐はときどき化けたりしていたがたいした害はなかった。だが年月がたつと、狐もだんだんずうずうしくなって怪異をなすようになったので、大納言もたまりかねて怒ってしまい、狐を根絶してしまおうと考えるようになった。そこで下人たちに命令を下して、皆明日は杖か弓矢を用意し、逃げ出せぬように四方を固め、築地や天井裏まで人を配置して狐が逃げたら打殺せといった。

その夜、大納言は夢をみた。年とった白髪の童子（烏帽子をかぶらず髪を垂髪にしたものをいう。少年がこの髪形をするが、身分の低い者もこの髪形なので童子という）姿の者が、木賊（濃緑色）の狩衣を着て庭の西向の堂の所に植えてある柑子の木の元にかしこまっていた。大納言が「そちは誰じゃ」と問うと、その者がおずおずと答えるのには、

夢枕に立って詫びる狐

「わたくしは年来殿様の屋敷内におるもので、わたくしで二代目ですが、子供も孫もたくさんできました。それでなかにはいたずらしたり、人に迷惑をおかけするようなことも起き、気の付いたときは注意を与えますが、充分目が届かぬためによくない行為もあったので、お怒りになられてしまったことは恐れ多くも、もっとものことと存じます。で、それについて弁解の余地はまったくありませんし、あのようにご命じになられれば一匹として逃がれることはできません。もうあきらめて今宵（こよい）かぎりの命と覚悟はきめましたが、その悲しさをちょっと申しあげようと思って参上いたしました。どうかお許しくだされて怒りをなだめくださりませんか。もし次にまた悪いことを起こしましたらそのときこそいかなるご処分もお受けいたします。お詫びしたうえでただいまから、御殿様ご一族に吉いことがありましたら予告するように致します」

と、申し立てるところで目が覚めた。朝になって大納言が端の遣戸（やりど）をあけて、昨夜の夢の中で柑子の木の所に大童子が居たと覚しきあたりを見ると、毛もすり切れたような老いた狐が一匹座っていて、大納言を見上げて恐れ入った態をしてから、簀子（すのこ）縁の下に這入って行った。不思議なことよと思って、その日の狐狩りは中止した。

これより以後、邸内で怪しいことはなくなり、よいことがあるときは必ず予告があったという。昔は広い屋敷だと狐が棲むことは往々にしてあり、怪異が起きたりしたことは江戸時代まで続いている。

詫びて自殺した狐①
人間倫理も通用したらしい

天明頃に京都から東国・東北の地を旅行したときの記録をまとめた、京都の医師橘南谿の『東遊記』には、人間の倫理のわかる賢い狐の話がある。

越後国（新潟県）村上の近くの村に百姓夫婦と娘三人が暮らしていた。天明五年乙巳（一七八五）のことであったそうだが、家の中で鼠がいろいろな物をかじってしまい迷惑なので、マチンを飯に混ぜておいた。（マチンとは、フジウツギ科の植物で東南アジアに産し、黄金色の実が成るが種は有毒で、現在はこれからストリキニーネを取るが、昔は野犬や狐を殺すのに用いた。)

これを食べた鼠二、三匹が死んだので、その鼠を庭先に捨てたところ、夜になって子狐がそれを食べて死んでしまった。親狐は、これをうらんでまず、百姓の姉娘に取り憑き、いろいろとうらみごとを口走ったあげく、その娘を取り殺してしまった。さらに次の娘、その次の娘と三人の娘をつぎつぎと殺してしまった。両親は大変嘆き悲しんで夜庭に出て、

「鼠を捨てたのはお前の子を殺そうとしたのではないのに、お前の子が勝手に鼠を食って死んだのだ。もともとお前の子供が卑しいから死んだのであって、そっちの過失なのに、こっちが殺したように逆怨みして、なにも罪もない、わしの子三人までも取り殺したというのはどういう了見だ」と、姿が見えないまま狐に向かって叫んだ。

この道理に悪かったと気が付いたのか、その夜庭先に狐の夫婦がお詫びとして死んでいた。自分の娘が三人まで殺された悲しみもさることながら、狐も申しわけないといって自殺して詫びた気持ちなどを思うと、つくづく生きる張り合いを失った。無情の念に打たれた夫婦は、世俗社会に生きることがいやになり、二人とも剃髪し、田地を売って農業をやめ、仏に仕える気持ちになり四国、西国の寺八十八カ所巡りの巡礼となって旅立って行った。

この春に、この辺(村上)にも旅に出た夫婦連れの姿を見た者があるというが、親が子を失って無情感を感じたことと、狐でも道理がわかり生命をかけて贖罪するという話を聞いたので、そのまま記録しておいた。

と作者はいうのである。

人を化かしたりする狐でも、道理がわかると罪をつぐなうという話はきくが、他の動物ではあまりきかない。狐は人を化かすほど賢いと思われていたから、人間の倫理も通用すると考えていたからであろうか。

詫びて自殺した狐②
無理につくられた贖罪話

十八世紀頃の鶴峯戊申（しげのぶ）の著作になる『海西漫録』には、次のような話がある。

武蔵国（東京都）多摩郡多摩川沿いのある村に、夫婦と子供一人の農民が住んでいた。秋も末になったころ、その夫は田に出て稲刈りをしていたとき、稲の間に可愛らしい狐の子が昼寝をしていた。狐の子はよく眠っていて人の気配にも気付かない。眼をさまさせれば驚くであろうからそれも可哀相だと思って、その場所だけ刈り残した。まわりはすべて刈り取ってしまったので、仕方なく眠っている狐を抱き上げて他の場所に移してからそのところの稲も刈った。全部刈り終わってからふりかえると子狐はまだ眠っている。

農夫は家に戻って、夜は子をまん中に家族は川の字形に寝た。翌朝目をさましたところ、子供がいない。驚いて表に出ると子供は戸口で血まみれになって死んでいる。母親は抱き上げて泣き悲しんだが、子供の身体には何カ所か傷があって、まるで嬲（なぶ）り殺しにされたようである。夫婦は嘆いたすえに、なぜこんなことになったかいくら考えてもわからなかった。

夫がふと思いついたのは、昨日稲田の中で子狐の寝ているのをいたわって、他の場所に移したが、もしや親狐がそれを見て、せめ追っ払ったと誤解して復讐の手段としてわが子を殺したのかもしれない、と思った。それを妻に話すると妻は狂ったようになって子供の死骸を抱いて、近くにある狐の棲む穴の所に行き、死骸を放り出して、「狐！　この子のむごたらしい死骸を見よ！　畜生（獣類）だって理屈ぐらいわかるであろう。昨日の夫の行為は狐の子をいたわる行為であったのに、それを誤解して仇（あだ）をなして何の罪もないわが子をこのように殺したとは何ということだ。恩を仇で返すとはこのことだ。お前たちはけっして許せないから必ず殺してやる」などと、怨みごとを半時（はんとき）（一時は二時間、半時は一時間）ほども繰り返し、嘆き且怒り罵（ののし）ってから、子供の死骸を抱いて帰り、ようやく墓に埋めたが、夫婦は悲しくて夜もろくに眠られなかった。

ところが、朝になって戸外に出たら、驚くことにそこに雌雄二匹の狐が葛の蔓で首をくくって死んでいたのである。この二匹の狐は昨日妻に罵られて、初めて誤解して仇をなしたことを覚り、申しわけないと首をくくってお詫びしたのであろう、ということになった。これは近ごろの話で、府中の人が物語ったという。

この物語は狐の贖罪話として語られたという感じが強い。第一に、誤解してうらむというのは人間なみの感覚であり、万一うらんだとしても人間の子を嬲り殺しにするということはありえない。狐の贖罪譚として無理につくった内容である。

第二に、誤解して子どもを嬲り殺しにしてしまったお詫びに、夫婦狐が葛の蔓で首をくくって自殺したというのも話としては興味があるが、狐が首をくくるほどの能力は絶対にありえない。また万一ありえたとして、残された子狐はどうなるのか。

無理な作り話故に、手抜かり矛盾だらけであるが、この話は江戸時代人には案外素直に受けとめられて噂話にもなって伝わったのである。これは狐という特殊能力のある動物の認識として、人間が形成した狐のイメージを前提として生まれた話である。

詫びて自殺した狐③
人の心か狐の心か?

これは『甲子夜話』に記載されているもので、作者の松浦静山が、ある友人からもらった手紙の内容である。私は駿府(静岡市)の瑞龍寺の人と親しくして手紙のやり取りをしていたが、あるとき「勧義の記」という次のような一文の書が届いた。

私は、家の菩提所である瑞龍寺に寓居していますが、そこで最近起きた出来事をお話しします。

今月の十八日の朝早くに、野狐が一匹境内に来て、そこに放し飼いにされている鶏を一羽咥えて逃げ去ろうとするのを寺男が追っかけたので、狐は鶏を放して逃げ去って行った。住職は朝の勤行をしていたが、それを終えてこのことを聞くと、境内に出て、大きな声で、

「おい、狐たちよ。わしのいうことをよく聞けよ。お前らはこの山内に棲むこと長年であるから、目をかけてやり、食物のあまりをお前たちの巣穴の前に運び与えたりして養ってやったことは、鶏や犬を飼うのと同じ気持ちであった。それなのにいくら程度の低い畜類だからといって、仲間を食おうとする理由はあるまい。そんな了見ならわしは許し難いから、わしの山内に棲む狐は明日とはいわず、ただちに狩り出して追放してやるからそう思え」とまるで相手が人であるようにいい聞かせたという。

それから二十日の夕方に私は寺の小僧を連れて山に登り、私の祖先の墓に詣ったところ、墓前に一匹の狐が斃れていた。こんな所に狐が死んでいるなどとは誠に珍しいことなので、さっそく山を下りて寺の住職にこの由を告げた。

そして、一昨日鶏を助けて狐を逐った寺男を連れて検証させると、あのときの狐に間違いはないといったが、不思議なことにはその死体には杖で打たれたり、他殺された痕跡はまったくなく自然死の態であった。それで住職も線香や草花を供えて丁寧に葬ってやった。

するとその晩に、山内に棲む多くの狐らしいものが寺の軒下に集まってお礼を述べるように鳴いたので、皆獣類でも人の心が通じる、といって哀れを感じたという。

これは、おそらく住職の怒りに触れて多くの狐が山を逐われるのは鶏を盗もうとした狐の責任であるから、その責任を感じて面目なく思って死んだのか、たまたま生命尽きて斃れたのかわからないが、私が考えるのにはこの野干も人の道理がわかって恥を知ったのであろうか。

昔、天文の頃（一五三二～五四）に、北条氏康がある夏の夕方に高楼に群臣を集めて酒宴をしたときに狐の鳴き

声がした。そこで、（狐は秋の野に鳴く狐ということで物の哀れとしてよい意味に受け取るが、夏狐が鳴くのはよくないことの前兆としている。）

　夏はきつねに啼く蟬のからごろも
　　おのれおのれが身の上にきよ

と歌に詠んだ。翌日の朝、狐が鳴いたあたりに行って見ると狐が倒れて死んでいた。おそらくこの狐は北条氏康の詠んだ歌の意に感じて、凶兆は自分の身に引きうけて死んだのであろう、と人々は感嘆したという。これは、三浦浄心の書いた『北条五代記』にくわしく記されている。

こうした例もあるから、瑞龍寺の山内で死んだ狐も住職の道理を理解して、道義のために死んで見せて、過失を償ったのであろう。私は美辞麗句をもってことの内容を粉飾するような余裕はないから、現にこの目で見たままをはっきりと書いて、狐とはこういうものだということを人々にわからせたい。

文化癸酉（十年、一八一三）四月二十一日

瑞龍寺においてこれを記す

という短文を松浦静山が受け取って『甲子夜話』の中に書き留めたのである。

狐が面目なく思って死んだというのは、人間が勝手にそう思っただけであるが、どういうわけか狐の事件に限って人間の意向がよく伝わると思われているし、狐は人間とかかわり合うと死んで決着をつけるという思想は鎌倉時代の昔からあったようだ。

『三国悪狐伝』のようにあくまでもわるい性格の狐もいれば、人の道理に服して、しおらしい性格をあらわす狐もいる。狐は人の心を反映する鏡と同じであるから、人の心は狐の心であり（これは狐憑きという精神異常が証明している）、人と狐のかかわり合いの話はこのへんから出発するのであろう。

狐が狐を処罰する①
人間並みという認識

寛延二年（一七四九）神谷養勇軒編の『新著聞集』にある挿話。

丹波国（京都府）亀山城主の松平伊賀守がある日先祖代々を祀る仏殿を見たら、スッポンが食い散らかされて汚れていた。このようなところでスッポンを食うなどということはまず獣類の仕業であろうが、仏殿にまで忍び込む能力があるのは狐ぐらいであろう。そこで家臣一同と協議して、狐狩りをしようということになった。

その前夜、殿様の居間の前で何か物音がするので襖をあけて見ると、一匹の狐が葛の蔓で縛られ、その蔓の端を別の狐二匹が啣えてかしこまっていた。仏殿でスッポンを食い散らして汚した犯人を捕えてさしだしました、といわんばかりであった。伊賀守は感心して、「その狐の処分はそちに任せるぞ」というと、二匹の狐は縛られた狐を噛み殺したということである。

これは人間並である。犯人を逮捕して処分はそちに任せるぞ、というのは人間の考えることで、いくら狐が知恵を働かしたところで狐が狐を縛れるものではない。人間が狐を人間並みに考えている思想から作られた話であろうが、こうして書き残されたということに、狐に対する認識がうかがわれる。

狐が狐を処罰する②
人間の手落ちの申しわけください

これも『新著聞集』にある話である。

伊勢国（三重県）安濃郡津三十二万石の大守藤堂大学頭は孔雀を飼っていた。この孔雀を奥州磐前郡盤城平五万石の城主安藤対馬守が借りて、江戸蠣殻町の屋敷に籠を作って観賞していた。

あるとき、狐がこの孔雀を襲って頭と尾を残しただけで食べてしまった。対馬守は大変怒って、「これは稲荷の狐の仕業であろう。憎っくき奴であるから容赦はしない」と、稲荷の建物を壊してしまった。するとその夜対馬守の夢に狐が現われて、

「借り物の孔雀を食ったのは私のまったく知らぬことです。これはきっと他所の狐がやったことにちがいありません。三日の間に穿鑿(せんさく)してその証拠をお見せしよう」、といったところで目がさめた。それから三日めに再びその狐が現われて、

「いろいろと検(しら)べた結果孔雀を食ったという狐がわかり、捕えて処罰しました」と報告したので、縁側に出てみると大きい狐が殺されていた。これで稲荷の狐の仕業でないことがわかり、壊した社殿を新しく造りなおしたという。

いささか理由づけのために捏造(ねつぞう)したように感じられる。野犬あたりが忍び込んで孔雀を食ってしまったので、弁解のために狐のせいにした。ちょうど屋敷内には屋敷神として稲荷社がある。稲荷の狐が食ったことにしていちおう社殿を壊す。その間に狐を探してきて殺し狐のせいにする。そして、それは屋敷神である稲荷の狐でなかったからということにして新しく社殿を建てなおす。

徳川家に重きをなす藤堂家から借りた孔雀は、寺社奉行をつとめる級(クラス)の安藤家では破格の借り物で、親しくつきあえる仲立ちであるのを、粗略に扱って犬か狐かに食われてしまったでは済まされない。

そこで稲荷の狐が食ってしまったこととして、稲荷社を破却せねば面目が立たない。そしてあくまでも狐のせいにし、その狐も稲荷の狐ではなくあくまでも他所から忍び込んだ野狐のせいにする。人の飼育の手落ちで孔雀が死んだとあっては、家臣の生命にもかかわる重大事であるし、屋敷神の稲荷の狐であってはまずい。

だいたい稲荷神が狐の姿で夢枕に立つということは、稲荷神すなわち狐という認識があるからである。そして、稲荷神の狐が屋敷内に棲んでいるにもかかわらず、他から野狐が忍び込んで孔雀を食うということ自体がおかしい。過

失で孔雀を殺してしまった申しわけのための作りごとだったのではあるまいか。この記録を鵜呑みにすれば狐仲間が悪狐を処罰した話となる。

狐が狐を処罰する③
むこうの社会も掟はきびしい

文政十三年（一八三〇、十二月改元して天保元年）自序の茅原定の『茅窓漫録』中之巻「初午并稲荷」の項にある挿話。三宅尚齋は播州（今の兵庫県）の人で、山崎垂加翁の門人であったが、尚齋が住んでいた所に野狐がいて一人の老婆を取り殺した。尚齋の甥の幸助はこの村の村長役であったので、幸助をしかって、「お前は村を管理する職の身であるのに、なんで老婆が狐に殺されるようなことを見過ごしているのだ。どうして野狐を退治しないのだ」と注意した。そこで幸助は、村の若者数十人を動員して明日狐狩りをしようと武器などを準備した。その晩は狐の鳴き声が鳴り渡りやかましかった。翌朝になって村人が河端を見ると、一匹の狐がなにものかに食い殺されている。人々は、さては狐狩りがあるということに気づき、老婆を取り殺した狐を謝罪の意味で捕殺して、狐狩りの中止を願っているのだな、と合点した。狐狩りは中止にしたが、尚齋はその嚙み殺された狐を皮剝に命じて毛皮とさせ、いつも座蒲団代わりに敷いては、淫獣のくせになんで万物の霊長である人間を害したのだ、と怒って鞭で毛皮を打ったという。この話は「先達遺事」という書にも載せてある。

狐が老婆に取り憑いて狂い死させたのか、あるいは食い殺したのか明瞭でないが、老婆の死は狐のせいだとして狐狩りをすることになったが、それを察知するのも狐らしい。そこで、老婆を一匹の仲間が取り殺したために、狐仲間全体が狩り殺されたのではたまらない、犯人の狐を殺して贖罪するから他の狐たちは助けてください、ということであろうか。狐社会も掟がなかなか厳しい。たまたま野犬かなにかに狐が食い殺されたのかもしれぬが、少なくとも人間の側からは狐の贖罪とみるし、そう考えねば話はまとまらない。

第七章　狐の玉・狐火・狐の嫁入り

狐の玉譚
切り離せない狐と宝玉の関係

『雲根志』は、安永二年（一七七二）の自序のある木内小繁著の鉱物質についての書であるが、これはその中の一つの逸話である。

近江国（滋賀県）三門にある竹林院の僧正が、あるとき庭の泉辺に狐たちが来て遊んでいるのを眺めていた。鶏の卵ぐらいの大きさの石を持って喜んでいる様子は、じつにほほえましい光景であった。

寺でやとっている若い侍が四、五人いたが、彼らもこの光景を見て、狐の持っている玉をなんとか取り上げてみようと、狐たちが玉を弄（もてあそ）んでいるうしろのほうにそっと近寄り、いきなり「わっ」と大声を出した。あわてた狐は吃驚（びっくり）して、玉を置いたまま逃げ去った。寺侍がそれを拾ってみたところ、丸味を帯びた青い美しい玉であった。

夜になるとこの玉は燈（あかり）がないのに発光して、ちょうど狐火のようであった。寺侍は「これはよい物が手に入った。狐の宝物でなかなか人の手に入るものではない」、とこっそりかくしてしまった。

それからというもの、毎夜僧正の居間の雨戸を叩く音がして「玉を返してください」といって泣く声がする。僧正は狐から玉を奪った寺侍を呼んで「玉を返してやりなさい」と何回も説得したが、寺侍は「自分の子々孫々までの宝であるから狐に返してやることはできません」といって言うことをきかなかった。

いっぽう、狐の方は毎晩僧正の居間の雨戸を叩いて「玉を返してください」と泣きながら懇願する。僧正はまたそ

狐が玉をもてあそぶのを見る

の寺侍を呼んで早く返してやることを命じ、「もし其方が返してやらなければ、其方を解雇するから、早々に寺を出て行きなさい」と強く命じると、寺侍も仕方なく玉を僧正に手渡した。

その夜、また狐が雨戸を叩いて頼むので、僧正は玉を持って外に出ると、明瞭には見定められなかったがなにか老人の態の者がたたずんでいた。これが狐であるな、と思った僧正は手ずから玉を渡すと、老人は受け取って拝礼して去った。

その後、三、五年はなんら怪しいこともなく、さらに七、八年後、僧正は八十余歳になって病の床に臥すようになった。医者もいろいろ手を尽くして療治したが老衰で回復も覚束ない状態になったときに、僧正の故郷、奥州白河にいる弟や親類の者が七、八人寺にやって来ていうのには、

「先月の某日、竹林院からのお使いという方が来て、僧正が危篤だと報らせたので、一同驚いて、夜を日に継いで急いでやってまいりました」という。竹林院方でも吃驚して、いったい誰が知らせたのであろう、としらべたが、寺から使いを出した覚えはまったくない。ところが、白河の人がいうのには、

「先月某日たしかに寺の御使者で何某と明瞭に名乗った方が五、六人も供を連れて、僧正危篤の由をいい、〝僧正はいついつにお亡くなりになるであろうから、そのまえにお逢いになってください。血縁の方々なればお名残りの別れをしてください。誰方と誰方八人が定めの日までに三門に着くようにしてください〟というので、その晩はわれら方に一宿して戴いてお返ししたのです」と、そのときの状況をはっきりいった。

寺方でも不思議なことよと思い、八人をすぐさま僧正に対面させ、僧正にもこのことを話した。僧正は「もう回復の見込みがない。よくぞ来てくださった。皆と逢って思い残すことはない」と一人ひとりに辞世の挨拶をしたが、翌日安らかにあの世に旅立った。

これを想うに、七年前、僧正が狐の懇願を気の毒に思い寺侍から玉を返させてやった恩義に狐が報いて、使者となって知らせたことだと思われる。狐はこのように義理固いのである。

私も狐の玉というのを持っているが、大きさは指の先ぐらいで円く、少し照り光って美しい青い玉である。これは死亡した狐の頭蓋骨の中から出たものであるが、夜闇に発光するということはない。思うに、鲊荅（そとう）（粗銅、銅鉱石から製した鉱石の粗銅のことか）の種類の石で作ったものであろうか。

以上が『雲根志』にある話であるが、本当に狐が玉を持っていると信じられ、また木内小繁は狐の脳の中に玉があるというが、それを生きている狐がどうやって取り出したり収めたりできるのか。生理学的に考えても不自然であることに、疑問をまったくはさまない低俗な俗信といえるであろう。こうした狐の玉という概念から玉藻前という名も浮かび出たのであろう。

太田南畝（蜀山人）の『一話一言』の補遺にも、似たような話がある。

『一話一言』は聞き書、風聞、ニュース等を筆まめに集めたものであるが、このニュースも南畝にとっては知識の一端であったのであろう。

江戸は本所亀井戸の名主の地所内に住むある大工の某が、夏の宵に外で涼んでいたときに、狐が一匹そのあたりを歩いていた。何か前肢で物を転がしているが、それがころころ転がると火がぱっと燃えてあたりが明るくなる。おや、と思って様子を見ていると、その火の明かりで地面を這っている虫を見つけて食べている様子である。おかしいと思ってそうっと近づいて見ると、狐は虫を見つけるのに夢中になっていて、人が傍らにいるのに気がつかず、玉を転がしては虫をとっていた。

玉は大工の手の届くところまで転がって来たので素早くその玉をつかみ取った。狐は驚いて逃げ去った。その玉をよく見ると白い玉である。これは珍物よと持ち帰り、狐の玉を手に入れたと大事にしまっておいた。

三年ほども経ったころ、玉を取られた狐は大工にとり憑いたとみえて、始終大工から離れる様子がない。大工もすっかり参ってしまい、身体が衰弱してきた。これを聞いた人々は、狐の持っていた玉のたたりで、狐の執念が憑いたのであろうなどというので、大工も恐ろしくなり、それなら玉を狐に返してやろうと心づき、ある夜、玉を遠くに投げやると狐が現われてサッと玉を受け取って姿を消した。それから大工は身体も元に復して生活しているという。

誰に聞いたものか、当時のインテリとして有名な太田直次郎（南畝）が記録したのであるから、嘘か誠かその真偽はともかく、直次郎も本当の話として受け留めていたのであろう。

文政十二年（一八二九）、堀内元鎧の自序のある『信濃奇談』に、これも狐の玉の話がある。

信州（信濃国・今の長野県）内の堀内氏の属する藩の武士に岡田某という者がいた。

秋も終わりのころに川に網打ち漁に出かけたが、途中三峰川のほとりで白い狐が何を興じているのか右に左に飛びはねて遊んでいるのを見たので、網をパッと打つと狐は驚いて逃げ去った。その跡になにやら光るものがあるので手に取って見ると、白い毛を丸めたような玉である。これこそ狐の玉というもので誠に珍しい物を手に入れた、と持ち帰って秘蔵している。

中国の『五雑俎』という書には、蜘蛛とか蜈蚣の種類も玉を持っているということが記してあるから、まして人を化かすほどの能力ある狐であれば、玉を持っていてもおかしくはない。

東京都中野区の宝仙寺には次のような縁起がある。寛治年間（一〇八七〜九三）、源義家が奥州の清原家衡等を征伐しての帰途、阿佐谷に一寺を建立し不動明王の尊像を祀らんとした。工事が竣工したとき、地主神の稲荷（この場合狐）が出現して一顆の珠を与え、「この珠は希世の珍宝中之仙であるから、これをもって鎮めとなさば武運長久、法灯永く明ならん」といって白狐となって去った。故に明王山宝仙寺と称したが後に今の地（中野区）に移ったという。

その一顆の玉は、現在でも秘宝とされているが伝え聞くところによると、白い毛のようなふわふわした玉だというから『信濃奇談』に記されている狐の玉も本当らしい。

しかし、狐はどうして玉を持つのか。人間のように手に持ったり懐中、あるいはポケットに入れることができないではないか。

これは稲荷神を御饌（みけつ）の神とし、三狐神（みけつのかみ）と当て字したところから稲荷と狐の関係は発展し、狐が稲荷神の使い、さらに狐自体が稲荷神と誤信され、豊穣福神としての稲荷は宝珠をもってあらわされたことにより、狐は玉を持つと信じられるようになったものであろう。

また白い毛のような玉というのも、玉はたいてい硝子質か石質で硬いが、柔らかい玉は神秘性を持つ（現在では毛糸の玉もあり珍しくない）と思われていたからであろう。

稲荷を表わす狐の像や画は、尾の先端を宝珠形で表現されているのが多く、いつしか狐と宝玉は切り離せぬ存在となった。

『諸国里人談』は菊岡沾涼が延享三年（一七四六）に著した日本諸県の異聞をまとめたものであるが、ここにも狐の話はいくつかあり、その中に狐の玉のことも載っている。

元禄の時代（一六八八～一七〇三）の初めのころに、京都の上京（かみきょう）方面に住んでいる人が夜になって東川に網打漁に出かけたが、加茂神社の静かなあたりで、狐火が燃えているのを見た。火はしだいに近くなり、手もとまで来たので、これはおもしろいから捕えてやろうと投網（とあみ）をパッとかけた。すると、コンと狐の鳴き声がして狐は逃げたようであったが、網の中に何か光っているものが残っていた。そこで捜ってみるとなにか玉のようで光り輝いていた。

翌日これをよくよく見ると、その玉は薄白い色で鶏の卵のようであるが昼間は光っていなかった。だが夜になると明々と光った。挑灯に入れるとろうそくの光りより明るいので、これは夜には便利である、重宝な品だと喜んで大切にした。

あるとき、また夜の漁に行くために、その玉を紗（しゃ）の布袋に入れて肘（ひじ）につけて行った。川面を照らしながら投網を打っていたところ、約一メートル大の大石らしいものが川の中にザブンと落ちて、飛沫が四方にはね上がった。これはいったい何事かと驚いて飛び退（すさ）ったが、急に玉の明かりが消えたので、あわてて袋を捜ると玉はなくなっていた。そして約四、五メートルほど先に光が移動して行くので、さては狐に玉を取り返されたのか残念、と光の跡を追いかけたが、とうとう取り戻せず、あきらめて戻った。

この記述からみると狐火というのは、狐の持っている玉が発するものらしい。そして、この玉を狐がどのようにして所持しているのか、なぜ発光するのかはいまだに不明である。狐が逃げた跡に玉が落ちていて、一時期は人の所蔵物になったりするが、狐の玉として代々人に伝わったものはいっこうに発光しないという。

珠玉を返してやった話
ねらいは誠実狐物語

これは、『今昔物語』巻第十七「狐託人被取玉乞返報恩語」第四十にある女に憑（つ）いた狐の物語である。

昔むかし、物の怪（け）に憑かれた病気の女性がいた。この物の怪が、その女性に取り付いていうには、「わたくしは狐です。しかし、たたりをなすためにこの女性に憑いたのではありません。ただ食べ物を得るためにこの女性の体を借りただけですから、べつにほかの者に害を与えることもありません。狐である証拠にこういうものを持っています」といって、その女は懐中から小柑子（蜜柑）ぐらいの大きさの白い珠玉を取り出して、上に放り上げては受けとめてみせた。これを見た人は「なんと不思議な玉なのだろう」と思った。

この狐憑きの女性が示したものも憑いた狐の持っていた玉で、憑きもののした女性は他の物の怪が憑いたのではなく、自ら狐が憑いたということを証明するために、懐（ふところ）から玉を取り出して投げ上げては受けとめてみせたのである。しかし多くの人々は、こうした動作は狐のいたずらとみて、その玉を放り上げること自体、われわれを化かしている仕業だとして信用していなかった。

ところが、ある一人の若侍が、狐の玉は貴重な品にちがいないと考えて、女性が玉を空中に放り上げた瞬間、さっと横取りして懐にしまってしまった。この狐憑きは玉を奪われて困ってしまい、「なんということをなさいます。その玉を返してください」としきりに頼んだが、宝が手に入ったと思った若侍は、いっこうに取り合ってくれない。そこで狐憑きは、

「その玉を和主（貴男）がお持ちになったところで、玉の扱い方をごぞんじなければなんの徳にもなりません。しかしわたくしにとっては、その玉は大事なものです。返してくださらないとわたくしは不利になりますから、和主のことをうらんで一生仇をなします。もしお返しくださいますなら、わたくしは神の如き霊験を示して和主をお守りしましょう」

といった。若侍はこのことばを聞いて自分が持っていても効果がないというのなら意味がないし、狐憑きのいうことも道理があるなと思ったが、狐は往々にして人を騙す動物だ、返してやるのにしても念を入れておく必要があると思って「それなら返してやるが、本当に将来私を守ってくれるか」ときくと狐憑きは、

「そのとおりです。必ず和主をお守りいたします。こう申しあげた以上けっして偽りは申しません。狐というものは恩知らずではありません」と答えるのでさらに、

「それでは私を守ってくれるというあかしを契ってくれるなら返してあげよう」「真実和主を守ることを誓います。玉を返してくだされば」、といったので若侍は懐中から玉を取り出して狐憑き女に返した。女はたいそう喜んだ。

しばらくしたのち、狐憑きを落とす修験者の祈りによって女から狐が退散した。さっそく女の懐を探ってみたが、狐が持ち去ったとみえて玉はなかった。人々はこの女性に狐が憑いていたが、これで狐は去ったのだと思った。

その後、例の若侍は、あるとき太秦の広隆寺に参詣した。戻ろうとしたら日も暮れて内野を通るころには真っ暗となり、宮中の正面の応天門の前を過ぎるときに、なんとなく身体がぞくぞくして物恐ろしさを感じた。これは危険が迫ってくるなと予感したので、例の女に憑いた狐のことを想い出し、暗い中に立ち留って、

「狐よ狐。現われてくれ」と小さい声で呼んでみると、コンコンと鳴き声がして狐が現われた。や、これは本当に約束どおり狐が自分の危険を守るために現われてきてくれた、と喜ぶと、若侍は狐に向かって、

「和（汝）狐よ、こうしたときによく現われてくれた。嘘でなかったことに感謝する。いまここを通ろうとしたが大変身の危険を覚えたので、一つうまくここをきりぬけて通過できるように守ってくれ」というと、狐は納得したようにうなずいて先に立って歩き出した。

狐はちょいちょい振り返て見てくれるので若侍はその後をついて行くと、いつも通る道ではなく違う道を行く。そして狐は人間が抜き足差し足忍び足をするように背をかがめて、そおっと足を踏みしめて振り返り、ここは静かに足音を立てないようにというポーズをするので若い侍もそのとおりにしてしばらく行くと、なんとなく暗闇の中に人の気配がする。

若侍がその方を窺うと、弓矢を持ったり武器類を持った者たちがたくさんいて、何かこれからことを起こそうとしている様子であった。それを垣根越しにそおっと見ると、どうも盗賊団がこれからどこかの屋敷に押し入ろうとする行動であることが読めた。

こんなこととは知らずに応天門の前を通って行ったら盗賊団と逢ってしまい、当然盗賊団は見られたと思って若侍を襲って殺してしまうであろう。危険を予感したのも、また別の安全な道を案内してくれたのもみな狐が守ってくれたからである、と若侍は思った。

無事に通ることができ、安堵してふと見ると狐の姿はもうなかった。こうして若侍はつつがなく家に戻ることができた。

狐はたわいのないいたずらで人をだまして喜んでいるが、「王子の狐」という落語にあるごとく、人が狐をだますほうが狐にとっては大打撃で、子狐に親狐が「人間は恐ろしいから気をつけなよ」と注意するまでもなく、むしろ人間のほうが欲得のためにはわるいことをする。

ただしこの物語は、若い侍がいたずら半分でしたことか、狐の持っている玉には超能力があり名玉だと思って横取りしたのか、とにかく人間のほうがよくない。しかし、狐にとっては玉を失うことは重要な意味があるので、理由を述べて玉を返してもらい、その代償として若い侍の身辺を守ってやるという義務を負(お)ったので、若い侍の行為はあまりすっきりとしない。

女に憑いた狐は何のために女に憑いたかその理由はわからないが、「たたるために女の身体に入ったのではない」と明瞭にいっているのであるから、物狂いさせてもべつに害を与えるために憑いたのではなさそうで、取り上げた玉を返す若侍のほうこそ打算が働いている。

これはいったい何を物語ろうとしているのであろうか。『今昔物語』を始めとして後世の書や伝承には一般に狐は人を化かすというわるい認識が占めている。しかるに狐こそ誠実な獣であったということを示そうとしているのではあるまいか。

狐火の記録
「人の所作にあらず」

『長興宿禰記』は長興（姓不詳）が文明七年正月から十年（一四七五〜七八）までの四年間記した日記である。その中に、「文明八年九月九日。晴。今日聞いたが昨夜、更けてから加茂の東側の河原に数十町（二、三千メートル）の距離の間に妖しい光が続いて見えた。これを見た人々は、人が火を点(とも)したのではないといったが、そうするとこの光は狐が点した狐火であろうか」と記されている。

この記録から推察すると、室町時代にはすでに狐が夜になると発光現象をみせると信じられていたことがわかる。

狐火の由来
馬の骨をくわえて発光

天文の頃（一五三二〜五四）に僧行誉の著した辞書の『壒添壒囊鈔』に、「狐火を〝燐（くつねび）〟ということがある。この燐の文字には〝馬の血〟という意味も含まれている。一般でけつね火（狐火）というのは狐が馬の骨を燃やして起こす現象であろう」と記されているが、狐火を馬の骨を燃やしたもの、または馬の骨をくわえると発火現象を起こすと信じられていたのは、江戸時代までの記録に散見する。

燐という漢字は本来ない。粦が鬼火を意味し、これの本字は粦であるものを炎を米に書き誤って粦が通用したためで、得体知れず燃えるものが燐である。もし虫へんが付けば蛍火であろうし、馬の血の意味はない。

燐は『博物志』（説文繫伝引）に「戦闘して死亡者の出た処、その人馬の血、積年化して燐となる」とあり、いわゆる燐の文字が用いられるようになるが、舛は足で踏み散らした意で「せん」と訓む。『集韻』にも「舛は錯乱なり」とあり、散らばったものであるから、のちの蹸と同じである。古人は戦場に乱積した人馬の死体の碧血がかたまって発光するとみたから、「燐」や「粦」の文字を用いたもので、これは俗にいう狐火とはなんら関係はない。「蟒」の文字はむしろ蛍に用いたい。

戦場にともった狐火
あの援軍はだれの軍勢？

死骨が発光するというのは燐分を含んでいるからで、屍が散乱した戦場などではみられることである。享保十一年（一七二六）に駒谷散人槇都の書いた『関八州古戦録』には、次のような記述がある。

大袋山から松明二、三百ほども燃やし連ねて、誰が引き連れた軍勢かわからないが、敵陣の後方に攻め寄せる様子にみえた。敵勢は不意打ちをくって総崩れとなって先を争って退却するのをみて、いまこそ敵殲(せん)滅のよき時と見てとった大畑、栗崎らの勇士が先頭きって追撃した。方々で敵九十八人を斬り斃(たお)し、勝鬨(かちどき)を上げて引き返し、戦闘のあった大袋山の方を振り返った。見るとあの敵を攻撃した軍勢の松明の明かりも、罵(ののし)り騒ぐ声も聞こえず、ただ木々の梢を渡る風の音のみでひっそりとしていた。

あの後方から攻撃してくれた軍勢はいったいどうしたのであろうか、と城方の兵も不思議に思った。夜が明けるのを待って、われもわれもと大袋山に駆けて登り検分すると、谷にも山にも牛馬の朽ちた骨が満ち満ちて散乱し、獣の踏みしだいた草が倒れ、戦いの跡が歴然としていた。その状態は、この地の鎮守神である稲荷大明神の社の境内まで続いていた。

そこで、はたと思い当たったのは、この大明神の使いの白狐の命婦(みょうぶ)（女官の官位名、狐のことをいう）荒御前が、眷属(けんぞく)を引きつれ軍勢が松明を燃やして攻めたように見せかけた狐火ではなかろうか。稲荷大明神の御加護のおかげで敵を破ることができたのであると、城方の将士はますます大明神を尊信する気持ちを起こしたと聞いている。

狐火が数百点(とも)って、あたかも軍勢の松明のように見えて敵を敗走せしめたのであるが、狐火は多いときには数百も点滅する。

筆者は幼少のころに、避暑のために伊豆半島の西海岸の久料というところで過ごしたとき、夜、後ろの山の樹立の間を数百の赤い火が点滅しながら移動するのを見て、多勢の人々が山道を歩いているなと思ったが、宿の人はあれは狐火だよと教えてくれたことを覚えている。竈(かまど)の釜で飯を炊いたあと、釜を抜くと、釜の当たった竈の部分に火の粉がちらちら明滅するのとそっくりであった。

この『関八州古戦録』では大袋山のあたりには軍用の牛馬の死骨が満ち満ちていたから、稲荷大明神の使いである狐の命婦の荒御前がほかの狐どもを動員して、牛馬の骨で発火現象を起こさせて軍勢の松明に誤認させたということを述べたのであろう。

馬の骨が燃えて狐火となる
説得力のあるファースト・コンタクト

三好想山の『想山著聞奇集』には、狐火について次のような記述がある。

この話は、吉松という男からの聞き書である。狐が火をともすことはたいていの人が知っているところではあるが、吉松という男は信じて疑わなかった。そこで「狐がどういう術を使って狐火を起こすのか、知っているか」ときくと吉松は、次のように語りだした。

「そうですね。馬の骨を咥えて狐火を起こすとは諺にもいっていることですが、たしかなことは誰もわからないようです。小雨などが降る夜などは多く狐火が見えるようです。なぜ狐が火をとぼすかわかりませんが、おそらく狐たちのいたずら遊びに火をとぼして人に見せるのではないかと思っております。

ある夜などは五十も百も狐火が並び、たくさんとぼした一隊が向こうからやって来たことがありました。私がそのときに思ったのは、これはきっとあの灯りをつけた一隊はこちらの方に向かって来るであろう、どんな者が灯りをつけてやって来るか、これを見きわめてやろうと思いまして、そのときもちょうど雨が降っておりましたが、傘をすぼめて道から田圃に下って稲わらに隠れて見ておりました。

灯りの行列はだんだん近くなり、通り過ぎ始めましたが、近々とよく見ると、火がともって移動するだけで、人影はまったくなく、火がふわふわと通り過ぎますので、十ばかり通ったと思ったところ、思わず大声で〝ヤイ！〟と怒鳴って道におどりあがりますと、狐の方も吃驚したのでしょうか、足元近くで〝ワイ〟と叫んだと同時に、いままで連続した灯りがいっぺんに消えて真の闇になってしまいました。狐の方も不意だったので魂消てしまったのでしょうが、私も夢中になって持っていた傘でめちゃめちゃに打ちましたが、空を切るだけで手応えはまったくありませんでした。

それから、これは狐の仕業であると納得し、それなら狐火の素材は馬の骨であろうかと、あたりを探しましたが何もありません。そしてきっと何か見つかるであろうから、それなら丹念に探してやろうと家に戻って提灯にろうそくをつけ、畑中の近道を通って元の所に来て、よく調べましたが馬の骨らしいものはありません。

狐が馬の骨で狐火を起こすということは嘘(うそ)かなと半分疑いながら、そこから二町余（二四十メートル）ほど行った脇に、人家が立ち並んでいますが、そこの広い道路を一町ほど行くと、馬の骨が五十以上百あまりも散乱して捨ててありました。これで先刻の狐たちがあわてて逃げて、ここに馬の骨を捨てたのであろうと思いました。

そう思えば、諺で狐は馬骨を咥えて狐火を起こす、というのは本当であったとも思いました」

以上は、吉松の体験談であるが、この吉松という男は、赤ん坊のころから馬が好きで、索馬(ひきうま)などを業としていて、いまだ青年であるが、度胸があっておとなしく、そして義侠心もあり、沈着で何事もよく判断し、また物覚えもよく、彼の話には真実性のある珍しい話もあるので、この『想山著聞奇集』としてまとめた記述の中には、折々吉松の体験談が記されているはずである。

吉松の狐火遭遇の話はなかなか具体的で説得力があり、想山がほめるような人柄であったとすれば、夢想、幻覚に惑わされたり、作り話の可能性は少ない。

狐火についての他書の記述もだいたい共通した点が多く、誤認、幻覚もあるであろうが、信じてよい面もある。それにしても江戸時代までは狐火の話や記録はすこぶる多く、当時の知識階級のほとんどが疑っていないが、明治の文明開化の電灯の明かりが街灯にまで及んでからは、よほどの辺鄙(へんぴ)な土地に行かない限り、化け狐と狐火の話は消滅してしまい、現代では狐火という言葉すら知らない世の中になってしまった。

狐火は狐が馬骨を咥えてともすという伝承は、一般的な常識と認められるほど認識されていたが、偶然か事実か、馬骨の散乱している所を目撃して、事実と認めざるを得ない結果となってしまった。

狐火の素材を取り戻した狐

「おぬしできるな」

素材が馬の骨に限ったことではなく、何の骨でも用いたらしいことは、松浦静山の『甲子夜話』にもある。予（静山。平戸六万石藩主）の支配する松浦平戸の城下に、桜の馬場という臣下の侍屋敷があるが、そこでひとつの狐火が現われたのを見た若い武士が、取り囲んで追いかけたところ、狐は人々を飛び越えて逃げ去った。そのとき何か落ちた物音がしたので、それを拾って見たら人の骨のようなものであった。

そこで侍たちは「狐はこれで火をともしたのであろう（これを狐火に用いたものであろう）。これを取り上げてしまえば狐火を起こすことができないだろうから、きっとまた取り戻しに来るであろう。そのときに捕えてしまえ」ということになった。

これを取り上げた武士は、屋敷に戻って部屋の障子を少し開け、狐が這い入れるようにして待ち構えていた。思ったとおり狐が現われて、中の様子を探る素振りをして、頭を部屋に突っ込んだりひっこめたりを何度か繰り返した。中で待ち構えている侍たちは、そのうちに入るであろうと思っていると、とうとう部屋に入って骨をくわえた。「それ！　障子を閉めろ」とかけ声をかけて障子を閉て（た）ようとしたがしまらない。あわてて、ばたばたしているうちに骨をくわえた狐は、障子の間から外に飛び出して逃げてしまった。不思議に思って障子の閾（しきい）のところを見ると、いつ置いたのか閾に細い竹が置かれていて、それで閉まらなかったのである。まんまと狐にしてやられた侍たちは、狐の賢さに驚いたという。

貴人に拝礼するときに扇子を前に置くのは、上座と下座の境の閾に扇子を置いて、自己防衛のための動作がすばやくできるように心がけたことから起こった礼法であるが、狐はそれをちゃんと知っていて、心得あるべき武士の動作をまね、まんまと逃げおうせたのである。

人骨（一般では牛の骨）が狐火を起こす素材と思われているが、人骨を失ったらまた別の人骨をもってきて奇現象を起こせばいいのに、使いなれた人骨にこだわって取りに来るというのも何かあまり約束事すぎる。

狐火は赤いか青いか
「火をともす道具を返してください」

骨が、燃える素材になるという、つまり骨に燐分が含まれているということを昔の人は知っていたのであろうが、狐と骨という関係は諸書にうかがわれる。しかし、狐が骨を用いて狐火を起こすというのであれば、燐光すなわち青白い光りであるはずであるが、一般的に狐火は赤い火に見える。ところが、青い火に見えるという説もある。

西沢一鳳（十九世紀の前半の人）の書いた『皇都午睡』（『新群書類従』六）には、青い狐火についての記述がある。

「狐火といって、遠くから見ると青い火が燃えてはパッと消えることもある。ある人がいうのには、野原にしばしば狐火が燃えることがあるが、その様子をよく調べてみると、狐が頭を上げて息を吐くと火がぼおっと出る。この光りで、蟇（がま）などをつかまえて食っていると思われる。夏の夜などは蛙の鳴き声がしたかと思うと、たちまちぴたりとやんで、しばらくするとまたぼおっと光る」

つまり、狐は光る息を吐いてその光りで蛙を捕（つか）まえて食っているらしいと。これは狐火は狐の吐く息が光るという説。

またもう一つ狐火についての記述がある。

私が予州（伊予国、今の愛媛県）にいたとき、私の家に用足しにやって来る農民の話であるが、その農民が、夜厠（かわや）（便所。昔は上流でない限り屋内にはなく、ほとんど屋外の別棟にある）に入っていると、一匹の狐が知らずにその外に来た。このあたりは狐が多く棲息していて、狐火を起こすことがしばしばあった。農民がいきなり厠から出たので、狐は驚いて逃げるときに何か物を落としたようである。農民はそれを取り上げて見ると骨のようなものであった（人骨か馬の骨

かわからない)。その晩に狐が現われて、

「さきほど私が落とした物をあなたは拾ったようですが、返してください。あなたが持っていても何の役にも立ちませんが、私には必要なものです」といった。農民は「おれはなんだかわからないものを拾ったが、あれはいったいどんなことに使うのか」ときくと、狐は「あれは狐火に使う火をともす道具です。早く返してください」と一生懸命に頼むので、農民も気の毒になり、拾ったものを狐に返してやった。狐は喜んで持って帰った。

それからお礼のつもりかときどきやって来て草履(ぞうり)を五、六足ずつ縁側の上に置いて帰るので、農民も義理固い狐だと感心していた。同じ村に草履や草鞋(わらじ)を作ってこれを生活の糧にする者がいたが、例の農民の家に草履を置いていく者があるという話を伝え聞いて、その農民の家にやってきた。

「わっしが作る草履がときどき四、五足ずつなくなることがあるのですが人が盗んだというようでもありません。おかしいなと思ったのですが、これは狐が盗んではあなたに上げていたものと思われます。念のためにわっしが作った草履をさしあげますから、狐がくれたという草履と比べてみてください」というので、農民がそれと比較するとまったく同じ出来であった。おもわず二人は大笑いしたという。

これによると狐の吐く息が燃えるのではなく、何かの骨を燃やして狐火にするという説もあるというのである。

骨を燃やして狐火を起こすという説のなかには、狐がどのようにして火を付けるか、その方法についてはいずれの書にも具体的記述はない。骨を火に近づけて燃やすのか、骨に含まれている燐分が湿気に触れて燃えるのか不明であるが、狐火には骨が欠かせぬ道具である。狐が人に化けるときには人の髑髏(しゃれこうべ)を頭に戴き北斗を拝すると化ける(『伊勢貞丈『安斎夜話』)等と記され、狐にとって骨は大切な道具であるという観念があるらしい。

狐の吐く息が狐火となる

数々の目撃談

文化頃の牧墨仙の『一宵話』に狐の吐く息が狐火になるという説がある。

昔、年老いた狐がいて、「私たちが本当に祖先として崇め祀らねばならぬのはどういう神でありましょうか、教えてください」と、知識ある人に尋ねたところ、その人は「それこそ御稲荷の神である。その証拠には御稲荷様を三狐神(みけつのかみ)というではないか」と、ごまかしたところ、老練の古狐はその冗談が見抜けず、正直に受けとってしまった。

それ以来現在(いま)では稲荷の社では、狐と関係づけて多くの狐にまで官位を与える（稲荷神は贈位されて正一位大明神とされるので、その眷属(けんぞく)と見られた狐は命婦(みょうぶ)という女官の官位で名付けられたりする）ようになった。

これは稲荷神の知ったことではなく、人間が勝手に行なったことである。そしてまた、狐自体がそういうふうに願ったわけでもないのである。つまり、嘘から出たことが本当のように思われるようになった結果である。

この稲荷神というのは、倉稲魂命(うかのみたまのみこと)という神で御膳神(みけつのかみ)（神に捧げる食物を司る神）を当て字として三狐の神（狐をけつ、きつと訓(よ)んだり、伝承でも狐の子を吉(きつ)といわせている）と書いたので、後世は稲荷神を三狐神、つまり三匹の狐が神体であるというようになったのであろう。これを稲荷社に仕える人にきくと、当て推量の説であるがおもしろい説であるといった。

また、狐が狐火を起こすその原因と方法についても昔からいろいろの推量説がある。ある男の話だが、子供のころに狐火を目の前で見たことがあるという。それによると、たしか九月二十五日の暁方だったと思うが隣り村に行こうとして山の麓から三、四町（六百メートル）ほど離れたところに松明(たいまつ)のようなものがちらちらするのが目についた。さては狐火かもしれぬ、たしかめてみよう、とさとられぬように稲田の畦道を稲葉に隠れるように背を縮めて、這うようにして近付いた。狐はこうしたときに人が来るとは気がつかず、大小三十匹ほどの狐が社殿の前で追いつ追われつ遊びころげ、息をはあはあ吐いていた。

もっと近寄ってそれを見定めると、火に見えたのは狐の吐く息であった。狐は飛びあがるときに、口の中から息をふっと出すと、火のようにヒラヒラと光る。それは口から二、三尺（約一メートル）ぐらいの長さである。ずっと光っていることはなく、勢いよく吐いたときに光って見えるので、遠くから見ると光ったり消えたりして続いているように見える。

よく古書に狐が狐火を発するのは、尻尾を打って行なうなどと書いてあるが、口から吐く息が火となるのであって、尾を打って火を出すなどとは口と尻ほどの違いであって、これは他愛のない炉辺の茶飲み話にすぎない、と狐火目撃者は語った。舌端火の如し、というが口から火を吐くなどという形容もあるように、狐が吐く息が火に見えるというのは理屈に合っている。

また寝たふりをすることを狸寝入りというが、このことは『懶真子』にも記されている。狸はよく眠るが、目覚めも早く敏感でちょっとした物音にも目が覚めて逃げて行くから、寝たふりをして人目をごまかすように人間には見えるらしい。

本当に寝たふりをしたのであれば、『三国志』の魏の曹操が、寝たふりをして寵愛（ちょうあい）していた妾の不義の証拠を握んで殺した、ということを狸が知ったならば、曹操は自分たちの先祖としての神様であるから、これをお祀りして、後世では狸たちも狐のように官位を受けるべきであろうと、話が狸にまでそれての目撃話であった。

寒い朝などはたしかに吐く息はぼおっと炎があがるように見えるが発光はしない。しかし狐火解明の一説である。

狐の吐く息を狐火とする説は、宝暦四年（一七五六）に丸山元純の著した『越後名寄』にもある。

いつ、どこということなく静かな夜に、提灯か松明の明かりのようなものが遠方で一里余（約四キロ）も続いて見えることがある。たいていの地域で見られる現象であるが、越後国（新潟県）蒲原郡では折々見られる。これを子供たちは「狐の嫁入り」といっている。狐や鼬（いたち）の種類というものは口から息を吐くと光るのであり、これはいつも見られる現象である。

これは、漢方薬にも詳しい学者の貝原益軒が宝永六年（一七〇九）に著した『大和本草』にすら「其の口気を吹けば火の如し。狐火と云。狐が吐く息は火のようである。これを俗に狐火という」と記されている。

安永六年（一七七七）に谷川士清の著した『倭訓栞』には、「狐火というものは狐の吐く息から現われるものであるといわれるが、また一説では尻尾を撃って火を発するので狐火のことを撃尾出火とも書いたりする。その炎は青く燃えているから鬼火（陰火）などともいう」とある。

牛骨もまた狐火となる
携帯用の火の棒

また狐が火の棒を持っているとも考えられており、文化四年（一八〇七）陸可彦の著した『ありのまゝ』には、百姓が、その火の棒をとりあげてしまった話がある。

私と同じ村の農民で二郎兵衛という男がいたが、ある夜更けになって家に帰る途中、道に火がともっているのを見たが、それはどうも人が焚（た）いた火のようではなかった。この男は豪胆であったから少しも怖がらずに足音を忍ばせて近付いて見ると、一匹の狐が燃えている棒を提の上に置いて水の涸れた小川の魚を捕えて食っていた。二郎兵衛はその燃えている棒を横取りしていきなり驚かすと狐はあわてて逃げ去った。

家に戻って、持ち帰った物を見ると年とった牛の腰骨であった。これを振ってみると蛍の火のように青い炎がぼうぼうと出る。この火は道を照らすくらいの明るさになるので、これは重宝なものだとしまっておいた。狐火を取られた狐は、これを取り戻そうといろいろ試みたが二郎兵衛からなかなか奪うことはできない。

ある夜二郎兵衛の飼っている牛が、小屋から出てしまったので、狐火の棒で照らしながら探し出して連れて帰り、小屋に入れ、繋ぐために狐火の棒をそばに置いた。そのとき狐はさっとその棒を咥えて逃げ去った。おそらく狐火の棒を取り返すために牛を放したのであろうといわれている。狐火の材料は馬骨に限らず牛骨でもよかったのである。

狐火問答
燃ゆる理やいかに

このように、狐火はいろいろの素材を用いるらしいが、宝永七年（一七一〇）に三浦義泰の著した『天地或問珍』には、問答形式で陰火についての解釈が載っている。

三浦義泰は、江戸時代人としては少しばかり科学的に物を考える人物であった。

ある人が義泰に質問していうのには「世俗に狐火といって夜闇に狐が火をともすことがある。また雨が降った暗い夜に、墓のあたりでぽっと火が燃えることがあるが、いったいこれはどうしたことであろうか」

そこで答えるに、「狐火とか墓で燃える火は陰火というものである。陰火は光りはあるが、これによって他に燃え移るということはない。また、一般の火のことを陽火といってこれは物に燃え移るが、陰火は物に燃え移ることはない。水の中でも陰火は燃えるように光る。（原注・故に陰火は雨が降ったり、湿度の高くなった夜中には燃えるように光をあらわす。これは陰火がその条件を満たしたときに燃え光るのである。つまり、夜は昼に対して陰であり、じとじと雨も陰であるから陰火が発するのである。）

故に、狐火とか古塚などが燃えるのは、これは陰火であるが、この二つは少し違う。狐火は狐が自分で意識して燃やして見せようとするのであって、古塚が燃えるのは自然の条件が合ったときに燃えるのである。中国の『西陽雑俎』という本に〝狐は尾を地上に撃ちつけて火を出す〟とあり、また〝千年も経った枯木が墓のそばにあって、塚が燃える（陰火・鬼火・淫ら火）のは少しも妖しいことではない〟とあり、『博物志』や『本草綱目』などに記されているように、人の血や牛や馬の血が地面に浸みたときに湿気に遭うと必ず火のように燃える。これを俗に燐火といっている。

したがって、戦いなどで死んだ者を葬った塚は、血が浸みているからときには燃えることがある」と、解(わか)ったような解らない説明をしていて、狐火についての説明は逃げてしまっている。まあ、現代でも狐火については適切な解明は困難であり、狐火自体を否定してしまうであろう。

王子稲荷の狐火
おおつごもりの大集会

江戸時代中期頃の寺門静軒の著した巷談や考証を交えた随筆の『静軒痴話』に、「昔より江戸王子稲荷の辺は、毎歳除夜に狐火多く燃えるといふ。何のゆへなるや奇といふべし。狐は霊なる物故か。云云」と、狐霊について長々と説明している箇所がある。

除夜の時にたくさんの狐火が燃えるということは江戸中で知らぬ者はなく、王子といえば権現社よりも末社の稲荷社が有名で、稲荷社といえば狐と直結する。故に安藤広重すらも浮世絵に大晦日の夜の王子の狐火を絵にしたくらいで、齋藤月岑の『江戸名所図会』「玉衡之部巻五」の王子稲荷社の項にも、次のようにある。

王子権現（祭神は伊弉冉尊、速玉男命、事解男命、または伊弉諾尊、伊弉冉尊）縁起書にいうのには、「いつの時代にか、この社の傍らに稲荷明神を鎮座させて（おそらく地主神として祀った）お祀りしたが毎年大晦日の夜になると、方々の命婦が、この社のまわりに集まり、狐火をともすことはまるで松明(たいまつ)を並べた如く、遠方から見ると数斛(すうこく)（斛は分量の単位。十万匹）の蛍を放ったようで、このまわりの野や山を覆い、その下の飛鳥川辺にまで及ぶ壮観なものであった。その火の数の多寡によって翌年の豊作か不作かを占ったりする」

狐の白い毛並と尾が九つあるのは昔から瑞兆とみられていた。このことはいくつも古書に散見する。この『江戸名所図会』にも付図があり、口から炎の気を吐いている狐火が描かれて、次のような注がしてある。

「毎歳十二月晦日の夜諸方の狐夥しくここに集り来る事恒例にして今に然り。其燈(とも)せる火影に依て土民明年(あくるとし)の豊凶を占とぞ。此事宵(よい)にあり、また暁にも阿里て時刻定まる事なし。」

王子では大晦日の夜に限って、方々の狐が集まって、何の集会を行なうのか狐火が無数にともるといわれている。

鮎捕りに来た狐

川の両岸を埋める釣狐?

江戸中期の只野真葛女の著した『奥州波奈志』にも無数の狐火を見た話が載っている。

七月なかばのころ、鮎(現在ではこの文字を「あゆ」と訓ませているが、本来の意であゆは「鯰」で、「年魚」とも書く)がさかんに捕れる季節に、折しも夕方から雨がしきりに降ってきた。こうした夜は川上の方には魚獲りも来まい。ちょうどよいからあゆ捕りの慰みにしようと、お小姓二人の侍が話し合ってまこ沢に向かって川伝いに行ったところ、たくさんの狐火がなんと川の両岸に数えきれないほどゆれていたという。これは狐があゆを捕りにきていたのであって、ここで二人は人に化け損ねた狐を発見したという話である。

これらの話から総合すると狐火は冬に現われるばかりでなく、夏でも現われることがわかる。このほか狐火についての記録は『広大和本草』、『合類節用集』(延宝刊の辞書)、『古今百物語評判』(貞享頃刊)、『豊薩軍記』(寛延二年自序)、『北越雪譜』(天保頃刊・鈴木牧之)、『反古風呂しき』、『本朝食鑑』(元禄八年刊・平野必大)、『柳亭筆記』(天保刊・柳亭種彦)、『類聚名物考』(明治・山岡俊明)等に記されているが、すべて事実とみている反面、一つとして明快な分析をしたものはない。

しかも、大量に狐火が燃えるのを「狐の嫁入り」とする話もある。

奥州で狐火の現われた例
領主と稲荷神の矛盾にみちた話

伊東東涯が享保十四年（一七二九）刊の『秉燭談拾英』に夜間数千の灯火が見えた記録を載せているが、これも狐火の大群の話として見てよい。筋は矛盾だらけであるが、いちおうその内容は整った公文書の形式で、はたして狐がここまで手のこんだことをするかと思われる点もある。

仙台陸奥守（伊達家の受領名はほとんど陸奥守）忠宗（二代）の家臣、奥山勘解由の祖父出羽は武勇すぐれた武士である。初代政宗の時代には八百貫（約八千石）の知行を受け、奥州の名取郡岩浪というところに城を構えていた。あるとき、この出羽が鷹狩りに出て雲雀を狩りしていたときに、鷹が雲雀を捕えたものの、狐が昼寝をしている野原に落ちた（雲雀を捕えて落ちるくらいであるから大鷹ではなく小鳥を捕える程度の「さしば」という小鷹と思われる）。すると狐は鷹と雲雀を食い殺してしまったので、駆けつけた出羽は狐を捕えようとしたが逃げられてしまった。

出羽は大変腹を立てた。傍らの竹駒寺境内にある稲荷は、出羽が日ごろ信仰していて、そこを通るときは馬から降りて礼拝するくらいであったが、いま狐に鷹を取られたことに怒りを覚えて、すぐさま稲荷の境内に馬を乗入れて、「なんと稲荷明神よ。わが領内に祀られているからこそ、いつも尊びうやまっているのに、その使いである狐に鷹を取らせるとは何事だ。そんな神ならばいまから私の領内の者に命じて参詣させないからそう思え。以後社殿が損傷しても修復させず朽ちるにまかせるぞ」と馬上から大声で叫んで戻った。

神を恫喝したのである。

するとその夜、丑の刻（午前二時ごろ）に名取郡の方角に数千の灯がともったので土地の農民たちは吃驚して、あわてて奥山出羽の屋敷に知らせた。家老の松本十左衛門は「なに、たいしたことはない。その松明がこちらに向かって来るなら敵の襲撃であろうが、こちらに来ないなら心配ないから、その後の様子を知らせるに及ばない」と命じて注進した者を帰させた。

その翌日、藤葉渡りの船頭がやって来て、「竹駒寺の松の古木の梢に皮を剝がされた狐が葛の蔓で縛られてつり下がっている」と奇怪な状況を報告した。家老は再びこの妖事を奥山出羽に知らせた。出羽は家来の谷須庄左衛門に検分させると、知らせどおり、大木の梢に古狐がつり下げられていたが、人間のやった仕業とはとても思えないのでその態をまた報告した。

出羽はこれは稲荷が狐を罰したものだなと悟って稲荷に供え物をすると、「領主が怒るのはもっともである。悪いことをした狐は捕えて処刑したから領主も了解してくれ」とのお告げがあった。出羽も神のおもんばかりを感じ、稲荷社に参詣して礼謝したという。

鷹狩りなどというのは領主の趣味であり、一種の殺生である。狐は肉食獣であるから、目の前に鷹と雲雀が落ちてくればよき獲物よと食ってしまうのは当然であるし、稲荷は狐を管理していると勝手にきめこんで、稲荷神を恫喝するのもおかしい。そして犯罪者と思われた狐を皮を剝いで梢にさらし刑にして、これで納得しろという神もおかしい。封建時代にはこうした論理がまかりとおり、これも神慮として賞揚して認めるからこそ記録されるのであって、まったく矛盾だらけの話である。狐と稲荷の結びつきは平安の昔からであるが、なぜ狐の行為を稲荷が責任を感じなければならぬのか。本書の取材とする狐話自体がはなはだ矛盾に満ちたものなのである。

狐火の代わりに松明を燃やす稲荷社

いつのまにか行事になった

天保の頃（一八三〇～四三）に柳亭種彦の著した『柳亭筆記』に、次のような習俗があったことが記されている。

毎年十二月の大晦日の夜は、関東中の狐がこの王子稲荷に集まって狐火をともすので、土地の人はこの火のともり方で来年は豊作か凶作かを判断するという習俗があった。言水が延宝八年（一六八〇）に選した『江戸弁慶』という句集にも「松明や関東狐年のくれ」というのがあり、狐火がともるというのは松明を燃やした明かりであったことがわかる。

また「和布刈遠し王子の狐見に行かん」（福岡県の沖の島の神社は、大晦日の夜に松明をともして和布を取る神事があってこれは見物であるが、ここまで行くのは遠すぎる、せめて王子の狐火といわれる松明でも見に行こう）という句もあるから、延宝の頃はすでに狐火の代わりに松明をともしていたのであろうが、このことは前出の『江戸名所図会』「王子稲荷社」の項にも記されており、江戸時代末期の浮世絵師広重の江戸百景にも王子の狐火の図が描かれている。

往昔ははたして狐が集まって狐火をともしたかどうかは不明であるが、それが名物になってしまったので、松明をともすような行事になった。行事として行なうのであれば毎年その数は同じであるから、それによって次の年の豊凶を占う理由にはならないが、神社の占い行事の一つとなってしまったのを信じる大衆も数多いのである。

狐の嫁入り
狐火の大行列類話

芝蘭室作『江戸塵拾』は、当時の風聞や出来事を曲亭馬琴が『新燕石十種四』の中に収めたもので、ここにある話は年月まで明記してあるから当時は評判の出来事であったようだ。

宝暦二年（一七五二）の秋（江戸時代までは八月は初秋）も末の頃、八丁堀にある本多家の屋敷で狐の嫁入りがあった。隣りや近辺の大名屋敷の人々の間で、誰がいったかわからないが、今宵本多家の家臣の誰かに嫁入りがあるという噂が広まり、それを証明するように、夕暮れから嫁方が運び込む道具類が続々と門内に入り、りっぱな侍や身分の低い侍・小者がたくさん出入りして賑やかであった。

夜九ツ（午後一二時ころ）に警固の提灯を持ったものが数十と、鋲打の女乗物（黒漆塗りの駕籠に飾りの鋲をたくさん打ったもの。貴人と女性の乗る駕籠は乗物という）が大勢の侍に囲まれて、しずしずと本多家の門を潜って行った（昔の婚礼の儀式は夫の住居で夜挙行するのが習慣）。隣りの屋敷の者が見ると五、六千石級の格式のある嫁入りの行列であったので、こうしたりっぱな嫁取りをするのは本多家の家中でいったい誰であろうか、と噂し合った。

翌日本多家に聞くと、「当方ではそんな嫁入り行事があったなど一向におぼえがない。事実ならそれは狐の嫁入りという狐のいたずらであろう。さてさて不思議なこともあるものだ」というのである。

これに似た話はたしか『甲子夜話』にもあったかと記憶する。

江戸時代中期の平秩東作（へずつ）の『怪談老の杖』にも次のようにある。

上州（上野国、今の群馬県）神田村に煙草（たばこ）商人の高田彦右衛門という男がいた。この彦右衛門があるとき同じ村の商人仲間と連れ立って○○村という所に所用があって行き、日が暮れたころの戻り道、遙か遠くの方から二百張ほどの提灯を持った行列がやって来るのが見えた。同行の者たちと、

「これはおかしい。街道筋でもない田舎道に、大名行列が通行するはずがない。こんなことはありえないが、大名行列であればすれちがうわけにもいかぬし、とにかく事実を確かめよう」といって、道の片傍の高い所に上がって、隠れるようにして見ていると、通りの片側は低い田圃なのに、近付いて来る提灯をつけた行列は、その田圃の中をぞろぞろ通って行く。

それはりっぱなもので、御徒の者（徒歩で列んで歩く者）や駕籠脇（乗物の主人を護衛する武士）、中間（侍と小者の中間に位置する身分の低い者）、押え（下級武士の頭）、六しゃく（陸尺とも書き、駕籠を舁（かつ）いだりする予備の者）等、大名大身の嫁入り行列に何一つ欠けることのない揃った行列であった。だが、彼らの持つ提灯にはおかしなことに紋が描かれてなかった。普通は誰家とわかるように必ず紋があるはずである。また、明かりもたいていろうそくの明かりであるから赤黄色くボーッと照るのであるが、それとは少し違って赤い色に見えるだけである。それればかりか道を行かず田の中を真っすぐに突っ切って林の中に次々と消えて行く。

狐の嫁入り

こんな不自然のことはありえない、と初めて狐の嫁入りというまやかしであると気がついた。この村の界隈ではこうした狐の嫁入りという怪しげな現象がしばしば見られるという。

著者不明の『古今奇談集』にあるのは、狐が舟渡守や船頭を化かした話であるが、享保五年（一七四五、他書では延享二年）五月十四日と月日まで明瞭に書かれているからよほど有名であったとみえ、しかも辺鄙な地方でのことではなく、当時人口百万を誇る花のお江戸での出来事である。

この日の夕方、本所は中の郷の竹町の渡守（渡し舟の管理者）の小屋に、大名の徒士押（徒歩の下級武士の監督者）と思われる、藤の丸の中に大の字を書いた紋（合印）を染め抜いた羽織を着た武士が訪れて、渡舟の責任者を呼び出していうのには、

「某（自分のこと）は本所に屋敷のある大久保荒之助の家来である。このたび主人の姫君が今宵下谷（現在の東京都台東区。上野の山寄りの地域の名）の何々というお方のところに嫁入りをするが、その行列に大勢が行くので、竹町から向こう岸に渡る舟を、あらかじめこの岸にたくさん用意しておいてくれ。渡し賃は定額のほかに、増額してやる。多く集まった舟の船頭たちに、祝儀代としてその方から分配してやってくれ」と一両小判を渡した。

渡しの監督者は大変喜んで、「すべて承知いたしました。謹しんでお受けいたします」といって、それから舟十隻ほどを集めて本所の岸辺に用意して待っていた。

夜の十二時ころ、提灯を万灯（仏教の式行列のときに提灯を多数つけ連ねたもの）のようにともし連ね、勇ましい警固の武士が前後に続いて、真ん中にお姫様が乗っていると思われる輿を舁ぎ、さまざまに正装した行列の見事なることびっくりするくらいであった。船頭どもも、これはりっぱなお大名の輿入れと恐れ入って鄭重にお迎えして舟に運び込み、慎重に棹を使って向こう岸につけた。

ところが、岸に着くと大勢の侍や輿や提灯も次々と消えて人の気配もなくなった。そこで翌日渡しの管理人が、昨

夜もらった一両を船頭たちに分配しようと財布から取り出してみると、なんとそれは木の葉一枚であった。狐は人を化かすのに木の葉を小判に見せかけるというから、さては夕べの行列は狐の仕業で、いわゆる狐の嫁入りであったのかとがっかりした。

そのころ人々の間では、葛西金町（葛飾区金町）の半田稲荷（ここの稲荷のお札は有名）から浅草の安左衛門稲荷へ狐同士の結婚があったのだと噂が流れた。この竹町の船頭たちもこの狐たちに化かされたのであろうともっぱら評判になった。しかし、これは狐の嫁入りではなく、本当は狐が竹町の渡守になにかうらみがあって仕返えしにこんないたずらをしたのであろうといわれた。

大勢の船頭まで化かすということが可能であろうか。この話には、狐が人を化かして金を払うのに木の葉を用いるという一般的認識が多分に影響しているように思われる。これらの狐の嫁入類話は『想山著聞奇集』にも記されている。

『越後名寄』は宝暦四年（一七五六）に丸山元純が著したものであるが、それにはこんな記述がある。

夜のいつ、どこということなく、時にふれてまれに静かな夜に、提灯か松明をともしたような火が遠方で一里余（約四キロ）ほども続いて見えることがある。こうした現象は方々で見られるが、この越後（新潟県）蒲原郡でもときどき見られる。これを子供たちは狐の嫁入りといっている。狐・鼬（いたち）の類は口から息を吐くとそれが光って火のように見えるのである、と書かれている。つまり、狐の嫁入りという集団の灯りは狐火であるというのである。

また、太陽が照っているのに小雨が降ることを俗に「狐の嫁入り」「日照り雨」「狐の祝言」などといい、なぜ狐に関係するのかよくわからないが、おそらく日が照っていれば快晴のはずなのに雨が降るということは不自然な現象なので、狐の仕業であろうと考えたのであろう。しかも、昔の結婚式はほとんど夜間行なっていて昼間の嫁入りは珍しいことであった。変わった行為や状況から変化（へんげ）の連想が浮かんで、〝狐の嫁入り〟という発想になったとも思われる。

狐の嫁入りという諺（ことわざ）がいつごろから使われたのか文献上では不明であるが、少なくとも江戸時代には通用してい

たらしく享保ごろの文耕堂の浄瑠璃『壇浦兜軍記』（四）にも、

ヤアたつた今迄くわん〳〵した空であつたが、エヽ聞えた。狐の嫁入のそばえ雨

とある。

公儀の名を偽って旅行する

狐による公文書偽造の大罪

『西遊見聞随筆』は、西国を見聞したことをいろいろと書留めた書である。

正徳の年号もまだ初めの頃（正徳二年）、姫路の年行司所に、先に知らせる書状が一通届けられた。それによると、

このたび、幕府の典薬頭（てんやくのかみ）配下の典薬係、木下雲庵という者一人を肥前国（長崎県）長崎に薬草検査の公用にて差しつかわせる。それにつき、公儀発行の御朱印状を運ぶ人足四人を付属させるにより、その人数証文の通りであるから街道筋も宿泊所も、万端抜かりなく手配するようにせよ

正徳二年（一七一二）辰の三月　日

とあり、包紙の上には「御証書の写し」と記してあった。この他に、覚、人足四人、木下雲庵、山本伴七以上、と書き記されていた。

宿場役人たちは人足を用意して待ち受けていた。

翌日にやって来た乗物を見るとなかなかりっぱなもので、その中には年齢五十歳ばかりで髷（まげ）を結い、その押し出し堂々たる体軀の医者が乗り、若党侍、草履取、薙刀持、挾箱持、供廻り三人、挾箱には定めの如く「御用」と書いた木札を立てて、この一行は正条の駅につき、そして出発して行った。

その三日後にまた「宿々への達し」という書状がこの宿駅に届いた。その内容は前の書状と同じ文であったが、最後に、「この書状で手配させた一行は、幕府で発行したものではない。つぶさに調べたところ、じつは先に行った一行

は公儀の御用役人に化けた狐どもであることが判明した。いままで街道の宿々もだまされてしまったのである。故に彼らがまた戻って来たら捕えて、その土地でどんな処分にしても差支えない」とあったので、「それではあのりっぱな木下雲庵の薬草改めという行列は狐の化けた偽物であったのか」と宿場役人たちはあきれたが、先き触れの発行元も、お触れを受け取ったという記入もないのは不審であったとも思い、また、文書がいかにも公文書めいていて狐のいたずらにしてはできすぎていると驚いた。しかしこんな事件のあったのは播州（播磨国・今の兵庫県）の宿駅のみであったというのもおかしなことで、これは播磨に棲む狐の仕業らしいということになった。

だが、江戸時代までの狐はずいぶん手のこんだ化かし方やいたずらをするが、こうした規則どおりの公文書まではたして表現できるかどうか、疑問がある。これは案外公儀の名をかたった悪質な人間のいたずらを、なにかの都合で狐の所為（せい）にしてうやむやにしてしまった内情があったのではなかろうか。

しかし、このように手のこんだいたずらをすれば公文書偽造であり、公儀の名を騙（かた）った大罪であるから、たとえいたずらでもお膳立てにこんなめんどうをなことまでは人間はやるまい。やはり狐のいたずらと見る方に落ちつくだろう。

狐の放火

いじめられると仇をなす

狐は火を発する故に、火を付けて放火することがあるとも考えられたことはすでに鎌倉時代からみられる。『宇治拾遺物語』にはこんな話が出ている。

昔（『宇治拾遺物語』でいう、昔のことであるから平安時代に当たるか）甲斐国（山梨県）に館（たち）（国司の庁をいうか）の侍が夕暮れに退庁して帰宅する途中、狐がいるのを見つけた。一つおどかしてやろうと馬を走らせ、犬追物のように引目（鏃（やじり）のところに蕪状の形の木で、中を空洞にしたものをはめてある、二、三本横に筋が付いているので引目、蟇目（ひき）目という）を取り出して、ひょうと射ると矢は狐の腰に当たり、転がって悲鳴を上げ、びっこを引きつつ草むらに逃げ込んだ。そこで男ははね返った引目の矢を拾ってまた馬に乗って行くと、先刻の狐が腰を痛そうにして先を行くので、もう一回射てやろうと構えたが、スーと消えてしまった。

わが家に四、五町（五百メートル）ほども近くなったころに、二町（約二百五十メートル）ほど先をまた狐があらわれ、それが火の付いた木をくわえて走って行く。いったいこれは何だろうと、馬で追跡したが追いつかないうちに狐は人間の姿に変わって、持っている火の付いた木で、わが家に放火した。これは何事ぞと近寄り弓に矢を番（つが）えると、今度は元の狐の姿に戻って草むらに飛び込んで消えてしまった。そうこうしているうちに侍の家は焼け落ちてしまった。

考えるに、こうした獣類でも、苛（いじ）められると仇を報じるものとみえる。この話を聞いた人は、こうした化性の者には、苛めてはよくないことが起こるから注意したほうがいい、と言い合ったという。

狐は迫害されると仇をなす話はすこぶる多いが、放火する話が近世にまであるのは狐火とも関連があるらしい。

東本願寺が焼けたのは寛政三年（一七九一）十一月十五日のことで、これは『甲子夜話』巻四十二、二十項（一四二ページ参照）に詳しく記されているが、その後聞（同巻四十七の七項）として、「東本願寺狐誑」に狐に仇をされたことが記されている。

この頃（翌年のこと）京都から来た人の話であるが、この火事の前のことだったが、門跡（門徒の統領をいう。ここでは本願寺管主）が京都市外に別荘の地を求めて自ら検分に行き、適当な土地を見つけた。その地には古くより狐の棲む穴がたくさんあったが、別荘地として開拓すれば狐は棲むことができないだろうと、生類憐れみの慈悲心微塵もなく、ただ己れの栄華のために「狐の棲む穴はめざわりであるから取り壊して埋めてしまえ」と命令した。

そこより戻る途中、同じ道を何度も行ったり来たりして、一同はぼおっとしてしまった。そのうえどこかの竹垣に駕籠の棒鼻を深く突っ込んでしまい、後ろにも前にも動けなくなってしまった。そこで初めて門跡始め、従者一同もはっと気がつき、狐のうらみをかって化かされていたことを覚った。そしてようようの態で本願寺に戻ったという。その後幾許（いくばく）もなく本願寺は失火して焼け落ちたが、これも狐の仕業であるともっぱら京中の噂（うわさ）であった。

この火災はおそらくなにかのあやまちからの失火であったろうが、以前狐に化かされたという評判が立っていたから、これも狐が仇をして火を付けたとみられたのであろう。狐こそ巣穴を壊されたり、放火犯に仕立てられいい迷惑である。

第八章　狐　憑　き

女官に憑いた狐

狐憑きのもっとも古い記録例

平田鉄胤が文政十一年（一八二八）に序文を添えた平田篤胤の『古今妖魅考』の中には、俗にいう妖怪話が集められている。

大和国（奈良県）の葛木山（葛城山）の頂上に、金剛山という山があってここに貴い僧が住んでいた。永年ここで行を積んで術を身につけた。鉢を飛ばすと、鉢は麓の信者の所まで届き布施の食物を入れるとまた聖人の所に戻って来て、水が欲しいときは瓶に命じるとすかさずに谷川に行って水を汲んで戻って来る、という神通力を有しているので、一人で山中にいてもなに不自由なく生活できるし、いろいろな効験を示すので有名であった。

この鉢を飛ばし瓶を走らすのは一種の幻術で、こうした聖人の話はほかにもある（たとえば役行者とか『志貴山縁起絵巻』に描かれている聖等）。

この噂を聞いた文徳天皇（在位八五一～八）のとき、おそらく『元亨釋書』の記事などから推定すると天安二年（八五八）のことと思うが、この聖人を参内させて宮中で加持祈禱をさせようとした。聖人は固辞していたがあまり宣旨拒否はよくないと思って参内して加持祈禱した。すると一人の女御（女官の位）が急に狂い出して泣いたりわめいたりして大騒動になった。

聖人はこれに取り合わず、いちおうに加持すると懐中から一匹の老狐が飛び出して女御は気絶した。これは女御に

狐憑きの女官を治す

狐が憑いて宮中に妖しげなことが起きていたからで、記録としては狐の憑いたといういちばん古い例である。

この聖人はおそらく「獣類として人に憑くなどというのはもってのほかである」と道理をいい聞かせたので狐もたまらなくなって逃げ出したのであろう。

『古今妖魅考』はこうした妖魅の話を集めて考証したものであるが、国学者にして神道家の平田篤胤は、狐憑きの事例を上げて天狗と狐の関係を詳細に解析するとともに、狐が憑くということを信じて疑わなかったのである。

女に憑いて食べ物をねだる「ああ、おいしい、おいしい」

これは鎌倉時代に成立したと伝えられる『宇治拾遺物語』に載っている。

昔、〝物の怪(け)〟が憑いて病気になった女がいた。その物の怪を吟味するとその女は「わたくしはたたりをするためにこの女に憑いたのではありません。じつは子供が塚の棲み家にいて食べ物をやらなくてはなりません。ですからここに来たのは食べ物をもらうためです。どうか粢(しとぎ)(指形のつくように握った握り飯)を分けてください」とたのんだ。

そこで粢をさっそくつくらせて与えると、少し食べて「ああ、おいしい、おいしい」といったが、女は紙をくれというので与えると、残りは子供にやるために包んで持って行くといい、それを懐に入れた。そのあと「わたくしから狐を追い出してください」というので狐憑落としの修験者が「退散しろ、退散しろ」というと、女は立ち上がって倒れ、気絶した。しばらくして気がついて起きあがったが、懐に入れた粢の紙包みはなくなっていた。女に憑いた狐が離れるときに持ち去ったのであろうが、じつに不思議なことであった。

食べ物が欲しくて女に憑いた話であるが、身体を借りられた女のほうは迷惑である。女にでも男にでも化けられる能力があるなら、別の方法で化けて出て食べ物を乞うたほうがよいのに、女の身体を利用するとはあまり利口でない。

ただし、人の身体を借りたほうが、そばの人間は憑きものを落とそうとして真剣に対応するから、それも効果的なのかもしれない。

分別もある狐
いちおうこらしめてやるか

『犬著聞集』に、一度人に憑いた狐が前の恩義を思い出して手かげんして去る話がある。

丹後国(京都府)岑山に角兵衛という男がいた。あるとき昼寝しているところを狐が子供をつれて来て遊んでいた。気配に目をさました角兵衛はうるさく思って狐を追い散らしたが、一匹の子狐が逃げ損なったのを捕えて半殺しにして苛(いじ)めた。親狐はうらんで角兵衛に憑いて狂乱状態にした。そこでまわりの者がいろいろ方法を講じ、狐落としの修験者を頼んで祈禱させたところ、狐は角兵衛の口を借りて膝をかがめ人に挨拶していうには、

「角兵衛が私の子を苛めたのでうらんで憑いて悩ましてやりましたが、以前に自分は犬に襲われたときこの角兵衛が犬を追い散らして危ないところを助けてくれました。今回は自分の子を苛めたのでこらしめのために憑いたのですが、前の恩義があるのでこのくらいで勘弁します」といって突っ伏した。と同時にまるで目がさめたように常人に戻った角兵衛は、「どうやら狐は去ったようです」といった。

狐は以前に角兵衛に助けられたことがあるから憑いて復讐しなくてもいいのであるが、今回は自分の子を苛められたのでいちおうこらしめたがここらで退散するというなかなか分別ある狐である。

しかし野良猫、野良犬などは人に迫害されても復讐したり、人に憑いたりして苦しませることはしないのに、なぜ狐に限ってこうした復讐をするのであろうか。そこに狐としての狭量と執念深さが見られるのであるが、これがはたして狐の性格であろうか。

狐遣いは土御門家の支配ではない
人が人をたぶらかす術

狐を遣って、人を惑わせたり悩ませたりする狐遣いの邪法を行なう者が、陰陽師、山伏修験者、僧などのなかにいた。室町幕府の医師高天はこの邪法を用いたことが発覚して、讃岐国（香川県）に流罪となったことが後崇光院の『看聞御記』や『中原康富記』『雅言集覧』『孝経楼漫筆』等に記されている。

これを「狐遣い」というが、管狐や、おさき狐をいったん他人に憑け、もうけるために祈禱して狐を退散させるという悪徳業者もいる。貞享三年（一六八六）刊の『古今百物語評判』には、

「狐遣いは、白狐を殺してその霊を祠って、頭の骨を裂いて自分のひたいにつけると、隠形の術が使えるという。しかしあたりに砂を撒いて置くと、砂の上に狐の歩いた足跡がついたり、日射しに狐の影が映ったりして、感のよい犬は狐の気配を感じるという」と記されている。

文化十三年（一八一六）に武陽隠士が記した『世事見聞録』に、人をだます陰陽師の記述がある。

神祇職の土御門家の支配下にある陰陽師どもは、三ケ津（京、大坂、江戸）はもちろんのこと、全国に散らばっているが、その数は万人を超えるであろう。この者どもは土御門家の支配を受けていると称しているが、土御門家の門を潜ったこともなく、特別に秘法を伝授されたものでもない。土御門家では諸国の必要な所に、陰陽師関係の取締り役所の支所を置いている。そうした所に属しているように見せかけるために、毎年土御門家に献金し、御札をもらい、土御門家の支配を受けている権威ある者と偽ってこの世を渡っている連中である。

土御門家や白川家、吉田家の神祇職でも、門人や支配下の者と称する者たちに御札を渡しているが、門人や支配下と称する者の顔も知らず、その者の素性も、善い者か悪い者かも知ろうとしないし、またどんな方法で人を誑しているかも関知せず、彼らが毎々納金をするのをよしとしているのであるから、両方とも欲の皮のつっぱった同じ穴のむ

じなとしか思えない。

こういった連中が、他人に狐を憑かせ、かつ除いたりしているのであるという。

ちなみに、こうした偽修験者がいて縄抜けしたり、いろいろな幻術（めくらまし）（現在では奇術）をやって悪事を働き、町奉行所に捕まっていっぺんで音をあげたことがあったが、彼らの術と称するものがいかにインチキであったかがわかる。つまり、狐遣いというのは狐が人を誑すのではなく、人が人を誑すのである、ということを武陽隠士はいいたかったのである。

第三者に憑いて仇をとる
だから狐は卑怯者？

根岸肥前守鎮衛の『耳袋』には、卑怯な狐が登場する。

常州（茨城県）新治郡（にいはり）土浦九万五千石（土屋家）の領内に小室甚五郎という武士がいた。はなはだ豪勇で、つね日ごろ火縄銃を撃つことが好きで山に行っては猟をしていた。この山には土地の人々が官妙院と呼んでいる狐がいた。その妻狐はお竹と呼ばれ村人からは親しまれていた。お竹のために稲荷の社殿を建てたりして崇敬する者もあった。

あるとき、甚五郎はこのお竹狐を二つ玉（弾丸を二個詰める射法）で撃ち留めて、これを料理し、酒の肴とした。ところが、妻お竹を殺された官妙院狐は悲しみ、そしてうらんで、土浦の城下に近い他の大名領に住む農民の女房に取り憑いて、甚五郎をさんざんののしって狂った。その女房の夫はもちろんのこと村中の人々が集まって、

「まったく関係のない他領の者に取り憑くなどというのは了見違いもはなはだしい」と責め問うと、狐憑きの女は、

「わしの女房を殺して食べるほどの図太い甚五郎にどうして取り憑けよう。土浦領に入るだけでも恐ろしいから、お前の女房に取り憑いたのだ」といった。

この由がやがて甚五郎の耳に入った。甚五郎は憎い畜生のやり方である、それなれば夫の官妙院狐も撃ち殺してく

稲荷をののしる小室甚五郎

れよう、と狐憑きのいる村に行き、

「不届な畜生め！　たとえ他領の稲荷社でも容赦はしないぞ！　ぶっ壊してやる！　たとえ幾日かかろうと、草の根分けても官妙院狐を探し出して鉄砲で撃ち殺してやるぞ」と稲荷社の前でどなると、その女房に憑いた官妙院狐は恐れをなして退散し、その後何のたたりもなかったという。

狐はうらむ相手が強過ぎると、その相手に憑き狂わせることをしないで、まったく関係のない者に憑いて周囲の者を困らせる。周囲の者が仕方ないから相手の者に訴える、という間接的方法をとる卑怯なやり方をすることが往々にしてある。

まったく関係もない者が代わりに取り憑かれてはなはだ迷惑な話である。だから狐は卑怯者と思われるのである。

人に憑く管狐（くだ）
肉体に入り込む小悪魔

これは『甲子夜話』（松浦静山）に載っている話だが、江戸飯田町（現在の東京都千代田区飯田橋）で開業している町医者の伊藤尚貞から朝川善庵（学者で『善庵随筆』などを著し博学で聞こえ、『甲子夜話』の著者肥前松浦六万千七百石の城主松浦壹岐守清と親交があり、『甲子夜話』には善庵の話が多く載っている）が聞いた話である。

この医師伊藤尚貞は、管狐が人に憑いたのをたびたび治療したという。尚貞がいうのには、管狐が人に憑くときにはその人の手足の爪の間から肉体に入り込み、皮膚の間に潜（ひそ）むのであるから、その人の手足の指をそれぞれ縛って、そこから逃げ出せないようにしておいて、管狐が潜伏していそうなところを針で刺して順に追い詰め、ここと思ったところを切り開くと、皮膚の中から小さい丸い毛のようなものが現われる。これが管狐であるが、たいていその場所は瘤のようにふくらんでいて、これが管狐の精気であるという。それから家中を探し回ると必ず狐の死骸があり、天井裏などに転がって死んでいることが多い。

管　狐

尚貞はこうした狐憑きを治療し、狐の死骸をみつけてその皮を剝いだものを二枚持っていた。この狐の皮をこの目で確認しているが、その皮は鼬（いたち）より少し大きく、毛の色は黒く、目は三眼の仏像の真ん中の目のように左右とも縦についていた（吊りあがっている）という。

野狐が憑いた場合にはそうした瘤のような隆起はない。これは管狐が憑いたのか野狐が憑いたのか見分けるコツであるという。

善庵は当時博学で知られ、それと親しい松浦静山は善庵のいうことは全面的に信用していたから、医者伊藤尚貞の盲信が善庵、そして松浦静山へと伝わっていったのである。

管狐が人に憑くということは、天保六年（一八三五）に服部宣の書いた『名言通』にもある。これには、クダ（管狐の略称）は信濃国伊奈郡に多く見かける。小さい狐を竹の管に入れて飼っている。また、大サキ使い（尾裂狐、尾崎狐ともいって尾の先が二股に分れていてこれも人に憑くという）は上野国の南牧（なんもく）村にいるというが、これも管狐の一種である。備前、備後から出雲国にもこうした人に憑く狐がいる。地方によっては猫が憑いたり、犬が憑いたり、九州では蛇が憑いたりするというが、みな狐憑きと同じ症状で、その霊や身体が人間に乗り移って狂乱させるのであるから、こうした災いをなすものには近付いてはならない、と書いてある。

このクダ狐については昭和七年（一九三二）平凡社発行の『大百科事典』に、

「管狐、民間信仰の対象をなす一種の想像上の動物で、単にクダともまたクダンギツネともいふ。中部日本、殊に遠江、三河、信濃、美濃地方に多くその存在を信じられていて、関東の一部地方に於けるオサキ狐などと称するものと対比すべき地位にある。その言ふところは狐の一種で形は遙かに小さく、鼬に似て毛は稍黒いとも赤いともいひ、尾は太く大なりとも、或は鼠ほどの大きさにて群棲するともいひ、また管（紡織に用ゐる）の如くまた更に小さいなど伝へて一定せぬ。狐より小さいといふ以外は、その形態、毛色等も見た者や語る者によつて異なり、偶々捕獲したものもコエゾイタチ、ヤマイタチ、ヤマネ等の小動物をこれに仮称していたようである。管狐の特色は形態よりも、寧ろその霊能を信ずる人の観念にあつた。（中略）

その特殊の家筋の者を管附（くだつき）、管筋、管屋などといふ。祖の家人または主人の意志によつて行動し、縁組等によつて系類を広めると信じられ、一般人は婚姻を避ける風もある。しかし近世の事実ではその家筋であることを標証する根拠はなく、これを認定するのはその伝統を支持する周囲の者の意志で、決定の基準は、特別の伝承のある場合を除いては、多くその家の富の昂進と関係を附けるようである。急激に資産の増加した場合などには第一に疑の目を以て対し、従って家運が衰えれば退散したとか、または取扱が粗末の結果であるなどといふ。管狐が主のために富を作る方法の一つとして、物を売る時は品物に乗つて加重をはかり、買う場合は秤の分銅に取縋（すが）るなどというのも、オサキ狐の場合と共通の言である。」

とあり、クダ狐を信じている人は、この狐は陀吉尼天の使い、苦陀持大前使（くだもちだいぜんし）と称して信仰したりしているし、現在でもある稲荷社では二センチ程の焼物をクダ狐と称して売ったり、それを稲荷神の前に供えたりしており、かつての俗信の余韻がみられる。

管狐を利用する行者
狐は飼い主のいう通りに

『甲子夜話』巻十の三十七には、松浦静山のクダ狐観察論がある。

クダ狐というのは狐の一種で、この狐はすこぶる小さくて鼬（いたち）のようだといわれているが、一度見て確認したいと思い、予備知識として小野蘭山の『本草啓蒙』を見たが、この本にはクダ狐はいないとあり、また『本草綱目』の集解には「形は小さい黄色い犬のようで鼻が尖り尾は大きく狸には似ていない」と記されていて両者の説は大幅にくいちがう。たぶん『本草綱目』にあるのはクダ狐ではあるまい。

最近、江戸浅草の御蔵前（徳川幕府およびその家臣の食料の、貢物税として領地から納めさせた米を収納する蔵の並んでいる前の町を蔵前という）の空地で小さい獣を見世物にしているといううわさをきいた。その獣は狐に似ているが小形で小犬のようであるという。鼻は尖っているが尾は小さくて細く、後方にはねあがっていて『本草綱目』の記述とは違っている。私（松浦静山）は、これが本物のクダ狐ではないかと推量して家臣を派遣し、またこれを描かせた。（前に記したとおり『甲子夜話』には詳細な解説付きの図がある。松浦静山は大名であるから一人で見に行くことは憚かれるし、大名行列をして見に行くようなぎょうぎょうしいことはできないから、家臣を派遣してスケッチさせたのである。）

だが、このクダ狐と思われた動物は日増しに育って大きくなり、普通の狐となってしまったからこれはクダ狐ではなかった。静山のところに出入りする朝川善庵という学者は、狐のことに興味あると見えてすこぶる詳しいが、彼の言によると、クダ狐というのは、とある霊山で修行する山伏がこれを授け与えるという。また、この狐は遠江国（静岡県）西部や三河国（愛知県）の北寄りの山の中に多く棲んでいるという。

ただし、この狐を授けられるのは金峰山大峰に修行した山伏で、しかもたびたび入峰して修行を積んだ人に限られておりやたら授けられない。

授けるときは、このクダ狐を竹の筒に入れ、表に梵字を書き、呪法を行なって授けるという。これをそのまま持っていて持念すると、その後は餌をやる必要はない。これがクダ狐を正しく使う法である。

ところが、竹筒から出してクダ狐に餌を与えると、クダ狐は他人の隠しごとや人の心の中を読んで、持ち主に知らせるので、わるい巫は祈禱の威力を見せる手段として悪用する。または他人に取憑かせて困らせ、その憑き物を除いてやると称して不当の収益を得たりする。こうしたことは邪道として用いる方術であるが、このクダ狐は、普通の行者では一度竹筒から出したが最後二度と筒の中に入れることはできない。

狐遣いというものは、このようにクダ狐の餌のやり方ひとつにしても難しく、上等の餌をやらぬと狐は自由に使いこなせないともいわれる。また、筒の中に雌雄各々一匹入れるので、筒から出すと子供を産み、だんだんと数が増えて、餌代がかさんで困難になるという。その餌代を稼ぐだけでも大変なので、しだいにわるいことを考え出して行者としての誇りを失って悪行者となり、やがて破滅の道をたどる者も少なくないという。

狐は、狐遣いの行者にはよくなついて放し飼いにされる場合が多いが、自由に出入りができるので、外の泥土を踏んだ足のまま行者の寝蒲団の中にまで入ってきたり、また獣臭もはなはだしいが、これを我慢しなければ狐はいうことをきいてくれない。

こうして一度クダ狐を授った以上、嫌になったからといって捨てるわけにもいかず、一生飼い主に付きまとう。もし、他人にそのクダ狐を譲ってくれといわれて分け与えても、新しい飼い主が気にいらなければ元の飼い主のところに戻ってしまう。そして飼主が死亡して、行くところがないと江戸郊外の王子村の稲荷の森に集まって来る。これが有名な王子の狐である。

クダ狐はすべて人に飼われているので飼い主が死んでしまうと自分の力では生きていけず、狐信仰の強い王子村に自然集まって共同生活をするようになったのであろう。

また、『秉穂録』には、「遠州地方の話であるが管狐は人に憑くことがあるが、憑いた人は必ず生味噌ばかり食べるようになり、他の食べ物は摂らなくなるので、憑いたことがわかる。鎌鼬(かまいたち)というのは人には憑かないが、不意に人を傷付ける奇性な動物で狐とは対照的である」と記されている。管狐というのは江戸時代まで信じられていた狐で、はなはだ小型で竹の筒(管)に入れて飼い、飼い主の命令によって他人に憑いたり、予知をしらせたりするといわれる動物である。

オサキ狐は吉兆をもたらす
家に住みつくので注意を要する

これは喜田村信節の『筠庭雑録』に掲載された話である。

オサキ狐は、大崎、尾崎、尾裂き、お先などといろいろな表現があるが、それぞれ諸説があるようだ。

上野国（群馬県）藤岡の人の話だが、オサキ狐は始めは武蔵国（埼玉県）秩父郡だけにいたのだが、そのオサキ狐持ちの縁者（婚姻で）となった上毛にも分布するようになった。それがため上毛・下毛地方の方がオサキ狐の本場のように思われているが、元は武蔵から出発したのであって、いまでも秩父郡には代々オサキ狐持ちの家が残っているという。

こうしたオサキ狐持ちの家というのはかなりあるが一般では嫌がる。婿を迎えたり嫁を入れたりするときには、よくよくオサキ狐憑きの家系であるかどうかを調べて縁組みをしないと、狐憑きにとり囲まれてしまう。

オサキ狐というのは婿であろうと嫁であろうと縁組みがあるときには必ず従いて来て、その家に棲みついてしまうから注意を要する。これに気がついて早々に離別すれば、オサキ狐もいっしょに去って行くから、後々めんどうなことは起こらない。もし、子供が生まれるまでいっしょであったらオサキ狐は絶対にその家から離れず、夫婦が離別して出て行っても狐だけは残ってその家に永代棲みついてしまう。

この狐は土用の季節子を産み育てるから鼠算式に増えてゆき、その家の婿、嫁が離縁となって去っても、狐だけは居残って増える。大きさは鼠ぐらいで毛並みは白く光沢があり、また赤や黒の斑もあるという。多くの場合連らなって行動するが、人の目にはめったに見えない。

この狐に憑かれた家のものがうらみに思う人があると、うらまれた人はオサキ狐に憑かれてうらみごとを口走り、病人があるとそれに憑いたりしてあらぬことをいいだす。私もその狐に憑かれた病人に逢っていろいろと問うたことがある。狐の憑いた家の人は必ず鼻筋が曲がっていて、山葵を持っている人、偉い人、勇敢な人には憑かないで恐れる。

またオサキ狐は味噌が好きなのだろうか。樽の表面は変わらないが、中はみな食い尽くして空にすることもある。上毛地方では、オサキ狐に憑かれたとわかると秩父の三峯権現から御犬（狼の印を捺してある神札）を借りてくると狐はこれが恐ろしくて去って行くといわれている。

さらにその藤岡の人が話すのには（いつの間にかオサキ狐の話から一般の狐の話に変わっているが、狐が憑くという話にはちがいない）、藤岡の竜源寺の境内の藪の中に狐の棲む穴があり、六、七年前から人々はこの狐を信仰して、いまでは社殿まで建て、お詣りする人も絶えない。祠の後ろには神狐が出現するといって夜中でも明かりをつけ、狐の好きそうなものを供えて待っていると夜更けて、白狐、黒狐、斑狐などが現われる。これを見ようと夜でも参詣に来るものが絶えない。

私もこれを見ようと三晩続けて通って黒狐を見たが、なにしろ暗いので明瞭り確認できず、もしかすると黒猫であったかもしれないと半信半疑であった。ところが当年（今年、天保三年、一八三二年のこと）七月に黒狐の子がその社殿の傍らに死んでいると寺の別当が知らせてくれた。行って見ると、たしかに猫ぐらいの大きさで全身爪まで黒い狐の姿であるが尾は一般の狐よりも細くて短かったが、腹は膨らんでいた。

別当がいうのには「何か毒のあるものを食べて死んだのか、あるいは暑さで身体を損ねて死んだのであろう。黒狐は去年は二匹生まれ、一つは尾が太く普通の狐並みであったが、一つは尾が細く、親はもう少し体格が大きかった」といった（尾の細いという点は松浦静山の『甲子夜話』に記す蔵前の見世物のクダ狐の図に似ている）。また、「黒狐（玄狐）は数百年経って毛が黒くなり、体形も成長が逆行して小さくなると聞いたことがあるが、この黒狐の死骸を見るとあくまで白狐は白毛、黒狐は黒毛、斑狐は斑というように毛色の種類があるらしい」と別当はつけ加えた。

私（筠庭）が思うに『続日本紀』の元明天皇（在位七〇八～一四、奈良時代）の項に「和銅五年（七一二）壬子秋七月壬午に伊賀国から玄狐を献上した」とあり、後世伊賀専女（専女は狐の異名）というのも、これからきた言葉であろうか。清の『三朝実録』に天聰九年に「図黒特という者が西拉木輪河地方（不明）で黒狐を獲って朝廷に献上した。黒狐は長白山（朝鮮の北方の山）、東海の倭国に及ぶ哲虎爾哈部落の方に住んでいるものである。その地方の人は毎年これを獲って貢物をする」とあって、日本には棲んでいないようだ。また、順治十四年（一六五八）に「東彛託羅氏南去等が来朝して斑の黒狐を貢物として差し出した」等と記されている。花黒狐というのは黒斑の狐の皮である。韃靼（北方の騎馬民族）の地域よりは中国東北方にこれらの狐は捕れるのであろうか。

ここ松前藩領に現在黒白斑の狐がいる。黒狐の毛皮は蝦夷（北海道）より採れるという（この黒狐というのは貂の毛皮のことらしい）。

オサキ狐の説明から狐全般の解説に発展し黒狐出現の瑞兆に及んでいるが、オサキ狐の古い記録にまで穿鑿は及ばず、動物学的検証にも踏み込んでいない。

安政五年（一八五六）に流行したコレラのことを記した『頃痢流行記』には、次のような騒動が記されている。

安政五年八月の中ごろのことであるが、江戸佃島の漁師何がしという者に野狐が取り憑いて悪態を口走り暴れるので、まわりの者が集まって神主（神道）や修験者（神仏混淆の修行者、山伏など）に狐落としの祈禱をお願いして、狐が落ちるように責めた。狐も神仏の威光にはかなわず、ついにその漁師の身体から抜け出て逃げようとしたのを人々が追いかけて捕えただちに打殺したが、年長の者が、燃やしてしまえというので焼いて灰にした。しかしあとのたたりが恐ろしいので三尺四方の社殿を作って、その狐の霊を祭ることにして「尾崎大明神」として崇めたという。

尾崎は前に述べたとおり尾裂きで、オサキ狐のことである。このように、オサキ狐は狐の中で特殊の存在として分類されているようだが、いつのまにか普通の狐並みと認識されてしまい、とくに、人に憑くということから狐の最下位の野狐と混同されてしまった。

つまり、オサキ狐は荒川から南にはいないというのが江戸の南端にまで存在したことになってしまう。

飯綱明神と荼吉尼天

仏教や修験道に利用されることもある

葛酒家主人呉秀三の『霊獣雑記』に、狐を利用した独特の呪法について記した一文がある。

近世飯綱の法といって狐を使う者がいる。伝聞では至って小さい狐であるといわれている。世にいう〝クダ狐持ち〟とか〝おさき使い〟のたぐいであろう。松屋外集という書に鞍馬天狗の謠いの文句を例証として〝飯綱は狐を祭るのではない、天狗を祭るのである〟とあるが、鞍馬天狗の謠いの文句の例だけでは確定した証拠とはきめがたい。また、諸国に散在する飯綱の社の祭神は天狗だという明瞭とした証拠があるか。これは世の人のいうように陀吉尼天の邪法をもって狐を使うだけである。このような邪法を行なうのが飯綱信仰で、その邪法を行なって喜び天狗信仰が混淆してしまったのである。

これは、飯綱明神と天狗の関係、そして狐との関係がどうして結びついたのかその経過はわからないが、飯綱明神の像が、烏天狗の貌をした不動明王の姿で、火炎を背にして白狐に乗っている態で表現されているから狐と連想したのであろう。この像を対象として荼吉尼の呪法を日本的に考案した飯綱の法、これを用いる飯綱使いという独特の呪法と存在が世人に認められるようになった。

飯綱とは信州戸隠山の前山の名称で、古くは戸隠山修験道の行場であり、山の名は飯綱山といった。

飯綱の名の起こりは『奇区一覧』によると、飯綱の一部に湿地帯があって、そこの土砂から大麦の割飯のような粟飯が生じ、これが食用にもなったので飯砂の名が起こった、とあり古くより保食の神（つまり稲荷神）が祭られていた。

明治の神仏分離令によって地元の荒安村から政府へ提出された「飯綱神社上申書」に、

右飯砂山は保食神の降跡にて一山全体を以て明神と崇め奉り、水内郡荻野城主伊藤兵部大夫豊前守忠綱、後堀河帝御宇に当り、明神の勅を蒙り、天福元年山頂に幣座を構へ大願を発して穀食を断ち奉仕を努め、遂に神通自在を得て長寿致し、応永七年に登遐仕候　其子次郎大夫盛綱同じく長寿を得て奇験御座候　即ち千日大夫と申し候

とあるように保食の神を祭ったことから始まるが、文久三年（一八六三）の『勧化帳』には、その経緯が記されていて、後世に作られた付会もあるであろうが、保食の神の飯綱山に役行者が飛行して山伏行者に逢い、それを天狗と称し、天狗信仰の結びつきとなったことがうかがえる。

こうした経過から生まれた飯綱神は、愛染明王（仏教でいう後身は荼吉尼天）、不動明王、摩利支天、十一面観音の混淆した神体が形成されていったのである。故に、姿は愛染明王や不動尊の立像、山伏すなわち天狗のイメージから、顔は烏天狗の相貌で、背には飛行自在の両翼をつけ、そして稲荷神と狐の結びつきから生まれた狐神に乗る、という姿として表現されていく。

以上が、『霊獣雑記』の記述である。これが飯綱明神の姿として定着するが、なお山岳修験道によって開山された山はほとんどこの姿の神体で、高雄山、秋葉山、道了権現等に見られる。なお、飯綱権現信仰は東日本に多い。

そして飯綱明神（権現）修法は荼吉尼天法を古くより行なうので、往々狐遣い行者と混同され、飯綱行者は飯綱使い（この場合の飯綱は狐の意味として用いられる）などと称され、狐はクダ狐を用い、一種の妖術使い視されるようになった。

朝川善庵も『善庵随筆』巻二に、

因テ思フニ諼園遺編ニ　イヅナハ信州ノ山ノ名ナリ　イタダキニ天狗ノ祠アル故ニ山ノ名ヲ以テ其法ニ名付ケ其法ハ天竺ノ荼耆尼天ノ法ナリ　法ヲ行フニ抹香ヲタケバ行ハレヌト　コノ荼耆尼天ノ法ハ狐ヲ駆役スルモノニゾヤ（この文の次に『古今著聞集』の知足院の話が載っている）トアルニテ推知スベシ

と記し、いつのまにか荼吉尼天と狐は不離の関係となってしまった。

そもそも荼吉尼天とは、古代インドのバラマウ地方のドテヴィタ族中の一部族、カールバース人の信仰する地母神ダーキンで、土地の豊穣をねがう対象の神であるから、仏教を通じて日本に伝わって稲荷神と習合したと考えるのもおかしくはない素地を持っていたのである。

それがヒンドウ教に吸収され、三大主神の中のシヴァ神の妻カーリーの侍女神となり、凶神として人の死骸を食う神とされ、さらに仏教の護法神の仲間に入れられたが、人の死を予知する神となり、予知の能力を得たい宗教者から崇まれて陀耆尼天法（荼吉尼天法）なるものが生まれたが、やがてこれは呪法神視されるようになった。

そして愛染明王、弁才天、稲荷神とも習合し、仏教の場合には弁才天的スタイルの荼吉尼天、修験道の場合には飯綱明神的スタイルとなり、いずれも稲荷神習合を土台として狐に結びつき、狐はクダ狐あるいはおさき狐が駆使されるようになった（ダキニ天については拙著『ダキニ天信仰とその俗信』参照）。

『善庵随筆』にも、「荼耆尼天ノ法ハ狐ヲ駆役スルモノニゾヤ」とあり、この考え方は現代の『大言海』の「管狐」の項に、「小狐ヲ使ヒテ人ニ憑カシムルモノト云フいづなつかひノ類ナルベシ。略シテくだ」とあるように、飯綱明神に呪法として祈るときは荼吉尼天法をもって祈るから、飯綱明神は荼吉尼天とも目されていたのである。

そしてその効験の介在として狐が利用され、狐の中でもクダ狐あるいはおさき狐が用いられたが、その被害状況は平安の昔から記録に残っている。

狐は神道ばかりで採り上げられたのではなく、仏教でもあり貴狐天王、白晨狐王菩薩等と称し、荼吉尼天の使いまたは荼吉尼天そのものと考えられた。それには山野に棲むありふれた野狐ではなく、変化して筒の中にも棲めるクダ狐、または小型で二股尾のおさき狐というものが創造され、行者及び信者にだけ見える存在となっていった。そしてつい最近までその実在は信じられていた。

これらの狐は仏教の一部や修験道の者によって人に憑けたり、落とし（退去せしめる）たりする道具として活躍する。

住み家を壊されて詫びる狐

悪神をこらしめる強力者

著者不詳の十九世紀の『寓意草』に、狐憑きも豪毅な者にはかなわず退散したという話が載っている。

江戸の渋谷に因幡内匠頭の屋敷があって、家来に八郎右衛門といって強力で柔術が上手で心のしっかりした者がいた。この者は主人に仕えるのを辞めて南へ一里（四キロ）ほどの池尻に仮り住居していた。ここには池尻稲荷という神社があったが、そこの神はいわゆる悪神であった。神主の大蔵某は人々から悪（にく）まれていて「おれのいうことを聞かないと狐神を使ってたたらせてやる」といって支配していた。神主はいよいよ増長し、その行状は目にあまった。

八郎右衛門は、正月元日にことほぐために参詣に歩いていたところ、神主に逢ったので遠慮して道を譲ろうとして待っていた。神主はずかずかとやって来て「おい侍、そこを退け」というので「そっちこそ除（よ）けて通れ」というと「池尻の神主をおのれは知らないのか」と口汚くいう。

八郎右衛門は「神主と知っているからこそ、遠慮したのである。それをいばり散らして何だ！　これ以上文句があるならかかって来い！　力づくなら負けはせぬぞ」とたちまち引き伏せ、烏帽子、直垂も引きちぎって土足で踏みにじった。神主は「ああ口惜しい。思い知らせるから覚えておれ」といって逃げ去った。

八郎右衛門が家に戻ると神主の仕返しと見えて妻に狐が取り憑いて「あのとき恥をかかせたから、取り殺してやる」と罵（ののし）り狂い回った。隣り近所の人も集まって、これは神主が狐をつけたからだといったので、八郎右衛門は、「おれにやられたのだからたたるならおれにたたれ。何の関係もない妻を取り殺そうとするのは道理に外れている」というと、憑いた狐は「汝に取り憑くのは簡単だが、お前の妻に取り憑いたほうが、お前が困るであろうから憑いたのだ」とわめく。

周囲の人々も早くお狐様にお詫びしたほうがよい、というのを家を飛び出して、しばらくして戻って来て、「まだ退かぬか。退かぬとあればやりようがあるから覚悟しろ」と詰め寄ると、狐憑きの妻は大変うちしおれて「お許しください。今後けっしてこのようなことはいたしませんから」とあやまる。まわりの人はあきれて、これはどうしたことで狐が詫びるのか、とたずねた。

すると八郎右衛門は日ごろの稲荷の仕打ちは別として、こうした悪い狐をのさばらせておいたら今後どれほど皆が迷惑を蒙（こおむ）るかもしれぬから、社殿を引っくり返して大便をひり散らし「この土地から退散しろ、そうでなければ考えようがある」と怒鳴ったら、稲荷の狐も恐れ入って「稲荷社として聞こえていたものを、このように汚されては身の置き所がなくなってしまいますから、特別のお情けで許してください。今後はいっさい人にたたることはけっしていたしません」と詫びた。

人々も仲に立って八郎右衛門をなだめたり詫びたりしたので「それなら命だけは助けてやるから早く妻の身体から退け」と責めると「祠がなければ帰る場所がない」と泣くので、人々は祠を起こして元のようにしたので狐はそれから退き、あとはいっさいたたることがなくなったという。

秀吉、威光をもって退散さす
宇多田秀家の娘に狐が憑いた

林月見正森編集の『市井雑談集』（市古叢書其一）には秀吉が登場する。

宇喜多中納言秀家は備前国（岡山県）一か国の大守であったが、ある事情があって一人娘に狐が憑いていろいろと狐を落とす方法を講じたが効果がなかった。そのために秀家は憂鬱病になって、天下に号令する豊臣秀吉の伏見桃山城に出仕しなかった。これを知った秀吉は秀家の娘を召出して、狐に向かって一刻も早く娘の身体から退くように命令したところ、この一言で狐はたちまち退散した。

狐は退くときに「いったん憑いた以上、捕まってたとえ車裂の刑に遭おうとも狐の意地として退散しない覚悟であったが、秀吉の命に背くと、天下の諸大名に命令して、中国、四国、九州の狐をことごとく狩り殺すという心が窺えたので、私一個のためにたくさんの狐が殺されては、義が立たないから、口惜しいけれど退散したのである」と泣きながらいったという。

秀家は大変喜んでお礼言上のため出仕して、その始終をつぶさに言上したら、秀吉はうなずいて微笑しただけであった。狐には秀吉の腹の底が見えていたのである。

吉宗、威光をもって退散さす
八代将軍の若き日の逸話

神沢貞幹が武功、軍談、逸話等を集めた『翁草』には、将軍吉宗が登場する。

有徳院殿（徳川八代将軍吉宗）のときに、御側衆の一人小笠原石見守のある家来に狐が憑いて、なかなか退かないで困っている由を御次の間で同役と話していた。それを吉宗が聞いて、石見守を呼び「その狐にわれが申し付けるから早々に退けと申せ」と仰せられた。石見守は恐縮して急ぎ下城して邸に戻り狐憑きの者に「上意である。早々に退散せよ」と申し付けると将軍の威光に恐れたのかたちどころに狐は落ちた。

石見守も驚いて急ぎふたたび登城して、将軍に拝謁して狐が落ちた由を言上すると、「狐は落ちるはずで、それは当然である」といわれたので石州（石見守）が重ねて言上するのに、「畜生獣類の相手でございますから、時には上意に叛くこともあるかとも存じますが、そうした場合には上様はどうなさるお考えでございましたか」というと、吉宗は、「なに、それは簡単なことじゃ。その狐が余の命令をきかなかったら、江戸中を狐狩りして一匹も生かしておかぬつもりじゃ」と仰せられた。この話は浮田中納言の娘が狐に憑かれたのを秀吉が召して一言で狐を落とした話に似ていて、いささか吉宗の事蹟を飾るために作られた感がある。

前の年に尾張の藩でも有名な強気の士がいたが、その武士の下郎に狐が付いて仲間部屋で罵り叫んで狂った。同輩があらゆる手を尽くしたがどうしようもなかった。それを主人が聞きつけて下郎の頭分の者を呼んでいろいろと様子をきき、しばらく考えていたが、

「わが家来に狐が憑いたなどとは、他所への聞こえも恥かしい。可哀相だがその下郎を手討ちにしてくれるから書院の庭に連れて来い」と申し付け、すぐにでも斬るような激しい見幕なので、下郎の頭分も気の毒だが致し方ないと、下郎の部屋に行き「旦那様が御用だから書院の庭先きに回れ」というと、早くも覚ったのか下郎は震え出し、行くの

は嫌だと暴れるのを大勢で押え付けて連れて来ると、その下郎は、「もう退散します。退散しますからお許しください」と途中で抵抗して逃げ出し、表に出たかと思うとバッタリ倒れて気絶したと同時に狐は退き、正気に戻った。これは主人が脅しにかけたのではなく、思い込んだらどんなことでも押し通すという強い意志の人であることを狐は早くも察知して、恐れて去ったのであろう。

この二話は、狐が相手の恐ろしさを早くも察知するほどの感を持っていることを示したものである。

狐憑きを落とす秘薬
聞いただけで震えあがる

『日本随筆大成』巻三所載の長谷川宣明著「三余叢談」には、狐憑きを落とす秘薬として、

「マチン、鉄粉、黒大豆右の三味を煎じて呑ましむれば、狐大いに恐れて落るなり。大概この薬を用いんとすれば呑まずして狐落つるなり。すべて獣類には大禁忌なり。」

とある。マチンとは、馬銭（マチン）科（フジウツギ科。マチンは中国音）に属する常緑喬木で、原産地は東インドである。その実からストリキニーネを採り薬用とするが、犬や鼠を殺すのに用いられ有毒であるから、狐を恐れさせるために用いたのであろうが、かなり危険である。少量を麻痺剤、健胃剤に用いるが医学知識のない一般の人が用いることは禁物であるにもかかわらず、江戸時代は生半可な医学知識のある者がこれを用いた。

その危険性は、江戸時代でも知られていたから『浮世床』にも記されている。マチンを入れた煎じ薬を飲ませるぞ、ときけば恐れをなして狐は落ちたという。

津村淙巷の『譚海（たんかい）』にもこの薬の記述がある。

江戸の本所で狐憑きが出て、口汚くののしって騒がしいので、ある老人が狐落としにはよい薬があるといってくれた。さっそくこれを食べ物に混ぜて与えたところ狐憑きは食わなかった。そこでまた老人に相談すると、その薬を汁

の中に入れて飲ませろというので、そのとおりにすると狐憑きは汁をひと口飲んで「失敗った。一杯引っかかった」といって苦煩を示して倒れ、気を失ったと同時に狐は退散して正気づいた。

あとで「狐を撃退した特効薬はどんな薬だったのですか」ときくと、「それはマチンを用いたのである」と答えた。これによってマチンとは禽獣には毒であるということがわかった。

これも本当に狐が憑いて体内にいると思っているからこそ狐の嫌がるマチンを用いたので、現代のように精神医学が発達していたら、こんな危険なことはしない。『松屋筆記』にも記述があるが、マチンは狐の大敵と考えられていたのが当時の常識であった。

また、著者不明の『伎芸天念誦法』には次のようにある。

「もし狐魅の病を患ふる者あらば、雄黄、白芥子、芎藭、独頭、萩犀角　羖羊尿　白馬の縣蹄、驢馬の夜眠を取り、ならびに擣き篩い、丸となし、加持一百八遍、鼻孔の中に焼き薫じ、ならびに身上に塗れば狐魅消滅し、その病すなはちなほる。」

狐憑きの治療法
ハリで追いつめ止めを刺す

司馬江漢の『春波樓筆記』によると、その治療法が書かれている。

備前（岡山県）足守の医師杏庵は、狐憑きを何度も治療したことがあるという。ある民家の婦に狐が憑いたときには身体中を順につねって追いつめ、腕先に狐が逃げたようなので、その部分を縛って鍼を打とうとすると、狐は恐れて「いま去ろうとするところですから鍼を打たないでください」といったので腕の縛りを解くと、また元の状態に戻ってしまった。

そこでまた、身体中をつねって追い詰めた。今度は肩に追い詰め「鍼で刺し殺してやる！」と威嚇すると、「今度はまちがいなく去ります。その証拠に籔の中を見てください。私の身体が置いてありますから」というのでそれを確かめたうえ許してやると狐憑きは治った。籔の中の狐はひと声鳴いて去ったという。このように狐憑きというのは、狐の気が体内に入って、あちこち移動すると考えられていたのである。

管狐の項で紹介したが、『甲子夜話』にも「クダ狐」が憑くのは手足の爪の先から入って皮膜の間にいるから、その部分を縛って追い詰めると瘤のような状態になり、そこを切り開くと「クダ狐」の精気が抜け出る。そして必ず天井裏などにその死骸があると書いてある。

『思出草紙』には、旗本の能勢家が狐憑きを治療するに効果のある黒いお札を発行していることが記され、なかなか落ちない場合は焼き落とし法といって灸をすえることがあるとも記されているが、『甲子夜話』は蟇目（ひきめ）の矢を弓に番え（つがえ）て嚇す（おどす）法、『耳嚢』では稲荷神を嚇かす法、『徳川幕府県治要略』では代官所の差紙（命令書）で強制する法等が記されている。

狐憑き現象の解釈
もののけを退散させる

天保二年（一八一三）に佐藤定方の著した『尚古醫典』一名『奇魂』（和田医書）には、治療薬および症状についての記述が載っている。

筑紫（ここでは九州全般をいう）地方では河伯（河童。厳密には河伯と河童は違うが、近世では河童の異名として用いた）のたたりが多い。周防・長門（現在の山口県）では犬神（犬を殺してその霊を祟り（たた）神として悪用する。狐憑きと同じ症状を呈する）、土瓶（小蛇を土瓶に入れて殺したり、生かして貯えたりして、その霊や怨念を利用する）という種々の悪いたたりを利用するものがある。

こうした狐憑きや、また山の精霊とされる山𤢖（さんそう）（深山に棲む猿に似た怪物）が憑いたのも、年功経て尾が二股に裂けた怪猫が憑いたもの、これらを治すには甘松を薫べ、金銀花の煎じたものを服用させるとよい。また一説に、日本の甘松は二種類あって、一つは輸入品であるが、一つは日本製でこれは松の若葉である。『五体身分集』にメンスの薬に、樒、枇杷の葉、日本の甘松を煎じ薬とする、とあるがやはりこの甘松を用いる。松葉が薬効あることは古くからいわれており、狐狸憑きを治すのに「松葉いぶし」の法があるから甘松も効果あるはずである。香月牛山が用いた甘松は輸入品である、と記され、漢方薬で狐憑きを治す法が書かれている。

また、歴史に先祖霊といい、物語に物気（もののけ、物怪）または霊（霊魂）、または狐憑などいろいろというが、これらはみな神気（精神から発する気）で、物の気も神気も同じ意味であることは『古事記伝』でも説いているとおりで、『万葉集』でも鬼の字をものと読ませていることでもわかるであろう。

つまり「もの」とは精神から発する気が醸し出す現象である、というのである。

元禄十二年（一六六九）刊の香月牛山の『牛山活套』には、「本邦にては、多くは狐狸犬猫の類、婦女子に妨げをなして、邪祟となる」とある。

また、病をして生気衰えたときにこれらの邪気はつけこんで入って来るので、精神的抵抗力が負けると病人は死んでしまう。そうした折は、早く祈って邪気退散させねばならないともいっている。

当時の医学はまだ祈禱を無視していないのは、非科学的ながら精神的励ましを重要視していたことがわかる。

また文化十五年（一八一八）に陶山大祿が著した『人狐弁惑談』にも、「世間一般では狐憑きの症状は狐のせいだといっているがそれを診ると、憑きものではなく明瞭に精神病である」と述べている。

文化四年（一八〇七）に香川修徳の著した『一本堂行余醫言』は、

「世間一般でいう狐憑きといわれる者の症状を観察すると、ほとんど狂気の精神的症状であって、世間の人がいうような野狐がたたったり憑いたものではない。本当の狐憑きというものは百か千に一つか二つかあるかなしかで、これでさえも癇症の強い者が狂った状態になったものである」

と、狐が憑くことを全面的に否定はしないが、ほとんどの狐憑きの症状というのは精神的な方面から起こった症状であるとしている。

これらをみると、江戸時代の医者でも狐憑きという症状を冷静に見据えていた者もあったようだ。江戸時代までの医者はほとんどが漢方医で、中国から輸入された漢方医書は中国の狐に対する伝統的思想が入っていたので、狐憑きの迷信に正面から取り組んでいた。その治療には漢方薬と神仏の力に依存したが、西欧医学が入って普及し始めると、少しずつ精神医学の分野にも目覚め始めて、狐憑きについても考え直さざるを得なくなったのである。

狐が憑くとは嘘である
江戸末期に喝破した名言

文化文政時代の人、山片子蘭芳秀の著した『夢の代』では、狐憑きは否定されている。補足しながらその説を引いてみると次のようである。

狐憑きというものは、本当はみな精神異常からくる一種の気狂いである。したがって、しばしば狐が憑いたと本人も思い込み、他も認めるが、これは嘘であり、狐が憑いたものではない。だいたい狐にはそんな能力はない。狐は樹の上や建物の屋根に登り鼠をとって食い、石を打ち、また疑い深く警戒心が強く、人の真似をするだけで、ほかに特殊な霊能力を持っているわけではない。

古い時代からいまに至るまで、つねに狐が妖しいことを行ない、いろいろの話や記録を残しているが、みなこれは嘘の説がまかりとおっていて、人々はこれを信じているために事実と思っているだけである。

鳥羽院のときに、典侍として現われて宮中を悩ませたという玉藻前の話も作り話で、事実ではない。したがってそんな妖狐はいない。また、この妖狐であることを見破った安部泰成などという人物は、土御門家の系譜には載っていない仮空の人物である。

那須野の殺生石の危険性も砒素を含んだ気が出るからであろう。だいたい狐が石になるなどとはまったくありえないことで、荒唐無稽もはなはだしい。したがって玄翁和尚が槌でこの石を打ち割ったという話も作り話である。『夢の代』には、狐の妖怪譚が集められているが、この一冊では書き切れないほどの狐による被害があると思われていた。しかも当時の知識階級の人々まで狐によると認めているのを、山片子蘭はわずか数行の文章で喝破してしまったのは見事である。

もちろん、古くから狐憑き、狐の妖怪は嘘であるとは薄々感じたり疑っていた者も多いが、狐が稲荷信仰と結びついている点から、なかなか明快に否定できなかった。

狐は警戒心が強いので狐疑するというが、人が狐に対して狐疑し、さまざまの現象を狐の能力によるものと結論づけた認識が定着していたのであるから、江戸時代末期まで、いやときには現代の敗戦直後まで狐の妖しい行為や憑きもののことが信じられていたのである。

それを二百年ほど前に山片子蘭は「狐つきといふものは皆狂病なり、またにせものなり」と喝破したことは当時としては名言である。

狐憑きを落とした自慢話
「狐めをにがしたることの無念さよ！」

著者未詳の白木翁の話を聞き書してまとめた『白木翁物語』に、憑いた狐を追い払った話がある。

これは、「ある下女のことだが、神社の付近の木の枝を折って戻って来たところ、にわかに狂乱し、急に〝われは稲荷大明神なり〟と名乗り、主人の家の林の枝を折って〝おのれ取り殺さずにて置くべきや〟と罵（ののし）り散らした。そこで山家氏が、この狐憑き下女の狐を追い払った」という話を白木翁が聞き糺（ただ）した記述である。

白木翁が山家氏に「その下女を助け、狐をたたき落としたのはどうやった方法ですか」ときくと「家に戻って杖を持ち、わめいている下女に向かって、おのれ畜生の分際で、尊い人間に乗り移ってたぶらかす罪は打ち殺してもあきたらない。まして畜生でありながら大明神の名をかたるなどとは言語道断、その罪悪はたとえようがない。〝憎っくき奴メ！　叩き殺してやるから覚悟しろ〟と、下女を一、二回なぐると、下女は悲鳴を上げて逃げ回ったがどこまでも追いかけて杖で打ったので、とうとう倒れて息もたえだえになり、ついに狐は下女の身体から離れた」という話である。

本当に狐が乗り憑いたと思うのが一般的で、こうした威嚇で狐落としをするのはよく行なわれた。この聞き書きからうかがえる山家氏は狐憑き落としの名人ということになる。

これに似た話が、明治七年（一八七四）一月二十五日発行の「郵便報知」第二百四十八号にある。

「湯島妻戀坂下五軒町共憤義塾の前にて待合茶屋渡世泉屋徳三郎方雇人の下婢そでなるもの本月十七日の夜なりし由、十時過主用にて隣町迄酒肴等取調べに出行しが帰途狐に憑かれし体にて帰宅し、種々取り留もなき怪事を言出し漸くにして眠りに就き狐も離れし体なりと云ふ。

記者曰狐の人を誑惑するの説我邦古より多し、是れ狐の惑すに非ず其人の愚智蒙昧にして且暗夜などは自ら寂寥として気味悪く思ふの怯膽より、終に頭脳精神錯乱して狂気怪体を為すに至るもの多し、其確たるや欧米に於ては未だ之れあるを聞かず、恐らくは狂体によりて狐狸の所業と云もの亦多からん歟。」

と報道されるほど狐憑き現象は珍しく、明治文化の先端を行く新聞記者にとっては、愚痴蒙昧の人がいまだいたことがニュース種となったくらいであるのに、ほかにもつい五十年ばかり前の敗戦直後まで狐憑きが信じられ、狐退散の祈禱を奏したニュースまで残っている。

人権擁護の立場から島根県松江地方法務局の委員が調査したときの報告の一例に、昭和二十三年十一月ころ、仁多郡某村の主婦が突然激しい頭痛に襲われ震え出してあらぬことを口走った。これは狐が憑いたのであろうから修験者に狐落としの祈禱をしてもらうことにして、二十日ほど祈禱を続けたところ、憑いていた白狐が退散したのか、ケロりと治癒したという例がある。これは偶然なにかのきっかけで正気に戻ったのであろうが、現代においても祈禱の効験と狐憑きの存在を頷定させるような状況が残っている。島根、鳥取地方には狐憑きの伝承がとくに多かったらしい。

啓蒙につとめた医師・陶山

悪い山伏・巫者に抵抗する

文政元年（一八一八）、伯耆国会見郡八幡村（鳥取県米子市八幡）の医師簸南陶山（はなんとうざん）は狐憑きを精神病の一種とみなし『伯州雲州人狐転惑談』（現『日本庶民生活史料集成』第七巻所収）を著したが、それには次のようにある。

熟々人狐（つくづく）（人に狐が憑いたことをいう）のはじめを考えてみると、これは祈禱する修法の者に原因がある。水流が枯ればその流れもなくなるというたとえがあるが、狐憑きを治療すると称する修法者（山伏、修験者、僧など）たちが、これは狐の仕業などと断定しなければ、世間に狐憑きの噂もなくなるのに、腹黒い修法者は狐落としの祈禱を頼まれると必ず狐の仕業であるというから人々はみなそう思ってしまう。

精神的にまいっている病人のいる家では、薬もろくに与えられないのに狐憑きなどと脅かすので、それは大変だからまず狐を落とさなくてはと、見境なく腹黒い修法者をまねいて、いいなりに過大の祈禱料を払うことになる。貧しい家などでは家財道具まで売り払って祈禱料を捻出し、いいなり放題に金を納めて、ますます貧しくなる者が多い。

この話は、伯州雲州と書名にあるように、鳥取県、島根県地方の狐憑きと称する逸話をまとめた書物にあるもので、作者は医者の立場から、科学的知識のない一般の人が熱病にかかったり、精神的抑鬱が高じたり、癇症が激しくなったりすると、ただちに狐が憑いたと断定してしまい、本人もそう思うし、周りもそれを認めてしまうので、腹黒い修法者に思うさま翻弄されて大金をまきあげられる例が多い。そこで見かねてこうした著書を京都の文泉堂より出版して、認識に努めたがなかなか普及しなかったらしい。

第九章　狐と稲荷

狐は稲荷の神使
みんな善い狐ばかりか?

『正親町公通卿口訳』は、正親町公通(おおぎまちきんみち)の垂加神道に対する口訳を筆記し、享保三年(一七一八)にまとめたものである。それには、

> 狐は稲荷神の使者である。すべて神にはその使者というものがあって、その神の威光や霊験等を伝達するために鳥や獣を召使っている。狐は五穀豊穣に心を使ってくれている故に五部書(神道を唱えるに当たって重要な五つの聖典をいう。『倭姫命世紀』、別名大神宮本記。『宝基本記』。『御鎮座次第記』、一名阿羅波命記。『御鎮座本紀』、一名飛鳥本記。『御鎮座伝記』、一名太田命本紀または猿田彦命記の五つ。この中で『倭姫命世紀』は古い伝承を取り交えてまとめられているが、他の四部は偽書で、すべて鎌倉時代ころに作られ古くから伝わったように作ってある)に宇賀御魂神(穀神)を御食津(みけつ)の神と称するのを三狐(みけつ)の神と当て字をしたくらいであるから、穀神の稲荷神も狐を使者としたのである。

と、わかったようなわからないような意味不明な説明をしている。狐は人を化かしたりするものがいるが、人にも善い者と悪い者がいるように、狐のなかにも悪いものがおり、これが悪いことをするので、こうした悪狐は稲荷神の御心にかなうものではない、と記してあるが、なぜ穀神が稲荷神とされるか、稲荷神に仕えない狐はすべて悪神なのか、稲荷の神使の狐はすべて善い狐なのか、いっこうにわからない。

稲荷神と稲荷

神道家が信じた霊狐思想

江戸時代中期の松崎復の『稲荷神社考察』から、その内容の一部を紹介する。

いま稲荷社の背後の丘に、世間でいう上社という社があって、これは昔登宇女（専女）社とか命婦などともいって三狐神を祭っている。『稲荷社鎮座由来記』という書には命婦のことを記した箇所がある。命婦とは狐の異名である。牡の狐を小芋と名付け、牝狐を阿古町といって、二狐とも上社・下社の神使であるといわれている。その説明は仏教者が附合してまとめた点が目立ち、その点を指摘すれば煩雑であるから、これは省略する。（中略）この三狐は長年来この神社の境内に棲んで不思議な霊験を示したりするので、古くより稲荷の神の御使いといわれるようになって（中略）一つの社につつしんで祭られるようになった。これによって、後世ではインドの神である茶吉尼天という神が神狐であるので（ダキーニは狐ではないが日本ではいつのまにか野干の神と思われ、野干はさらに狐と考えられていた）、これにこじつけて稲荷神すら茶吉尼天であるというめちゃくちゃな妄説まで作られたのである。『谷響集』第九に「『大日経』第四に茶吉尼即真言と説く」とあり、『演密抄』にはこの茶吉尼は夜叉の部類で、よく呪術を用いて人の心を盗み取ってそれを食らう、とある。

また茶吉尼には二種あって実類と曼荼羅衆とがある。実類の茶吉尼は噉食人心といわれているが、自由に術を使うので信仰すると福を得るが邪法といわれている。曼荼羅衆の茶吉尼は仏の悟った境地に入ったものであるから、如来と同じで、これは人の心にたまる垢を食い尽くして清浄な心として解脱の境地に入らせてくれるよい茶吉尼である。

この茶吉尼を祀り邪法を行なうことは平安時代初期にはすでに見られたことで、『文徳実録』の仁寿二年（八五二）二月壬戌の頃、越前守正五位下藤原朝臣高房伝に、天長四年（八二七）春に美濃介に任じられたとき、人民が席田郡の妖巫のために悩まされているのを知って、一人で馬に乗ってその部落に入りことごとく捕えて厳しく処罰した、という記事があるが、これが瞋心の邪法で荼吉尼法である。

また、守覚法親王の著した『拾要集』には、京都東寺に祀る夜叉神について、弘法大師がなくなった後に西御堂で檜尾僧都に秘事を授けたという記事があり、やはり荼吉尼に関したことが見られる。大師がいうのには、この東寺（教王護国寺）に奇しい神が祀られているが、これは夜叉神であって摩多羅神と名付けられている。この神を護持する者にはあらかじめ吉凶を知らせてくれる。その形像は三面六臂で、中央は金色の聖天、左は白面の吒吉尼（荼吉尼）天、右は赤面の弁才天の三天合体の秘仏である、などといわれたと記してある。

『天長御記』では東寺には守護天等がいくつかあるが、その中に稲荷明神の使者、つまり大菩提心使者と名付けているが、それはこの摩多羅神にあらわされている荼吉尼天に実類の荼吉尼のことをいうのであろうか。またはインド以来の夜叉神に属する荼吉尼のことであろうか。いずれにしても稲荷山の神狐は有名であるので、その神狐を大菩提心使者として荼吉尼と結び付けたために神狐は荼吉尼とも思われるようになり、東寺は稲荷と関係ある寺とさえ思われるようになった。

さきに述べた高房が厳罰にした美濃の妖巫らは邪心があったから、これに駆使される荼吉尼（狐）も同類である。東寺に住む荼吉尼は駆使する人の人格によって人を害するようなことはなかったが、妖巫の使う荼吉尼も東寺の荼吉尼も同類である。

故に、昔から荼吉尼を祭ってその法を修することは極秘で、あからさまにその名をいうのもはばかったため稲荷の神使ということにしたのであろう。この荼吉尼の形像は『吒枳尼別行軌』にはくわしくないが、密教では秘密裡に代々相承して天女の形に作るそうである、と密教の僧から聞いた。

あの摩多羅神の左面白色の荼吉尼天が天女の顔貌なのは稲荷神をあらわしたもので、こうしたことから稲荷神は女神であろうということになってしまったのである。荼吉尼天は恐ろしい神で呪法も秘密にしなければならず、糊塗する意味で稲荷神であるとしたために稲荷神は女神であると誤解するようになってしまったのである。（中略）

そもそも稲荷の大神は、永いあいだ御利益を人に授け、稲という文字が象徴するように人々の食の神として恩恵を与え、伊勢の豊受皇大神と同じで、世人を護ってくださったことは数多い食を司る神の中で第一番である。しかし、狐と誤解して世俗ではただ狐を祭ればよいと思って野狐まで稲荷神として祭るのは骨稽もはなはだしく、これは荼吉尼を狐として、誤って信仰された結果であるから、稲荷信仰に当たってはよくよく考えて信仰しなければならない。

（この説によると、仏教の荼吉尼天をあくまで狐と見ているようで、荼天信仰をごまかすために稲荷神としたという論で、あたかもマリア観音の如き表現とみている。）

『橘窓自語』によると、

いま、上社というのは命婦社（命婦というのは狐を尊称していう異名）というのが本当であって（中略）、阿小（古）町、黒尾、薄の三匹の狐を祀る（中略）とされている。これは三狐を三匹の狐と思ったからである。ただし由来記では黒尾のことは記載がない。中社には神使のことが記載されていないのは粗そかな扱いである。

と、松崎復の『稲荷神社考』における考証は、以上（所々略した点も含めて）のような論旨である、というのであるが、この主旨は、仏教の影響を受けて、狐を荼吉尼天とみる当時の風潮を批判し、荼吉尼天の邪法の印象をもって狐神が誤解され、稲荷神まで誤った観で見られることを訴えているが、結局、三狐は阿古町、黒尾、小芋（または薄）の三狐であることをそれとなく容認しているようである。

茅原定の『茅窓漫録』の中に記されるように、稲荷神が宇賀の御魂（御饌、御食津）にまでさかのぼるのではないかという考証にまで至っていない。つまり、神道家の方が狐を神使として認めていることは、穂井田忠友の『高ねおろし』の反駁文と共通する。

『稲荷神社秘訳』は享保十九年羽倉広満の口授をまとめたものであるが、松崎復の『稲荷神社考』より三十年程前に書かれたもので、羽倉広満の方がさらに稲荷に仕える狐は全国の狐をたばねる狐であるという認識が強く、稲荷神に対して狐は絶対不可欠の存在とし、「いなり」と「いなに」の区分にほとんどこじつけと思われるほど固執している。

ほぼ伏見大社を核心としているが、伏見大社と狐の関係を把握するには、これら内部の神職たちが長年かけて理論づけようとしていて、今日では通用しないが、江戸時代までは深秘な秘奥であったのである。この書も長文であるが要旨は次のようである。

当社（伏見稲荷）で、狐を命婦（昔女性の官人に叙せられた五位以上の者に対する称で、これを内命婦といい、五位以上の官職ある者の妻を外命婦というが、いつしか狐の異名にも使われるようになった）ということについて述べる。

この稲荷社に阿古野（あこや、あるいはあこの）という狐がいた。一条天皇の御代（九八六～一〇一一）に朝廷内に進の命婦という女性がいたが、たいそう稲荷社を崇敬してあるとき心に願うことがあって七日間参籠しようとして籠った。ところが三日たつと急に月水（月経）になってしまった（昔は月経は不浄の身として諸事遠慮するのがしきたりである）。神前では神慮にはばかるとして、神職たちは遠ざかるようにいったが、神の御慈悲は一視同塵であるから何も遠慮することはないと、頑張って参籠し、歌を詠んだ。

　心から塵にまじはる神なれば
　　けがるる事のいはひもせじ

ところが、進の命婦がその夜に夢の中で、

　長き夜の五つの雲の晴せねは
　　月のさはりをいむと知らずや

という返歌をきいた。つまり、神から見て汚れは汚れとして認めざるを得ないという歌である。

こうした神慮を夢で受けて、進の命婦は恐れ入って神前から退去してしまった。その後宇治大納言の御目に留ってその側妾になり、やがて北政所（妻）になったので、これも日ごろ崇敬する稲荷の御利益と感謝して稲荷の神使の狐に

稲荷神の翁（上）と天女形の稲荷神

命婦という号を与えたて祭った。これが稲荷の狐を命婦と呼ぶ由来である。このことは神職の家に言い伝えられている。この稲荷の背後の稲荷山に棲む夫婦二匹の狐を、官位を得た者のように命婦というのは、こうした由来による。何かもっともな説である。

また、ここに棲む白狐を、「たうめ」とも「たうめの御前」ともいうと九条殿行空の御書きになったものにも記されているが、たうめとは老女をさしていう言葉である（注に専の字を用いてたうめという）。これをもって考えると、稲荷大社ではここの白狐を尊敬して老女の格として専女といったのか尊女の訓を借りて専の字、または専女の字をもって「たうめ」と訓んだのであろう。平野稲荷には専女社と名付け、これを狐の社と呼ぶと古い記録にはある。（中略）弘法大師（注に霊狐が化して稲束を担う老人として示現し、さらに稲をいただく女に変じたという言い伝えがあって、今では稲束を担った美女が狐に乗っている座像もある）は、これを東寺（教王護国寺）の境内鎮護の神としたが、現在の稲荷神の社地は、稲荷神の総本家である伏見稲荷の後ろの稲荷山の麓で、これは昔藤の森神社の地を借りて社を建てて本社とし、後ろの稲荷山の三の峯を稲荷の末社とし、稲荷神を稲荷大明神と神号を奉って祭った。

この霊狐とは牝牡の二匹である。これに従う二狐が、二女と化したのが稲荷神の使いとして、この社に随うのである。これらの一族がこの山に代々棲み、これを命婦というのであるから、一般の野狐とは違うのである。

いま考えるに、稲荷の神使という狐は昔より必ず二匹であって、神の使いとして尊崇するところから、この狐にもその棲む穴の入口に神と同じように供え物をするが、これを府戸物という、と羽倉信名はいった。羽倉在満がいうのには、この二匹の狐は、ここに棲むのに年限があって、僧家の輪番のように時々交替すると聞いている、という。

正徳の頃（一七一一～一五）、加賀（石川県）の修験者が伏見大社にお参りに来たときに、神職に語っていうのには、「いまここの社の司は加賀国のある所の狐が勤めています」といったので、それはどういう意味かとたずねたところ、「去年のいつでしたか、土地の狐が村人にいうのには、この村に棲まわせてもらっていろいろとお世話になりましたが、このたび京都に上がって稲荷本社の命婦に出世することになりました」といったという。

その後また享保十七、八年頃に京都の伏見稲荷大社で聞くと、いまの命婦は、美濃国の稲荷社の狐だということを社家の人から聞いたと語った。修験者はそれから武州（武蔵国、その中の江戸であろうか）に下って、土地の人にこの話をすると、各国から京都の稲荷へ稲荷流（系統）に属する狐が交替で行って、官位を賜わって出世するということは昔から聞いているというから、現在でも稲荷山に棲む二匹の狐は、ここに来て命婦という官位になると思われる。

世間で稲荷のことを「トウカ」というのは稲荷を音読みにして「タウカ」というのだといっているけれども、本当はそうではない。トウカは、豊宇賀の「トヨウガ」で倉稲魂の別号ある神の名で稲荷三所の一つであって、豊宇賀の咩（食い）の神のことであろう。それをトヨを略してウカといったのを、また誤解してタウカと誤り稲荷の音としたのであるが、これはよく熟考すべきことである。

この稲荷山の麓に弘法大師が祭った霊狐は、その本地は十一面観世音菩薩で、「いなに大明神」としたことから稲荷大明神と書いた。「いなに」「いなり」とも仮名で書くとか似かよって、五十音の「い、き、し、ち、に、ひ、み、い、り、ゐ」の順であるから、「にとり」が混じって「いなり」というようになった。空海が勧請した社も、伏見大社の稲荷の号も混じり合っていたものを区分していたが、いつしか「いなり」と書くほうが多くなった。

とくに、後世の応永頃（一三九四〜一四二八）の京都が戦乱の渦に巻き込まれた時代は、伏見大社も衰微して社殿も倒れんばかりとなって信仰も失いかけたときであったので、「いなに」と「いなり」の区別などどうでもよいことで、ほとんどの人が「いなり」というようになり、二種ある読み方も失われて稲荷大明神で統一された。

衣食の祖神である霊狐の「いなに」も衣食の神であることすら認識しなくなり、稲荷といえばすべて狐の総領の号となった。人々はその土地の鎮守すら狐神を祭ってそれを「いなり」と称するようになり、弘法大師が逢った稲を担いだ翁も「いなに」であるから「稲荷」と書いた。福徳火防の神の本社も狐を祭って稲荷大明神とし、神職や社僧の中でも、こうした古伝を正確に知る人もなくなり、いまではすべて稲荷の神は狐であるというようになった。

地方によっては「きつね」のことを「けつね」というが、これは古くは「けつね」といったのであろう。

稲生の社は今下の五神合祭で、お供え物する殿舎は一般と同じで扉前に狛犬を置くが、上段に三狐神を祀る社は狛犬の代わりに白狐を置く。これも三狐の語から出たものであろう。故に世人が狐を神使と思うばかりでなく、狐自身もそれをもって任じているのであろう。

諸国から伏見の稲荷大社に勤番に来るものは、この山の狐穴に棲むが、たいてい夫婦狐で女狐が妊娠すると産屋としての穴で子を産むが、その生まれた子はどこに棲むのか、不思議なことに夫婦狐だけが棲んでいる。

また、勤番も年限があって各々の地へ戻って行くらしく、私の故郷の狐も上番したことがある。それで故郷の人がこの山のどこに上番した狐が棲んでいるのか逢いたい、といって訪ねて来ることがあるので、社人はその穴を教えてやるが、詳しい事情はわからないといっている。そして、この山には上番した狐以外に野狐は一匹もいないという。

狐憑きは、この稲荷社に連れて来ると大変怖がってただちに逃げ去ってしまうという。都会や田舎を問わず、稲荷神をお迎えするときはここの社家にお願いして、そのしるしを頂戴する。昔はともかくとして、現在は狐の総本山であることは事実である。

以上のような記述であるが、羽倉広満も稲荷神は宇賀御魂の神で、弘法大師の前に示現した霊狐の老翁であることを信じ、稲荷神は二種あるが後に混淆して一つの稲荷神になったことを述べている。結局、霊狐、極端にいえば狐神の存在を信じていたということになり、これらの例から合わせて考えると、江戸時代までの神道家は狐を霊視していたと認識していいだろう。

この認識は神道的解釈がいくら進歩した現代においても残っており、いまだに稲荷神の社前には一対の狐像が狛犬代わりに配置され、中には信仰者に示すためか蔵の鍵（福を示す）をくわえたり、宝珠（如意宝珠といって望みのものを与える通力ある珠）を尾の先に表現し、稲荷神としての神威を示す形象として用いられている。

谷川士清の著作を安永六年から明治十六年（一七七七～一八八三）までに刊行した『倭訓栞』によると、神使説には否定的である。

狐は稲荷神使であるか

神仏混淆のお稲荷さん

狐を稲荷神の神使などと誤解していうようになったのは『伊勢鎮座記』に宇賀御魂神を別名専女（とうめ）、三狐神（みけつのかみ）と当て字をしたことによるらしい。三狐神は御饌津（みけつ）神のことで神に供える食べ物の神を当て字にしたにすぎない。それを狐の文字を用いたことから狐に直結して狐を稲荷（宇賀御魂神、御饌神）としたり、その神使と誤解するようになり、稲荷には狐が付きものとしてこれを祭り、狐に福を祈って願ったりすることが全国的に当たり前になってしまった。

ああ、何と愚かしい低俗なことよ。これは神道ばかりではない。仏教だってそうである。陀祇尼天（荼吉尼、荼耆尼等とも書く）のことを白晨狐王菩薩（『源平盛衰記』にすでに記されている）とか貴狐天王などといっている。世に流布している稲荷神の神像は神仏混淆して、弁才天のような姿で剣と宝珠を持って狐にまたがっている珍妙な姿をもって、神像としている。

狐を稲荷神使と見る疑問

穀神・火防（ひぶせ）は覚束なきこと

高井伴寛が文化六年（一八〇九）に著した『農家調宝記』には次のようにある。

世間では、よく稲荷を穀物の神とか火事を防ぐ神として各家庭で祀ったりお札を貼ったりするが、本当にいいかげんなことである。神代の昔には倉稲魂神（宇賀御魂神、御饌神）は五穀の神として記されているけれども、火を防ぐ神というようなわれは少しもない。それればかりか、倉稲魂神の使いが狐であることなどどこにも記録がないし、これはでたらめであって、日本の神道には狐を神使とするなどとは古くはまったくなかったことである。

稲荷と狐論
人が悪いか狐が悪いか

茅原定虚齋の『茅窓漫録』に稲荷神を論じた記述がある。長文であるが、ここに一部を紹介しょう。

いつのころから誰がいい始めたかわからないが、野狐を稲荷神の使いといって、二月の初めの午(うま)の日は、日本中押しなべて各家庭で大騒ぎして赤飯を炊き、油揚、煮〆等の他にいろいろな供え物をする。町々の庶民の中でも少し豊かで人の上に立つ立場の者は、屋敷や庭に稲荷神の小さい社殿を建て、正一位(稲荷)大明神の幟旗を立てたり、参詣に集う混雑はひととおりではない。

その稲荷神というものの本源をさかのぼって推量すると、『鎮座伝記』という神道の書には、「素盞嗚尊(すさのおのみこと)の子の宇賀(うが)の御魂(みたま)の神は、別名専女三狐神(とうめみけつのかみ)といったが、この三狐の神の文字をみた学問に暗い者が、文字上から狐の神と思いちがいをして、三匹の狐がすなわち稲荷神であると思うようになった。しかし、野狐と稲荷神とはまったく関係がないのである」とある。

このような誤った解釈について、詳しく明瞭に解明して迷妄打破の手がかりとしよう。

専女三狐神というのは、昔の借字であって、『日本書紀』に専の字、専女の二字はタクメと読ませている。タクは焼く、炊くのことである。『古事記』では焼挙、焼凝の語がある。メは米(こめ)である。『倭名類聚抄』では糒糅をヒメと読んでいて、このヒメは当て字で非米、糒は米のことである。

三狐(みけつ)は御食津(みけつ)で、御饌津または御膳御気とも書く。『万葉集』に御食津国または御饌津国、伊勢、志摩、淡路、難波などと続けて書いている。大御食の贄(にえ)をさしていうのである。『儀式帳』に「朝の大饌(おほみけ)、夕の大饌」とあって、直会(なおらい)の御歌に「折鈴五十鈴の宮に御気立(みけたつ)と打なる膝は宮日とどちに」と唱える御気(みけ)のことで、『中臣寿詞(なかとみよごと)』にも「長御膳(みけ)の遠

の御膳」とあり、また『祝詞式』に「御膳持須留」といっている。みな御饌、御食、御膳、御気は同一語である。（中略）

故に、『日本書紀』でも神食をミケと読んでいる。津は用語の中の休めの発音で「の」という例と同じである。（中略）専女三狐神というのは、焼米御食之神ということで、宇賀之御魂神または焼米御食に供する神の御別名ということである。（中略）

三狐神、三狐乃神（ケツ、ケツノ、ケツネ）の子音は共通しているから読み誤りやすい。もともと『鎮座伝記』においても三狐と表記する三の字は、他の古書には用いられない仮字である。『古事記』『日本書紀』等に三の字を仮名として用いた例はまったくない。後世の書であることがこれによってわかる（五部書の中の一つである『鎮座伝記』も鎌倉時代ころの偽作と推定されている）。

また『日本書紀』に用いられる専の字や専女はタウメと読んでいるが、タク、タウ、クウは音が共通している。『倭名類聚抄』に老女を呼んで専と訓じているし『土佐日記』に「翁ひとり、たうめ一人」と書いているが、これは神代紀に姥トメと読む姥も同じで、専は級長戸辺、『皇代紀』の荒河刀弁、苅幡刀弁も同じ語である。一説に専は刀自女の真ん中のじを略した語であるともいっている。

野狐をタウメということは古書や歴史書にはけっしてないことである。『源氏物語』東屋の巻には「伊賀たうめと書いてあるのは、『岷江入楚』に〝伊勢、伊賀の諺に、媒の事をたうめという〟とあり、専は老女に対していう言葉で、狐は人をたぶらかすのにあてはめていったのであろう」と述べている。

『新猿楽記』には「野干坂伊賀専の男祭」と書かれ、『山槐記』には「治承二年（一一七八）斎宮の御座所に侵入して来た白専女（白狐）を射殺す」とあり、『百練抄』に「藤原仲季斎宮の辺で白専女を殺したことで云云」と記され、『宇治拾遺物語』には狐のいった言葉に「たうめや子供などに食わせん」などと記されているのも、みな老女のことをいったものである。

その元は、中国の『玄中記』に「千年を経た狐は淫婦になり、百年を経た狐は美女となる」とある語から出たもので、人をたぶらかし惑わすことにたとえたのである。

その専の字や専女の二字は、タウメと訓むことからいろいろの説が生じた。さらに、三狐の読みを狐の文字にこだわって狐と思い、牽強附合して専女という名の狐とし、または三狐を稲荷神を祀る三ツの峯に当てはめ、ついには野狐までも神様と思うようになってしまった。

まったくばかばかしいことである。

『鎮座伝記』にある文をよく考察して判読すべきである。宇賀之御魂神またの名を専女三狐神とあるのは、同一神別名で、たとえば宇賀之御魂の神また一名豊宇気姫命というようなことと同じである。古書や歴史書では野狐を食稲荷神という、といったことはけっしてありえないことで、この専女三狐神の三文字は当て字であることも知らないで、神の御名を汚すとはもっての外で恐れ多いことである。また、野狐は稲荷の御使いだということも古書や歴史書には記されていないことである。（中略）

だいたい野狐などというのは淫獣で、あやかしの存在である。北側の暗い所に多く棲み、昼間はうす暗い場所に潜み、夜になると出て来て物を掠め取ったり、人を化かしたりする。狐が人に食いついたりしたことは『徒然草』に二つ載っている。『伽藍記』には化けて人の髪を切ったこと百三十人に及ぶと記されている。（中略）

こうした婬猥な妖魔を〝倉稲魂神が使いとなす〟と、考えるだに恐れ多きことである。

わずか専女三狐神という五文字のまちがいから起こったことで、尊崇する神も卑しい野狐も、同一にして祭ってしまう結果を生じている。女や子供の小歌に「稲荷といえども本態は狐である。狐というは稲荷のことである」というのはなんたる誤解もはなはだしい限りであろう。

そもそも稲荷を狐と主張した初めは、狐のように陰険で悪くずるい徒輩が専女三狐神の五文字に狐の文字があるということを論拠として、野狐も稲荷神として祭り、程度の低い民衆をだまし、これを信仰すれば福利が授かると宣伝して、その実は自分たちがもうけるのである。こうした連中こそ狐のように淫悪妖魔であって、民衆はこれらに化かされているのも知らず、日本中の習慣的風俗として初午や二の午として狐神信仰が広まった。

中国の『朝野僉載』には、唐時代の初めのころに農民たちが多く狐神に仕え、諺にも「狐の怪しげな話のない所には村落はできない」といわれたほど狐を神として祀ったと記されており、『宋史』に記された狐王廟という神殿も、この類であって、世にもっとも嫌悪すべきものである。

これらの妖魔の存在を容認することにより、身分の高い人も賤しい人もほとんどが、野狐の恐ろしさを鬼神の恐ろしさと同様に考えている。これに付け込んだ妖しい巫女や、悪い予言者などが、この悪弊流行に便乗して万一、一つの獣の棲穴でも見付ければ稲荷神が出現したといって社殿を建てたり、また狐憑きの人がいると、神憑して神の御告げがあったなどと言いふらし、神に仕える職の者から授位を願うと、すぐに正一位稲荷大明神の位を授ける。（この授位については別項で述べたが、稲荷神はどこの稲荷でも正一位稲荷大明神である。）

そして、自分の家の敷地内に社壇を作り、鳥居を建て、瑞垣を巡らし、社前に注連縄を張り、御幣を立て、それを振って御祓を行ない、神意を窺ったと称して人の吉凶、禍福、失せ物、得た物、金銭財物の損得、またはこの病気は治るの治らない病気だなどという。また、縁起担ぎには方角の善し悪しをうわごとのようにいって、神慮を御伺いしたとか、指示があったなどといい、狐にかこつけた悪どい手段を用いる者がたくさん増えてくる。

故に、関西地方では神を利用してもうけようと、新しく作った社は稲荷社が一番多く最近の流行のようである。これは、結局は愚かで学問もない低級な社会の罪であり、またこの迷信を利用し、淫獣妖魔（野狐のこと）の知恵を利用してもうけようとする人間がのさばるのである。

以上のように、『茅窓漫録』は、稲荷という神道を通じて狐がたぶらかすのではなく、これを利用する妖巫邪覡の方がよほど大衆をたぶらかす、と口をきわめているから、稲荷神を利用している者や仕えている者にとってはとんだ妨害者であるから、茅原定を憎む者も出た。

その代表的な人物が穂井田忠友で『茅窓漫録』への反論を『高ねおろし』なる書に書いて世に問うた。

神に仕える動物のことについては、この文盲録者輩(やから)（学問もろくに知らないで著作をする輩という意味で、軽蔑していう言葉）の扱う内容のものではない。まず『茅窓漫録』に記載された諸々の神社にまつわる鳥や獣は、それぞれの神社に限られたもので、広く山野に棲んでいる一般の鳥獣ではなく、その土地の神に仕えるその土地だけにいる鳥獣であるから、当然なみの鳥獣とは区別すべきである。

猪、鹿、猿、鳥もそれぞれの神の使いであると見る心得違いから、田畠を荒して人々に損害を与えた禽獣がいると、こんな神の使いはないと結論づけてしまうが、神に仕える禽獣と田畠を荒したり人に迷惑をかける禽獣とでは、姿・形が同じでも性格はまったく違うのである。

人々に迷惑をかける禽獣をどうして放置しておいてよいものであろうか。悪い者は悪いとして対処し、神に仕える者は良しとして認めてやるべきである。また、古書や古い歴史書にも見えず、その由来もわからないからといっているが、神の御心によるものであるから、いつどうして動物が神の使いになったかは凡俗のうかがい知れるものではない。奈良の春日野の鹿の例を見ても、ここの鹿は平然と市中にまで出て人と接触しているが、同じ鹿だからといって山中の鹿が平然と市中に出たりはしない。

京都伏見の稲荷山の狐は、稲荷の神使として棲んでいるのも一般の野狐とはまったく違うからであろう。諏訪明神も狐に命令されて、諏訪湖が凍結したとき、通行できるようにまず、狐が渡り初めをするのは広く知られていることで、これは諏訪明神の神慮を体した狐の行為であって一般の野狐とはまったく違うではないか。

そして神に供えた物を、その配下であるものに神が分け与えるのであるから、神に仕える鳥獣にも施すという意味においても、その鳥獣が食ってもおかしくはないし、鳥獣にも供えてやるというのは当然である。たとえば、国を司る者を尊敬すれば、おのずとその配下の者を軽蔑したりはしない。

神狐と野狐との区別を知らない嘘齋(うそさい)（『茅窓漫録』の著者茅原定虚齊を侮辱していう）のでたらめな論文は、知識のない者を間違った道に誘い込むことになり、その影響は大なるものがある。こうした配慮を欠き、狐だけを悪く罵るのは知恵なく学問のないための誤りだ。狐を悪くいうより、猪、鹿、猿、鳥等の被害の方が大きいことを知らないのか。『茅窓漫録』の十八枚目以下には、狐がまやかしで陰険で悪いことばかりする例をあげているが、それは野狐の仕業であって、野狐が愚夫愚婦を騙しまどわすことは、誰もが始めから知っていることである。こうした下らぬ話を長々と書いて狐を嘲ったところでむだなことである。嘘齋が嘘を述べて騙していることは、狐が人を騙しているのと同じであるといわれても仕方があるまい。

その一例をあげて見るなれば、越前守高房は仁寿年中（八五一～四）の人なり、とあるがまちがいである。また、伊豆那（飯綱）の項でもそこに席田郡とだけ書いて国名を書いてないのは読む者にとっては不親切である。『文徳実録』を見ても高房は仁寿二年壬戌に死んだ事が記されているし、高房が美濃介を勤めたのは天長年中（八二四～三三）のことであるから、高房が狐魅の集団を捕えたというのは（稲荷神社考抜粋参照）、美濃国席田郡のことであるから、国名も明瞭に書き、年代も正さなくてはならない。

また、当国の安八郡云々と書いているのは席田郡云々の誤りであり、しかも両郡とも越前国のように誤解されやすく、事件も仁寿年間ではないからはなはだ読む者を迷わせるものである。終わりのほうは国の神々に対して不敬の至りで、学問に暗く不遜の空砲で効果がないから記述して攻撃する気にもなれない。

こんな調子で夢中になって茅原定虚齋を攻撃している。茅原定も極端な筆法であるが、『高ねおろし』の著者穂井田忠友も頑迷一徹である。おそらく神職か神道家であろうが、こんな非常識な反論文も珍しく、自分自身の誤謬も気づかずに罵っている。

そして狐は稲荷の神使であるという信念を捨てておらず、春日大社の鹿まで例に上げている。春日の鹿は、藤原氏が祖神の神鏡を関東の鹿島から遷座させるときに鹿の背に乗せて奈良に運んだという伝承があり、これが鹿を大切にする由来である。春日大社の周辺の鹿が慣れて市中に出ているのは春日大明神の神使だからではなく、神使に擬定して代々飼い慣らされていたからで、野生の鹿と異なるのは当然である。

諏訪湖の「おみわたり」は、狐が最初に渡り、次に人間が氷の上を歩いても割れないといわれるが、伝承であって諏訪明神が狐に命じて渡り初めをするわけではない。しかし、神道家は一般に神を絶対的に尊崇しているから、神に駆使されているものはたとえ鳥獣でも神聖視する。したがって、稲荷に仕えると目されている狐についてもけなされると烈火の如く怒る。その気持ちはよくわかるが、稲荷の狐についての盲信は今日では通用しない。

読者は、穂井田忠友の『高ねおろし』と茅原定の『茅窓漫録』といずれに軍配を上げるであろうか。

稲荷と狐の関係

獣神攻撃論の嘆き

稲荷神については江戸時代において随分討論されていて『稲荷神社考』『倭訓栞』『農家調宝記』『茅窓漫録』『高ねおろし』『稲荷神社秘訣』（各項参照）などに記述がみられるが、ここに紹介する『神祇提要』（作者不詳）も稲荷神即狐は俗信であるとして、とくに獣神を極端に攻撃している。

神々のことについては謹しんで考えているが、稲荷神は日本では衣食の生活に恩恵を授ける神と拝察しなければならない。敬わねばならない。それなのに最近の日本では民俗が乱れ衰えて、神も仏も混同する傾向になってしまったから（神仏混淆は、仏教が広まる過程において仏の本地は日本神道の神と同じであるとして仏教者が本地垂迹の説を唱えたことが元であるが）神は仏であり、仏は神であると結び付けたため混乱（たとえば八幡大菩薩等）して、獣までを神（神の使いからさらに飛躍して神そのもの）とし、狐においては五穀豊穣の稲荷の神とまで思うようになった。

人を化かしたり妖しい行為をする野にいる狐のために、これを霊験至福の神と思って尊像のつもりで図に描いたり像を作ったりし、そのうえに社殿まで作りお祭りして、これを利用する一部の宗教家が知識のない民衆を欺いて利を得ようとしている。この点は何も女子供だけが欺かれているのではない。かなりの知識人や身分の高い者、節操あるべき立場と思われる武士たちにおいてさえも、稲荷は狐であるとのでたらめで、あぶない俗信をうのみにして疑問も持たずにいる。

鹿を春日の神（春日大明神）の乗物と思ったり、野獣の猪を愛宕権現の神獣としたり、鷹や鳩を八幡神の化現としたり、白い蛇を見ると神物扱いするなど、世俗には数え切れないほど動物を神様扱いにしている愚かさがある。これらは仏教者が作り出した妄説で、批判力のない愚かな者が盲信するところである。

私はいま、こうした愚昧の人々のために説くだけではなく、後世まで信じる者が続くであろうから、愚を繰り返さないように意見を述べる次第である。原注には、以下鹿島、春日、愛宕、八幡の神々も同様であるから、よく熟察しなさい、と記してある。

江戸時代において、しばしばこうした迷妄打破の論が盛んに行なわれたということは、いかに狐と稲荷信仰の関係が密接であったかということを物語るものであり、現代においてもまだ稲荷と狐の関係が潜在している。

民衆の稲荷神
利欲追求の対象としての狐

文政八年頃（一八二五）に大郷信齋が当時の風聞をまとめた『道聴塗説』には、庶民信仰の対象としての狐の話がある。

〝如月や今日初午のしるしとて〟稲の葉も、木の葉も一つもない寒い日であるが、稲荷神をお祭りして活気を呈している、とこれは京都伏見の稲荷山の稲荷を詠じた古い歌である。とにかく各地には何々稲荷と称する稲荷はたくさんあるが、とくに江戸ほど稲荷神を勧請して信仰しているところはない。（当時は〝伊勢屋、稲荷に犬の糞〟といわれたくらい多くあった。稲荷は大名・武家屋敷の地域内を始めとして地所持ちの商人や農民すら、地主神、産土の神、火伏せの神として祀るから、その数はおびただしいものがあり、みな伏見稲荷から勧請したものである。）

去年の冬、三田にある大名島原侯の別邸に棲んでいた老狐が近所の人に憑いて、その口を借りて、

「私はこの地に棲んで数百年を経て神意に通じて神狐になった。願いごとはすべて自在である。故に、願いの筋があったら聴き届けてかなえてやる」と口走った。これが評判となって参詣を願う者が増えたので、島原邸でも毎月日をきめて一般人の参詣を許した。そこで願いの筋のある人々は、各人が狐の好物だという油揚をお供えするので大変な数となる。その老狐がいうのには「私はもはや神霊に通じた神狐であるから、天地の気を吸っていて水や穀類を摂らなくてもよい天狐である。だが、私の下には数千の手下の狐がいるので、これを養うために食糧が必要であるから、お供えする食べ物は加減することはない。多いほどよいのである」と告げたという。これは珍しい話である。

このように書かれているが、少々この話は迂散臭い。霊験あらたかだぞ、と宣言してお供え物をたくさん供えさせようとした謀みのようにも聞こえる。「諸願あらば聴き届くべし」といいながら、このような御利益があったという例も上げていない。なれあいで狐憑きを作っていわしめたようにもとれる。

しかも御食神、宇賀御魂神ではなく、始めから稲荷神は狐として扱っているところに、江戸庶民の稲荷神観がある。利欲追求のみの人々にとっては、稲荷神が穀神であろうが狐であろうが穿鑿の必要はなく、むしろ昔から化かす力があると思い込んだ狐のほうが神秘感があって親しみが深いのである。

稲荷神に仕える狐
告げ狐のいうことにや

これは、東寺（教王護国寺）の康安十六年から宝暦元年（一三六一〜一七五一）までの職行職の日記『東寺執行日記私用集』にある記述である。

昔、京都の北、舟岡山のあたりに年老いた夫婦狐がいた。夫は身体白毛で銀の針を並べたように光って、尾の先端は五鈷杵を並べたようであり、婦の方は鹿の首に似て、五匹の子を連れていた。弘仁年間（八一〇〜二四）にこの夫婦狐は五匹の子を連れて稲荷山に行き、神前にひざまずいていうのには、

「私たちは獣類に生まれましたが、生まれながらにして霊力の知を備えております。世を守り、物事がよくいくようにと願う心を持っております。そこで私たちは、この心願を遂げたいと思っておりますので、何卒いまからこの社の御眷属としてください。神のお力を借りてこの気持ちをはたしたいと存じます」と申し上げたので、稲荷大明神は深く御心を動かされて神勅を下していうのには、

「わしは一視同仁の恵みを垂れて禍を福となし人々を幸せにしようと心がけている。お前たちの心持ちはまた貴重である。故にいまから永く当社の神使となって、信心してお詣りに来る人々の意向をたすけいたわってやりなさい。夫の方は上の宮に仕えて名を小芋(こすすき)と名乗れ、婦の方は下の宮に仕えて阿古町と名乗れ」とおおせられた。

それから各々十種の契約を立てて、万民の願いをかなえてやった。それ故にこの稲荷大社を信仰すれば、夢や現実にこの姿を見ることができる、といわれ、人々はこれを告げ狐と呼んだという。

考えるに『稲荷鎮座由来記』の中に命婦のことが書かれているが、これと同じ内容を載せて、その末に至徳三年（一三八六）六月十六日、東寺の勧学会聴問の次にこれを〝勧智院に於て写す〟と記してある。

この文で見る限りは稲荷神は宇賀御魂神であり、狐はその使いであることがわかるが、使いの狐は当番制であり、勤番中には子供は一緒にいないのが原則であるのに、五匹の子供はどうしたのであろうか。

野狐は稲荷の神ではない
心卑しき人々へ

寛延三年（一七五〇）に多田義俊が著した『南嶺子』に、庶民を啓発する一文がある。

世間には野狐を敬って稲荷神と奉り、これを祈って福分を願ったり、幸いが訪れるように頼んだりする頑固で愚かな取るに足らぬ者たちが大変多い。万一、野狐が人間を豊かにさせる術を持っているとしても、人たるものが卑しい獣に両手を合わせ、敬い屈して恥かしいと思わないか。このようなつまらぬ議論をするのもむだなことであるが、吉

いこと、悪いこと、災い、幸福という運命を野狐に依存する連中は本当に情けない。

金や銀の貨幣は野狐が作ったものではない。野狐が万一金銭を人に与えてくれたとしたら、他所からこれらを盗んで来たものといわずして何であろうか。占いや祈禱をして人の運命を左右しようと見せかける業者は、狐の霊力を利用しているが如くに思わせ、また僧侶すら、野狐を悪用して加持祈禱し、憑いたと称する者をまどわせ無知の者から金銭をむさぼっている。こんな巫覡や僧は野狐の同類と思われても仕方がない。

釈迦如来一生のいろいろな経の中に、野狐の力を借りて拝めなどと書いてあるか。たまたま病人があると、それは人の怨念で患うのだとこじつけ、生き霊が憑いたとか、死霊がつきまとっているからだと嚇しをかけたりして狐を悪用する僧の本心を追究したら、いったい何と答えるであろう。お経の力でそうしたことができるのであれば、どうして野狐の力を借りようぞ。始めから経の力を戴くべきであろう。

それぞれの宗旨によって主とするお経があるが、その経のお力によって狐憑きや病人を癒すとするのは、野狐が人間を左右する力を持っていると信じ、その野狐の威力を悪用する根生を持っているからで、彼らは人の顔をしているが心は獣と同じ卑しい連中である。獣は明瞭に獣体を現わしているのに、そうした連中は人間面しているが獣より一段下の者で軽蔑すべき存在である。

このように『南嶺子』の作者は野狐を稲荷として祭って盲信する愚かな庶民と、それを悪用してお狐様の恐ろしさを強調する巫覡や僧侶に対して口を極めて罵っているが、この文を見る限り、多田義俊も野狐は人を化かしたり憑いたりする悪獣として見ていたことがうかがえる。

狐さま、稲荷大明神さま
どこにでもあるお稲荷さん

栗原東随舎の『思出草紙』には、由比正雪も登場する。

天明五年（一七八五）の三月、江戸牛込通り寺町（東京都新宿区神楽坂）の金物屋の悴で、十一歳になる少年の長市という子が狂気状態となって「われは番町御厩谷の旗本佐野善左衛門の屋敷に棲んでいた狐であるが、知っているであろうが佐野善左衛門は、私怨によって殿中で時の若年寄田沼意次を斬り殺した咎で、御家は断絶し、家屋敷を召し上げられ、跡を松平忠左衛門が拝領して移り棲んだ。ところが、松平忠左衛門家には代々信仰している稲荷神があり、それを屋敷内に祀ったので、われは追い出されて棲む所がなくなってしまった。それでこの子供に憑いたわけであるが、この町内にわれの棲む一社殿を建立してくれれば、この子に憑いた悪霊は離れる。そしてわれらを祀ってくれれば、末永く火災の難を護ってやるであろう」といった。

そこで数人の者が集まって相談の結果「それでは社殿を建ててこの地に棲まわせてやろう」というと、子供に憑いた狐はたいそう喜んで「わしがこの土地に棲む限りはけっしてこの町内に類焼はさせない」というと同時に、子供は気を失って狐は去った。

そこで、寺町の横丁、岩戸町の裏の左の崖下に建てることにした。が、この場所は慶安四年（一六五一）七月に由比正雪が幕府転覆を謀てて捕まり刑死になるまで住んでいた住居跡であった。不浄の土地として除地（手をつけない土地）となっていたのを正雪のたたりを恐れて稲荷社を建て「正雪稲荷」として祭ってある。しかも、その傍らには町内鎮護のためにもう一つ稲荷を祭っていたので、その余地にさらにこの佐野家の稲荷狐をも祭ることになり、ちょうど稲荷社が三つ集まった形となってしまった。

作者は、稲荷大明神を狐であると信じるような愚人がいるのは骨稽である、と書いているが、江戸時代頃には狐が稲荷であると思う人はむしろ一般的であった。しかし、こう思われていたのは幕末までだが、かなりの地位の人々まで信じていたらしい。

同じ『思出草紙』には、次の話も載っている。

慶応二年（一八六六）のことであるが、皇居の丑寅（東北）の区画が凹んでいるので、飛鳥井邸の跡地に当たるその部分を削って拡張した。そのとき狐狸の妨害であろうか、建築小屋が焼けたりした。また、同方面の有栖川宮邸も上地されたときに邸内に棲む狐が女官の住んでいる庭に現われて、「棲む所がなくなったから妙見寺の森の中に勧請してくれれば二度とこの地に現われない」というので、社殿の建築費百円を出し、年々祭祠料として米五石を寄進することにしたが、狐はなかなか去らなかったという。

津村淙庵の『譚海』にも狐すなわち稲荷という認識の例がある。

尾張国（愛知県）某村に住む立松伊兵衛の子で、八歳になる金吉という子が毎日金銭を拾って来るのを不審に思っていた。ところが、隣村の百姓が狐に犬をけしかけたうらみで、その悴に狐が憑いて口走り、金吉が毎日金を拾って来るのはわれの社の建設の費用に拾って来るのだ、というので、立松伊兵衛方に了解をえたうえで稲荷社を建てることになった。

狐は稲荷神の使い
大名におどされたお稲荷さん

松崎堯臣の『窓のすさび』の補遺に、次の記述がある。

丹波国（京都府）篠山の先代の藩主大安公が、別荘で飼っていた鶴を狐が取って食ってしまったらしく鶴の残骸が残っていた。そこで狐を捕える罠を仕掛けたが二、三日経ってもかからないので、王地山という所に使いの家来を派遣し、稲荷を祭ってある社壇に向かって、

「御主君が大事に飼っていた鶴を狐メが食い殺した罪は許せん。二、三日罠をかけたがかからないのは稲荷神がかばっているからであろう。その悪狐を早く出せ。そうでないとこの社殿を打ち壊してしまうぞ！」と嚇かして戻った。するると翌日の早朝年とってよぼよぼした狐が、さんざん打ちのめされた状態で罠の前で死んでいた。それ以降鶴が襲

われることがなくなったという。

これも狐が稲荷の神使であることを信じたうえでの話である。またいくら封建性の時代とはいえ、将軍や大名が鷹狩りなどで鶴を捕え殺してもなんら罪悪感をもたず、狐が鶴を食うと「怪(け)しからん」というのもおかしいし、狐の悪為に対し稲荷に責任を負わせるのも少しおかしい。

諏訪湖のおみわたり
まず狐が渡り初め

百井塘雨の『笈埃随筆』に、

「そも〳〵信州諏訪湖に上下の社あり。（中略）毎年極寒となればこの湖水一面に氷りてその厚さ測りがたし。まことに鉄石のごとし。故に上下の諏訪、常は三里あるにこの上を真直ぐに行く時はただ一里なり。しかれども神使の狐あつて、まづ渡るを考へ、それよりは重き荷を付たる馬も人も渡るに難なし。」

と記され、信州（長野県）諏訪湖は厳冬結氷するが、まず神使の狐が渡り初めをし、それ以降はどんな重荷の牛馬が渡っても氷は絶対割れないとされ、古来より信じられているが、諏訪の払沢村智恩寺の僧寛弘から松浦静山（『甲子夜話』の作者）が聞き糺(ただ)したところ、狐の「おみわたり」などというのは嘘であるといったという。

この「おみわたり」は広く流布していたから『松屋筆記』などには「湖水冬は氷はりつめ　その道狐渡り初め春また狐渡り初め　初午に狐渡りて　諸人も通はず」とあり、本居宣長の『玉勝間』では「諏訪、またかの八咫烏の道引など」といい、だいたい神道家は狐の渡り初めを信じていたようである。

第十章　荼吉尼天

荼吉尼天と狐の関係
跡形もなく改変された神

狐は中国および日本ではずいぶん誤解されているが、日本の仏像の中で狐に乗った天女形の姿で表現されている荼吉尼天も、その本地からまったく異なる変形された神として誤解された信仰を受けている。

仏教の経文では、荼吉尼天、陀祇尼、陀吉尼、吒枳尼、荼枳尼の音訓みの当て字を省略して陀天などともいうが、梵語で(Dakini)であるから人によってはダーキーニ、ダーキニー、ダーキニ、ダキーニ、ダキニ等と呼んでいる。日本の仏教で認識される荼吉尼は天部の護法神で、胎蔵界曼陀羅では外院南方の焔摩天の四天衆として侍座し、また大黒天の眷属の夜叉神ともいわれ、ときには荼吉尼天法による呪咀、予知の神として一部の者の尊信を受けている。

このダキニ天の本来の姿は、宮坂宥勝氏の『真言陀羅尼』という著書によると、

「ダキニは愛染明王の前身で、その起源はダーキンという地母神(その土地を支配しはぐくむ神)であった。インドのパラマウ(北緯二四度、東経八四度、ベンガル地方の西南)地方のドラヴィダ族の一部族であるカールバース人が地母神の配偶者として信じていた神で、農業豊饒神であった。後に愛欲女神とされるに至り、紀元前三世紀頃に流行し、三世紀には大忿怒の性格が加えられ、人肉を食うとされる(安原賢道『瑜祇経の研究』)。」

とある。つまり生産豊饒の恵みの神であるから麗しく優しい女神であったはずである。

繁殖幸福の神であるから肉体豊かなスタイルであったであろうが、それがしだいに肉感的になって愛欲の神と思わ

れるようになり、肉欲から肉を食う神というふうに変型し、ヒンドゥ教や仏教に採り上げられたときは人肉を食う神、人の屍肉を食う神というふうに下落して行った。ヒンドゥ教の神として表現されたときには、三目二臂の全裸で、脚を開いて踏ん張り、左手に経血をたたえた髑髏盃、右手に肉切り刀を持つ不気味な表情の神に表現されているが、胸乳や臀部の肉付のよさと、スタイルの魅力的な線は、生殖力の逞さと、愛欲神としての名残りを留めている。

故に、ヒンドゥ教ではいまだにこの裸体姿で表現され、それはいろいろな能力を示すために一神としてのダーキニーではなく複数のダーキニーとして描かれる。そしてシヴァ神（Siva）の妃のカーリー（Kali）女神の眷属としてその周りに侍座し、カーリーが血を好む性格からダーキニーも人肉を食する性格に変えられていく。

さらに仏教にも採り入れられると、『慧琳音義』で説く如く「鬼の総名なり、能く人を魅し人通を与ふるものなり」と鬼神夜叉の類におとしめられ、人の心を食うものとされた。

そして『大疏』十では毘盧遮那仏が、茶吉尼を退治るために大黒神（マハー・カーラ、シヴァ神の夜の姿で、インドの烏屍尼国の東の奢摩奢那という人の屍体を捨てた所に住む。後に金穀を守る神とされ、日本の大国主命と習合し大黒天という福神になる）に変じ、これに威嚇され、人の肉を食うことをやめ、死肉なら食ってもよいと許可された。ところが、人が死ぬと他の夜叉がいち早く食ってしまうので、なかなか死肉が得られないというと、毘盧遮那仏はそれなら人の死を六カ月前に予知する能力を与えるから、その予知でもって死なんとする人に近付き死屍を食ったらよいであろう、と許可された。これによって茶吉尼は予知能力を持つようになったので、人々はその予知能力の通力自在を得んがために茶吉尼を信仰するようになったのである。

仏教における茶吉尼の真言は、「オン・ダキニ・サハハラキヤテイ・ソワカ」（おお、食人肉神とその眷属よ。畏れ申す）で、またこの真言のもう一つの意味は、「人肉を食する強い花よ。畏れ申す」という畏敬が籠っている。しかし「人肉を食する花」が何を意味するか。紀元前後のダーキニー信仰は、愛欲神と目されていたことを考えると、人肉を食するとは愛欲の肉体関係を意味すると考えるべきであろう。

ダーキニーが異性の精液を吸い取ることは中国の妖狐が男性の精を吸い取るのと軌を一にするから、そこからも荼吉尼天と狐の関連性は感じられる。

こうした地母神が、ヒンドゥ教に組み込まれた時点からカーリー神の侍女、夜叉神という立場に転落し、仏教に吸収されてさらに恐ろしい神としての存在となり、仏教を悪利用する者によってその予知能力や通力自在を授けてもらうために、怪しい行法が考案されていくのである。

ダーキニーはもともと豊饒の地母神であったから、稲荷神とは習合しやすいし、媚的な面からも狐と結び付きやすい。

平安時代から中国では狐を野干・射干と称したということが伝わり『倭名類聚抄』では野干を狐としているので、日本では狐の異名となってしまったが、本来、狐と野干は異なる。

野干・射干は中国においてはジャッカルまたはシャガールの当て字で、ジャッカルと狐は別物である。ジャッカルは狐に酷似するが、狐よりやや小型で食肉目イヌ科の野獣で、東南アジア、インド、セイロン島、アラビア、ヨーロッパ、アフリカ北部に棲息し死肉を漁ることハイエナと同じであるが、仏教で説く荼吉尼天も前身は人の死肉を漁るあさましき夜叉である。野干を狐と混同した時点においても、ジャッカルは荼吉尼とそのイメージが重なる。

日本において稲荷神と荼吉尼天が重なった時点で、荼吉尼天が狐に乗る姿は、稲荷神が盛装した女神の姿で狐に乗るのと同一イメージ内に入る。豊川稲荷として世に有名な妙厳寺も、稲荷神は荼吉尼天神像とまったく同じである。

現代の『大言海』にすら「経文ニ白辰狐王菩薩トシテアルニ因テ狐トシ稲荷トス」とあり、『増補語林倭訓栞』には、「仏像に陀祀尼天の別号を白晨狐王菩薩と称す。俗に稲荷の正体これなり」とあって、狐＝野干＝稲荷＝荼吉尼天と繋がっていった。

神道家も荼吉尼を神狐と見ていたことは、松崎復の『稲荷神社考』にも「天竺にて荼吉尼といふ者は神狐にて」と狐と荼吉尼を直結して考えている。

飯綱明神　烏天狗の顔、胴・脚・持物は不動明王、腕・脚に蛇を巻きつけるのはシヴァ神などの影響。この尊像形は道了尊・秋葉権現なども同形。

飯綱明神も仏教と修験者による天狗信仰から示現した特殊の神であるが、顔は烏天狗、身体は不動明王で翼をつけ、火炎を背にして狐に乗っているが、これは稲荷神が根源にあるからである。「飯綱神社上申書」には「保食神」の降跡とあり、江戸時代の『信濃奇勝録』にも「保食の神を祀った」としているから明らかに稲荷神である。

それが神仏と天狗信仰が混淆してかかる異形の神像となったが、修験山伏等が祈禱するのは荼吉尼天法であり、かつては狐遣いと目される連中の行なう行法であった。

この稲荷信仰から発展した飯綱明神信仰は、鎌倉時代にはすでに独立して稲荷信仰とはべつの飯綱信仰となり、山岳信仰から発した修験道の特殊な神として同型の道了尊、秋葉権現、高尾山権現等があるが、この本地はすべて荼吉尼天であったといわれている。

およそ日本に渡来する神仏はほとんど日本流に改められて、信仰しやすく、なじみ深い神格・形体に改竄されるが、荼吉尼天ぐらい跡形もなく実体を変えられてしまった仏神も珍しい。これも狐妖をなす狐に乗ったからであろうか。

飯綱使いと飯綱呪法
人を惑わせ悩ますもの

飯綱呪法と飯綱使いは、本来は異なるものであるが往々混同され誤解されている。

飯綱呪法は愛宕呪法のように修験者またはそれを修得した者の行なう呪法で、密教の荼吉尼法が加わり、それに山岳信仰から形成された天狗修験道として体系づけられたものである。飯綱使いは飯綱呪法を修する飯綱修験系には属するが「管狐」または「おさき狐」などを使って、人に憑けたり、落としたりするとされる悪質な修験者に似た巫者である。

ただし、飯綱の法も往々人を惑わせ悩ませる邪法として用いられた例もあり、飯綱という先入観念から人々に恐れられた。

明治の神仏分離によって神仏修の混淆の影は文明開化の光に薄れ、今日では修法を伝える者も、かえり見る者もないくらいに廃れてしまった。しかし、江戸時代末期頃までは荼吉尼の法とともに信じられ恐れられていたのである。山梨県慈眼寺所蔵の武田家道具目録の中にも「飯綱本尊並ニ法次第一冊信玄共御随身」とあって飯綱ニ十法一巻がある。

上杉謙信が飯綱権現を信仰し、兜の前立にまで尊像を用いたことは有名であるが、その好敵手武田信玄も熱心な飯綱権現信仰者で、その朱印状や願文が遺っており、甲府界隈には飯綱社がいくつかある。

室町時代は大名貴顕の間でも飯綱信仰と飯綱呪法が盛んであった。なかでも、有名な高天事件があり、室町幕府の管領の一人である細川勝元の子政元は呪法に凝って、女人を近付けず、飯綱や愛宕の法を修め、そのために後継者が得られず、応仁の乱の原因の一つにもなっている。また、末期には前関白九条稙通まで修法を行なったことは松永貞徳の『戴恩記』に見られるとおりで、貞徳独吟百韻にも「月かげに長き刀のしらはとり　夜やいづなの法のおこなひ」などとあり、飯綱の法を行なった果心居士は有名であるが、一種の幻術的呪法であったらしい。

『本朝食鑑』に、

「近世本邦術家、狐を使ふ者あり、呼んで飯綱の法と称す。その法まづ狐の穴居を捜し求め、常に孕狐を牧し、もつて馴致し、子を生む時にいたり逾動これを保護し子すでに漸く長ずるときは母狐児を携へ来りて名を乞ふ。術者狐児に名つけば母狐拝顙し児を携へ去ぬ。爾後術者事あらは、ひそかに狐名をよぶ。狐形を隠してゐたる。密事を訊問するに、これを知らざるなし。かたはらに狐形を見ること能はず、術者妙に談ず。」

とあるが、飯綱の法には狐が付きものである。

中世西欧の魔女裁判の如く、魔女という観念が定着したときに魔女が作られ、また自分から魔女と信じたように、飯綱の法も人々が畏怖し、信じたときにその効果を発揮する。仏教で荼吉尼天が人の心黄を食らう魔女神的存在としての印象を民衆に植え付ければ、その心理的効果は生きてくる。

知切光歳著『図聚天狗列伝』東日本編八三頁下段によると、

「飯綱といふ言葉は戸隠山塊の一峯、飯綱山に起つた咒法であるから、飯綱の法と称したもので、咒法に狐を使役すると言はれ飯綱使いといふ言葉を、即ち狐使いという意味に取られる程一般化してしまつた。しかも飯綱使いが使役する狐は管狐と呼ばれる特殊な小狐とされており、はじめは飯綱山で捕えた雌雄の幼狐を養つて、その眷属を増殖させ、咒法に使役したのだといはれ、また管狐の本家は京都の伏見稲荷で、伏見に百夜通つて、綱に握り飯を結びつけたものを餌として飼い馴らし、百夜を以て狐を竹筒の中に入れて持ち帰り、咒法の種にするのだともいう。」

とあり、知切光歳氏はおそらく信じておらずただ他人の話を参考に記したのみであろうか。綱の先に握り飯を結びつけて飼い慣らしたから飯綱といわれたという珍説もあり、飯綱使いの使役する狐は飯綱山で捕えたものとも、京都の伏見稲荷から譲り受けて来るとも諸説あって、曖昧なところがなかなか公開されない秘法なのであろうが、こうした荒唐無稽さと非科学的な観念の低さがある反面に神秘性がある。

江戸時代の神道家が称する伏見稲荷の稲荷山に神使となって仕える狐は、全国の狐が当番制で二匹または三匹であり、他の狐は棲めないことになっているから、ここから狐を受けて来ることはできない。まして握り飯を綱の先につけて誘い出して飼い慣らすなどとはこじつけもはなはだしく、これを公然ともったいぶって口にする修験者がいたとしたら、程度の低いことは論を待たない。

しかし江戸時代、否、明治時代くらいまでは、こうしたことを信じる人が多かった。幕末の碩学朝川鼎の『善庵随筆』巻二には、

「因テ思フニ媛園遺編ニ、イヅナハ信州ノ山ノ名ナリ、イタダキニ天狗ノ祠アル故ニ山ノ名ヲ以テ其法ニ名付ケ、其法ハ天竺ノ茶耆尼天ノ法ナリ。法ヲ行フニ、抹香ヲタケバ行ハレヌト、コノ茶耆尼天ノ法ハ狐ヲ駆役スルモノニゾヤ（この次に『古今著聞集』の知足院の話が記してある）トアルニテ推知スベシ。」

と記すように、狐遣い、飯綱使いはあくまでも茶吉尼天法をもって行じることが主であった。

著者紹介

笹間良彦（ささま よしひこ）

大正5年（1916）東京に生まれる。文学博士。
日本甲冑武具歴史研究会会長を務め、『図解日本甲冑事典』『甲冑鑑定必携』『江戸幕府役職集成』『下級武士 足軽の生活』『歓喜天（聖天）信仰と俗信』『大黒天信仰と俗信』『弁才天信仰と俗信』『好色艶語辞典』『鎌倉合戦物語』『日本合戦図典』『日本軍装図鑑（上下）』（以上、雄山閣刊）など数多くの編著書がある。
平成17年（2005）11月逝去。

本書は弊社より平成10年（1998）6月5日に刊行した『怪異・きつね百物語』の改題・新装版です。

令和5年（2023）6月25日　初版発行　《検印省略》

◇生活文化史選書◇

日本人(にほんじん)ときつね―怪異(かいい)・きつね百物語(ひゃくものがたり)―

著　者　笹間良彦
発行者　宮田哲男
発行所　株式会社 雄山閣
〒102-0071　東京都千代田区富士見2-6-9
TEL　03-3262-3231／FAX　03-3262-6938
URL　https://www.yuzankaku.co.jp
e-mail　info@yuzankaku.co.jp
振　替：00130-5-1685

印刷・製本　株式会社 ティーケー出版印刷

ISBN978-4-639-02911-3　C0039
N.D.C.388　272p　21cm